权威·前沿·原创

皮书系列为

“十二五”“十三五”“十四五”时期国家重点出版物出版专项规划项目

智库成果出版与传播平台

中国国际文化贸易发展报告（2023）

REPORT ON THE DEVELOPMENT OF CHINA'S INTERNATIONAL CULTURAL TRADE (2023)

主　编　李小牧　李嘉珊
副主编　刘　霞

社会科学文献出版社
SOCIAL SCIENCES ACADEMIC PRESS (CHINA)

图书在版编目(CIP)数据

中国国际文化贸易发展报告．2023／李小牧，李嘉珊主编；刘霞副主编．--北京：社会科学文献出版社，2023.8

（文化贸易蓝皮书）

ISBN 978-7-5228-2167-2

Ⅰ．①中… Ⅱ．①李… ②李… ③刘… Ⅲ．①文化产业-国际贸易-研究报告-中国-2023 Ⅳ．①G124

中国国家版本馆 CIP 数据核字（2023）第 134161 号

文化贸易蓝皮书

中国国际文化贸易发展报告（2023）

主　　编／李小牧　李嘉珊
副 主 编／刘　霞

出 版 人／冀祥德
责任编辑／路　红　张炜丽
文稿编辑／陈彩伊
责任印制／王京美

出　　版／社会科学文献出版社（010）59367194
　　　　地址：北京市北三环中路甲 29 号院华龙大厦　邮编：100029
　　　　网址：www.ssap.com.cn
发　　行／社会科学文献出版社（010）59367028
印　　装／天津千鹤文化传播有限公司

规　　格／开 本：787mm×1092mm　1/16
　　　　印 张：22.5　字 数：338 千字
版　　次／2023 年 8 月第 1 版　2023 年 8 月第 1 次印刷
书　　号／ISBN 978-7-5228-2167-2
定　　价／158.00 元

读者服务电话：4008918866

版权所有 翻印必究

《中国国际文化贸易发展报告（2023）》
编　委　会

主　　编　李小牧　李嘉珊

副 主 编　刘　霞

编撰单位　中宣部对外文化交流（文化贸易）研究基地
　　　　　中国国际贸易学会服务贸易专业委员会
　　　　　国家文化贸易学术研究平台
　　　　　国家文化发展国际战略研究院
　　　　　中国服务贸易研究院
　　　　　首都国际服务贸易与文化贸易研究基地
　　　　　首都对外文化贸易与文化交流协同创新中心

总 顾 问　陈　健　中华人民共和国商务部原副部长、中国服务贸易研究院总顾问
　　　　　刘　鹏　中国奥委会名誉主席、首都国际交往中心研究院名誉院长

学术顾问　刘宝荣　中国国际贸易学会
　　　　　胡景岩　原中华人民共和国商务部服贸司
　　　　　张国庆　自贸区港专业委员会

李　钢　中国国际贸易学会
钱建初　中国驻斯洛伐克大使馆
李　俊　商务部国际贸易经济合作研究院
蔡继辉　社会科学文献出版社
李怀亮　中国传媒大学
曲如晓　北京师范大学
高宏存　中央党校（国家行政学院）
张　平　北京舞蹈学院

撰　稿（按姓氏笔画排序）

王子民　王仪茹　王廷鹜　王宇辰　王海文
卢沫萱　田　嵩　付　臻　任祎卓　刘　畅
刘　霞　刘念念　刘博文　刘颖异　孙千月
孙俊新　孙浩桐　李　芮　李　萍　李小牧
李亚玮　李洪波　李继东　李逸飞　李嘉珊
李婕臣希　杨　军　杨宗萱　张　伟　张芳芳
张筱聆　陈志恒　林建勇　卓尧莹　罗立彬
郑　明　赵紫弦　贺婧倩　秦玉秋　贾瑞哲
涂紫葳　程　琳　程相宾

主要编撰者简介

李小牧　首都经济贸易大学副校长、经济学院教授，中宣部对外文化交流（文化贸易）研究基地首席专家，国家社会科学基金重大项目首席专家，中国国际贸易学会副会长兼服务贸易专业委员会主任。先后主持完成国家社会科学基金重大项目、教育部人文社会科学研究规划项目及北京市哲学社会科学规划重大项目等近20项。主编“服务贸易蓝皮书”“文化贸易蓝皮书”，出版专著《欧元：区域货币一体化的矛盾与挑战》等近10部，发表学术论文《文化保税区：新形势下的实践与理论探索》等30余篇。

李嘉珊　北京第二外国语学院中国服务贸易研究院常务副院长、外国语学院教授，国家文化发展国际战略研究院常务副院长，交叉学科国际文化贸易学科负责人，首都国际服务贸易与文化贸易研究基地首席专家，中宣部对外文化交流（文化贸易）研究基地秘书长，文化和旅游研究基地首席专家，中国国际贸易学会常务理事兼服务贸易专业委员会秘书长，英国纽卡斯尔大学、伦敦大学金史密斯学院客座研究员。主持并完成国家级、省部级和专项委托项目30余项，多项研究成果被采纳。出版多部学术著作，其中《国际文化贸易论》获商务部“商务发展研究成果奖（2017）”论著类二等奖。主编“服务贸易蓝皮书”“文化贸易蓝皮书”，发表学术论文《“一带一路”倡议背景下中国对外文化投资的机遇与挑战》等30余篇。

刘　霞　经济学博士，首都国际服务贸易与文化贸易研究基地研究员，北京第二外国语学院经济学院副教授，主要研究领域为国际文化贸易、世界经济、文化与创新等。学术论文发表于《光明日报》《世界经济》《国际贸易问题》《国际贸易》等报纸、核心期刊，其中发表于《世界经济》的论文获第二十一届“安子介国际贸易研究奖”优秀论文三等奖。主持2022年国家社科青年基金项目、2020年北京市哲学社会科学决策咨询一般项目，重点参与了多项国家级和省部级的重大及重点科研项目，并重点参与出版著作与教材10多部。

序 言

当前，世界正在经历百年未有之大变局，国际和地区形势深刻演变，文化贸易作为国际贸易的重要组成部分和国际经贸合作的重要领域，在构建新发展格局中具有重要作用。2022 年党的二十大报告明确强调要“推进文化自信自强，铸就社会主义文化新辉煌。增强文化自信，围绕举旗帜、聚民心、育新人、兴文化、展形象建设社会主义文化强国”。而文化贸易作为极具亲和力的国际交流方式，文化产品和文化服务则具备市场广泛性和文化价值属性，可以极大增强进口国对中国文化的了解与认同，提升中国文化形象。因此，通过不断拓展海外文化市场和鼓励优秀传统文化产品、影视剧、游戏等数字文化产品“走出去”，对于中国文化强国建设进程的推进和中国文化国际影响力的进一步提升具有重要意义。

我国文化产品贸易规模多年来一直稳居世界第一位，高质量发展对外文化贸易也是加快建设文化强国和贸易强国的必然要求。2022 年 7 月 20 日，商务部等 27 部门印发了《关于推进对外文化贸易高质量发展的意见》，该意见阐释了关于推动中国文化贸易高质量发展的深刻内涵和战略思想，重点突出在数字文化贸易发展、高水平开放与开拓全球文化市场、夯实国家文化出口基地建设等方面的战略部署，并提出了未来中国对外文化贸易高质量发展的 28 项举措，为我国新发展格局构建和文化强国建设奠定了重要基础。商务部统计数据显示，2022 年我国对外文化贸易额超过了 2200 亿美元，其中文化产品进出口总额约 1802. 7 亿美元，文化服务进出口总额约 414 亿美元。2022 年各月文化产品的出口贸易呈现先上升后下降的变化趋势，出口贸易总额约为1637亿美元。而文化产品进口贸易在2022年各月出现了小幅波动变化，较出口贸易更加平稳，进口贸易总额约为166亿美元。

数字技术的广泛应用加速了传统文化产业与数字经济的深度融合，也带动了数字文化贸易的快速发展。2022年，中共中央办公厅、国务院办公厅印发《关于推进实施国家文化数字化战略的意见》，该文件明确强调“到‘十四五’时期末，基本建成文化数字化基础设施和服务平台，形成线上线下融合互动、立体覆盖的文化服务供给体系”，这为数字文化贸易的高质量发展奠定了重要基础。在2022年，互联网、区块链、5G、新型人工智能等信息技术在演艺领域的融合与应用催生了众多新的演艺形式和演出渠道，也激活了很多新的演艺消费需求。数字技术高效赋能国产动漫，加速了国产动漫国际化发展的进程。同时，数字技术在出版、旅游等行业的应用也日益广泛，《2021~2022中国数字出版产业年度报告》显示，2021年我国数字出版产业整体规模全年达到12762.64亿元，比上年增长8.33%。此外，越来越多的博物馆开始探索虚拟展览和在线导览等新模式，为游客带来更加便捷和多样化的游览体验。

在复杂多变的国际形势下，随着政府对文化贸易高质量发展的大力支持，中国对外文化贸易目前正呈现在全球文化贸易中占比持续增加、整体贸易规模不断扩大、国家文化出口重点企业和项目数目不断增加、数字文化贸易快速发展的趋势。未来，中国应该更加坚定地推进对外文化贸易的高质量发展，更加深入地进行文化体制改革，通过文化贸易带动和提升中国文化产业的国际竞争力和影响力，更加高标准全方位提升整体效能，更好地服务国家文化强国的建设目标。同时，中国应继续抓住数字技术的飞速发展所带来的全新机遇，充分发挥线上和线下协同生产机制，持续积极推进数字文化贸易发展，不断提高动漫、游戏、影视、网络视听、数字阅读等重点数字文化产业内容创意生产和转化的效率和质量。此外，中国要继续充分发挥国家出口基地的带动和示范作用，不断促进高附加值文化服务和产品的出口，不断推动中华文化走出去，提升中华文化亲和力、吸引力和辐射力。

北京第二外国语学院国际文化贸易教研团队经过一年多的酝酿、调查研究、分析研讨，《中国国际文化贸易发展报告（2023）》和《首都文化贸易发展报告（2023）》顺利完成。这两大报告分别从中国、北京两个视角，综合运用描述统计分析法、案例分析法、文献分析法、调查研究法、定量与定性相结合分析法等研究方法，对2022年数字经济背景下中国文化贸易各重点行业、各专题领域以及实践创新进程中所呈现的现状、问题以及未来趋势和展望进行了系统、深入的分析。既有从不同细分行业、细分领域对我国文化贸易发展趋势和特点的细致呈现，也有针对热点专题和实践创新进行典型案例的分析和探讨。同时，对各细分领域中国文化贸易发展所面临的问题进行了具体剖析，并针对性地提出了相应的对策建议，为未来中国对外文化贸易高质量发展提供了重要的实践指导。

中国国际贸易学会会长

2023年7月

摘要

在世界百年未有之大变局加速演进的时代背景下，发展对外文化贸易作为文化强国建设的重要内容，对提高国家文化软实力和增强文化国际传播效能具有重要意义。近年来，我国对外文化贸易发展成效显著，这与政府等有关部门的大力支持密切相关。党的二十大报告强调要“实施国家文化数字化战略”“推进文化自信自强，铸就社会主义文化新辉煌”，在政策的大力支持下，中国数字文化贸易快速发展，开启了中国对外文化贸易的全新格局。2022 年 7 月，商务部等 27 个部门联合颁布了《关于推进对外文化贸易高质量发展的意见》，重点聚焦深化文化领域改革开放、培育文化贸易竞争新优势、激活创新发展新动能、激发市场主体发展活力、拓展合作渠道网络、完善政策措施、加强组织保障等方面，提出了 28 项具体任务举措，为我国文化贸易高质量创新发展指明了方向。根据海关总署统计数据，2022 年中国对外文化产品贸易进出口总额为 1802.7 亿美元，其中，出口贸易额约为 1636.8 亿美元，进口贸易额约为 165.9 亿美元。

《中国国际文化贸易发展报告（2023）》分为总报告、行业篇、专题篇和实践创新篇。总报告主要针对 2022 年中国对外文化贸易的发展现状、存在问题以及未来的发展方向和策略进行了高度总结和全面分析。行业篇对演艺、广播影视、电影、图书版权、动漫、文化旅游服务、艺术品、创意设计等 8 个重点行业领域进行了深入分析。2022 年数字技术与演艺领域的深度融合催生了众多新的演艺形式、演出渠道，也激活了很多新的演艺消费需求。广播影视对外贸易整体稳中向好，在政策举措持续出台、调整和优化的制度环境下，我国国产影视作品加快了“走出去”的步伐。2022 年中国电影的对外贸易受到新冠疫情的冲击较大，与国产电影相比，进口电影的复苏较为缓慢，进口电影在票房和周边收入上都有所下降。图书版权贸易继续稳步向好发展，贸易逆差持续减小，数字出版的发展势头较为强劲。2022 年我国动漫产业对外贸易发展呈现“全龄化”的市场发展趋势，数字技术高效赋能国产动漫国际化发展。北京冬奥会的成功举办激发了消费者对冰雪旅游服务的需求，深度体验型旅游方式兴起，同时在数字科技的加持下文化旅游企业数字化转型趋势明显。我国艺术品市场进一步回暖，经济环境也为其带来新的机遇。画廊、艺术馆的展览、拍卖活动等举办数量进一步提升，艺术品贸易额保持稳定。此外，中国创意设计产业的对外贸易规模快速扩张，长期保持着贸易顺差的状态，且创意设计服务营业收入总体上呈增长态势，在文化产业企业营业收入中所占比重也有所提升。专题篇主要聚焦文化数字化领域，对“数字劳动”——数字创意产业下的非标准就业，数字化赋能推动北京老字号国际化发展，云展览发展现状与未来展望，文化贸易企业数字化转型的动力、瓶颈与策略和专用数字阅读设备推动我国数字出版产业发展展开详细分析，并进一步对中国本土主题公园国际化现状问题与发展路径和金砖国家文化贸易发展机遇与挑战进行深入研究。实践创新篇则聚焦中国对外文化贸易的重要实践案例，围绕中国数字文化贸易政策的实践特征与现实影响、中国国家文化大数据工程进展与成效、中国游戏企业面对国际市场挑战的应对之策及未来展望以及中国优秀传统文化“数字服务出口”策略进行定性分析。

本书综合运用了描述统计分析法、案例分析法、文献分析法、调查研究法、定量与定性相结合分析法等研究方法，对中国对外文化贸易各重点行业、各专题领域以及实践创新进程中所呈现的现状、问题及未来趋势进行深入探讨，并针对数字经济时代背景下，高质量和高文化内涵的文化产品在贸易中占比低、文化产品和服务的国际市场需求不足、文化企业数字化水平不高等问题，分别从优化对外文化贸易结构、不断激发国际文化消费潜能、加大数字技术在文化及相关产业的应用和融合力度、提高文化企业资源的数字化转型效率等方面提出相应的对策建议，为未来中国对外文化贸易的高质量发展提供重要的参考和借鉴。

关键词： 国际文化贸易　高质量发展　数字经济

目　录

Ⅰ　总报告

B.1　高质量发展文化贸易　提升中华文化国际传播效能
——中国对外文化贸易发展报告（2023）
…………………………………………… 李小牧　李嘉珊　刘　霞 / 001

Ⅱ　行业篇

B.2　中国演艺对外贸易发展报告（2023）……… 张　伟　刘颖异 / 017
B.3　中国广播影视对外贸易发展报告（2023）…… 付　臻　李继东 / 042
B.4　中国电影对外贸易发展报告（2023）
…………………………………………… 罗立彬　王宇辰　刘博文 / 058
B.5　中国图书版权对外贸易发展报告（2023）…… 孙俊新　秦玉秋 / 079
B.6　中国动漫产业对外贸易发展报告（2023）
…………………………………………… 林建勇　涂紫葳　卓尧莹 / 093
B.7　中国文化旅游服务贸易发展报告（2023）…… 王海文　王廷骜 / 104

B.8 中国艺术品对外贸易发展报告（2023）
…………………………………… 程相宾 卢沫萱 贺婧倩 / 115
B.9 中国创意设计对外贸易发展报告（2023）
…………………………………… 刘 霞 李 芮 李亚玮 / 131

Ⅲ 专题篇

B.10 “数字劳动”：数字创意产业下的非标准就业
…………………………………………………… 李嘉珊 张筱聆 / 144
B.11 数字化赋能推动北京老字号国际化发展 ……………… 李洪波 / 158
B.12 云展览发展现状与未来展望 ………………… 任祎卓 王子民 / 170
B.13 文化贸易企业数字化转型的动力、瓶颈与策略
…………………………………………………… 李 萍 赵紫弦 / 183
B.14 专用数字阅读设备推动我国数字出版产业发展研究
…………………………… 田 嵩 杨宗萱 孙浩桐 张芳芳 / 199
B.15 中国本土主题公园国际化问题与发展路径
…………………………………………………… 刘 畅 刘念念 / 225
B.16 金砖国家文化贸易发展机遇与挑战研究 …… 李嘉珊 李婕臣希 / 238

Ⅳ 实践创新篇

B.17 中国数字文化贸易政策的实践特征与现实影响
…………………………………………………… 贾瑞哲 王仪茹 / 254
B.18 中国国家文化大数据工程的进展与成效研究 ………… 陈志恒 / 271
B.19 中国游戏企业面对国际市场挑战的应对之策及未来展望
——以无端科技为例 ………………………… 郑 明 孙千月 / 287

B. 20 中国优秀传统文化“数字服务出口”策略探究
——以三七互娱为例 …………… 李逸飞 杨 军 程 琳 / 300

Abstract …………………………………………………………………… / 316
Contents …………………………………………………………………… / 319

皮书数据库阅读**使用指南**

总 报 告

General Report

B.1

高质量发展文化贸易　提升中华文化国际传播效能

——中国对外文化贸易发展报告（2023）

李小牧　李嘉珊　刘 霞*

摘　要： 在世界正在经历百年未有之大变局的背景下，文化日益成为民族凝聚力和创造力的重要源泉，文化贸易的高质量发展也逐步成为提升一国综合竞争力和促进社会经济发展的重要支撑。随着政府对文化贸易高质量发展支持力度的加大，中国对外文化贸易呈现文化创意产品进出口贸易额在全球占比持续增加、整体贸易规模不断扩大、国家文化出口重点企业和项目数量不断增加、数字文化贸易快速发展等趋势。同时，在发展过程中也存在高质量和高

* 李小牧，首都经济贸易大学副校长、经济学院教授，研究方向为国际服务贸易、国际文化贸易、国际金融和世界经济；李嘉珊，北京第二外国语学院教授，首都国际服务贸易与文化贸易研究基地首席专家，研究方向为国际文化贸易、国际服务贸易；刘霞，北京第二外国语学院经济学院副教授，首都国际服务贸易与文化贸易研究基地研究员，研究方向为国际文化贸易、创新与贸易。

文化内涵的文化产品贸易占比低、文化产品和服务的市场需求不足、国内文化及相关产业发展不充分、文化企业数字化发展水平不高等问题。为此，本报告从优化对外文化贸易结构、激发国际文化消费潜能、加大数字技术在文化及相关产业的应用和融合力度以及提高文化企业的数字化转型效率等方面提出相应的对策建议。

关键词： 对外文化贸易　高质量发展　数字技术　数字文化贸易

党的二十大报告明确指出要“增强中华文明传播力影响力……加强国际传播能力建设，全面提升国际传播效能，形成同我国综合国力和国际地位相匹配的国际话语权。深化文明交流互鉴，推动中华文化更好走向世界”。文化贸易作为中国文化有效传播的重要载体，是推动中华文化走向世界的重要力量，发展中国对外文化贸易对于推动中华文化更好走向世界以及建成文化强国有着重要作用。近年来，随着我国对外文化贸易发展成效日益明显，政府有关部门对文化贸易高质量发展高度重视。在数字技术飞速发展的背景下，一系列重要政策的出台和落地实施为新时代持续推进文化贸易规模增长和结构优化提供了重要保障，也对进一步培育国际经济合作和竞争新优势、推进社会主义文化强国建设和提升中华文化影响力有重要意义。

一　政策支持下发展对外文化贸易的战略理念更加明确清晰

（一）党的二十大支持培育中国对外文化贸易高质量发展的核心动能

党的十八大明确提出“建设社会主义文化强国，关键是增强全民族文化创造活力”之后，中国对外文化贸易进入了快速发展的时期。在国家政策的大力支持下，对外文化贸易发展的战略理念在层次上有了很大提升，从“加快发展对外文化贸易”逐步进入了“文化贸易高质量发展”的阶段。党的二十大报告强调要“实施国家文化数字化战略”，“推进文化自信自强，铸就社会主义文化新辉煌”。在政策的大力支持下，未来我国将通过数字化水平的不断提升，大力发展数字文化贸易，带动中国文化“走出去”。在如影视剧、网络文学、网络视听、创意产品等重点领域，在文化产品和文化服务内容的数字化转化、文化消费的数字化平台构建、文化贸易数字化新模式的打造等方面将数字技术深度融入其中，积极推动实施国家的文化数字化发展战略。通过运用大数据、人工智能等技术不断扩大数字化文化产品和文化服务的供给，推动科技创新成为促进对外文化贸易高质量发展的核心动能。

（二）《关于推进对外文化贸易高质量发展的意见》推动中国对外文化贸易发展再上新台阶

为把握数字经济发展趋势和规律，激活创新发展新动能，推进对外文化贸易高质量发展，更好服务构建新发展格局和文化强国建设，2022 年 7 月，商务部等 27 部门印发了《关于推进对外文化贸易高质量发展的意见》（以下简称《意见》）。《意见》是继 2014 年国务院印发的《关于加快发展对外文化贸易的意见》（国发〔2014〕13 号）后在对外文化贸易领域的又一份重要指导性文件。《意见》进一步明确了中国对外文化贸易高质量发展的主要目标和举措，重点聚焦深化文化领域改革开放、激活创新发展新动能、激发市场主体发展活力、拓展合作渠道网络、加强组织保障等方面。其中，“数字化”“开放性”“强基础”“重人才”是亮点，为我国对外文化贸易在数字化时代背景下的高质量创新发展指明了新的方向，也带动更多更加优质的中国文化产品和文化服务走向国际市场。

二　截至2022年中国对外文化贸易发展状况

（一）中国在全球市场文化创意产品进出口贸易额中的占比总体呈上升态势

从全球市场来看，近年来世界各国文化贸易迅速发展，贸易规模不断扩大，这为中国优质文化产品和服务“走出去”提供了良好的契机，也大大激发了我国各类文化企业参与国际竞争的活力。以全球文化创意产品和服务为例，根据联合国贸易和发展会议（UNCTAD）统计数据，2002~2021 年全球文化创意产品和服务的进出口贸易规模呈扩大趋势。联合国贸易和发展会议提出的七大类文化创意产品全球出口贸易总额从 2002 年的 2084.85 亿美元逐步增加到 2021 年的 6113.1 亿美元，全球进口贸易总额从 2002 年的 2277.6 亿美元逐步增加到 2021 年的 5286.1 亿美元（见图 1）。尽管在此期间，由于受到 2008 年全球金融危机和新冠疫情的影响，在 2009 年和 2020 年文化创意产品全球出口和进口贸易总额均出现了下降，但是下降幅度均较小，并且随后就开始迅速恢复。

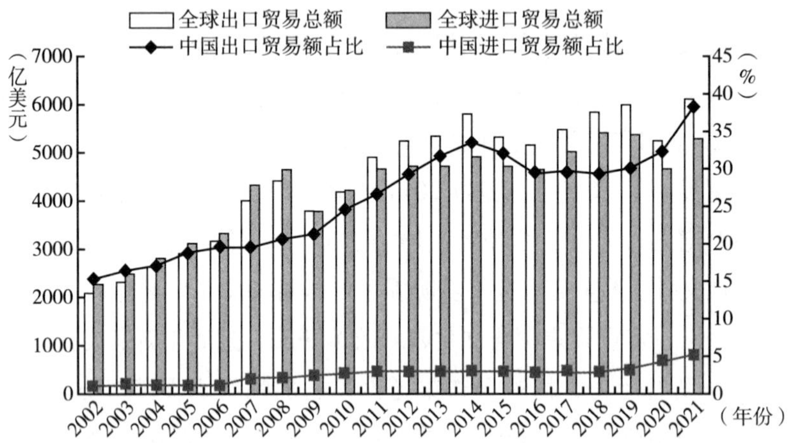

图 1　2002~2021 年中国文化创意产品进出口贸易额在全球的占比

资料来源：联合国贸易和发展会议。

2002~2021 年，中国文化创意产品进出口贸易额也呈现增加的总体趋势。从整体上看，中国文化创意产品进出口贸易额在全球所占比重不断上升，特别是出口贸易额占比。具体地，中国这七大类文化创意产品的出口贸易额和进口贸易额分别从 2002 年的 320.0 亿美元和 25.3 亿美元逐步增加到 2021 年的 2340.4 亿美元和 275.4 亿美元，在全球文化创意产品出口和进口贸易总额中的占比分别从 2002 年的 15.3%和 1.1%稳步增长到 2021 年的

38.3%和5.2%。其中，对于出口贸易而言，2002~2021年出口贸易额占比的增长幅度较大，特别是2002~2014年增长较快，在2014年占比达到33.5%。在2015~2019年，中国文化创意产品出口贸易额在全球的占比维持相对稳定的状态，而在2019年之后又呈现逐年上升的态势，这与数字技术的飞速发展密切相关。而对于进口贸易，从2002~2021年整体看，中国文化创意产品进口贸易额在全球的占比一直维持较为稳定的增长趋势，总体的增长幅度变化相对较小。

（二）中国对外文化进出口贸易额稳步增长

根据海关总署的统计数据，从整体上看2008~2021年中国对外文化产品贸易呈现持续增长的发展态势。其中，在2008~2014年，中国对外文化产品贸易增速较快，出口和进口贸易额分别从2008年的390.5亿美元和42.5亿美元逐步增加到2014年的1118.3亿美元和155.4亿美元。在2015~2021年，中国对外文化产品贸易增长较为平稳。尽管在这期间由于新冠疫情暴发，2020年中国对外文化产品贸易也受到了一定的影响，文化产品进出口贸易额均出现了小幅下降，但是后续在国家疫情防控措施的有效实施和推进下，中国对外文化产品贸易迅速恢复。2020~2021年，中国对外文化产品贸易呈现增长的变化趋势，出口和进口贸易额分别从2020年的972.0亿美元和114.9亿美元增加到2021年的1392.5亿美元和165.6亿美元（见图2）。

对于中国对外文化服务贸易而言，近年来其一直呈现稳步增长的变化趋势。根据海关总署的统计数据，2017~2020年，中国对外文化服务进出口贸易额从2017年的293.9亿美元逐步增加到2020年的356.1亿美元，而同比增长率却呈现下降的趋势，特别是2020年受全球新冠疫情的影响，中国对外文化服务进出口贸易额的同比增长率仅为0.03%，贸易额与2019年基本持平。而2021年在对外文化进出口贸易迅速恢复发展的背景下，中国对外文化服务进出口贸易额迅速增加到442.2亿美元，同比增长率约为24.3%（见图3）。

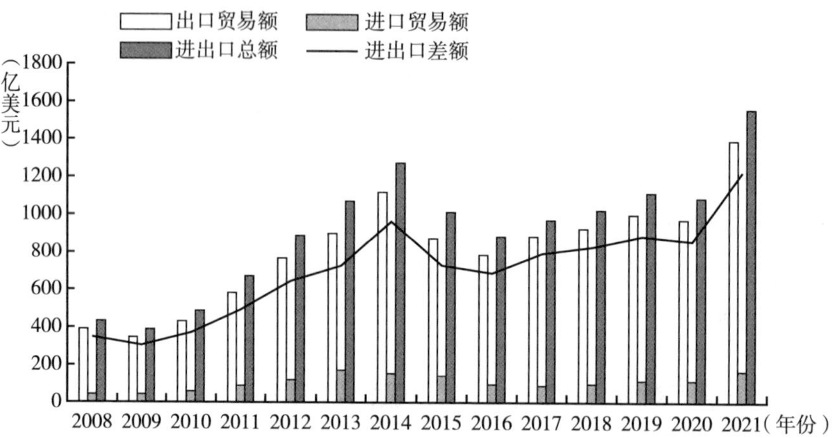

图 2　2008~2021 年中国对外文化产品贸易发展状况

资料来源：海关总署。统计标准为《对外文化贸易统计体系（2015）》。

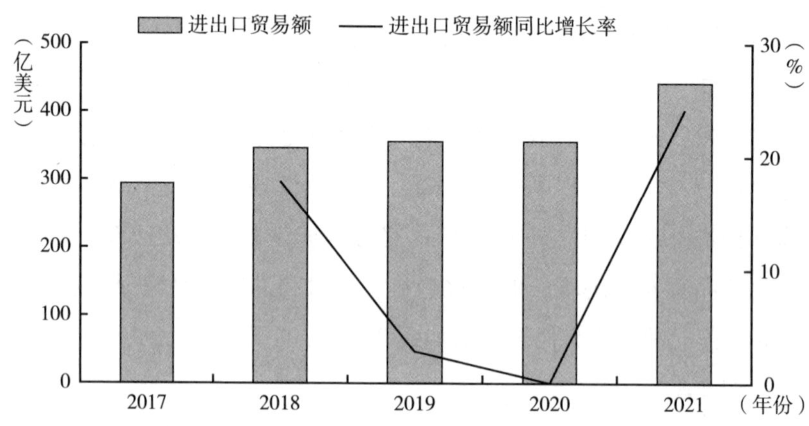

图 3　2017~2021 年中国对外文化服务贸易发展状况

资料来源：海关总署。

（三）2022年各月中国对外文化产品贸易额呈波动趋势

根据海关总署的月度统计数据，2022 年各月中国文化产品的出口和进口贸易额整体呈现波动趋势。具体来看，2022 年 1 月中国文化产品的进口和出口贸易额分别为 13.42 亿美元和 132.47 亿美元。而在2 月，由于受到新冠疫情的影响，文化产品进口贸易额略微下降，文化产品出口贸易额则存在大幅的下降，与1月相比，2月文化产品出口贸易额降低60.29亿美元，下降了45.51%。随后，由于国家优化疫情防控措施以及加大对行业恢复的支持力度，我国对外文化产品贸易进入相对平稳期。3月，文化产品进出口贸易额有所回升，相对于2月而言，进口贸易额和出口贸易额分别增加了1.94亿美元和22.13亿美元，增幅分别为14.51%和30.66%。4月，出口贸易额继续大幅上升，增加18.48亿美元，增幅为19.6%，而进口贸易额却大幅下降，降低4.1亿美元，降幅为26.78%（见图4）。

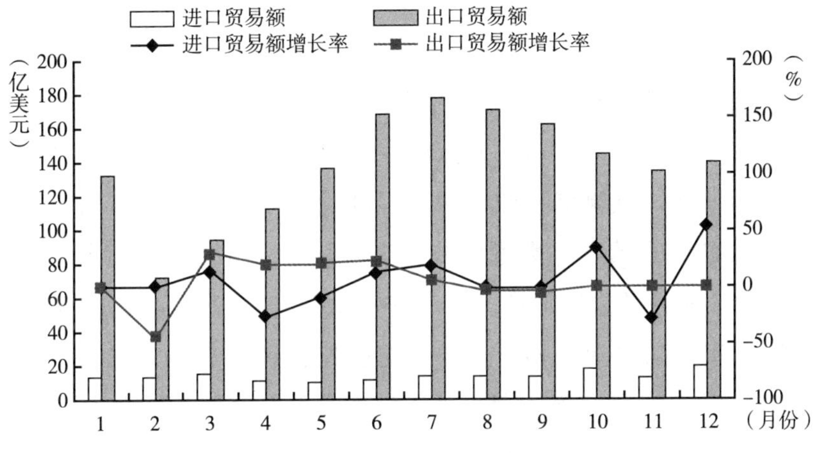

图4　2022年1~12月中国对外文化产品贸易变化趋势

资料来源：海关总署。

与2021年、2020年相似，2022年对外文化产品贸易在第二、三季度进入平稳期，总体表现为文化产品进口贸易额小幅波动变化，出口贸易额先上升后下降。文化产品进口贸易额在11月降幅最大，下降29.34%。12月文化产品贸易进口额达到峰值，增幅也最大，为54.86%。文化出口贸易额3~7月均稳步上升，8~12月先下降后上升，但增幅降幅均不大。总体来说，2022年，虽然受到新冠疫情影响仍然很严重，但对外文化产品月度贸易与总体贸易仍然保持顺差。

（四）国家文化出口重点企业数目不断增加

随着经济全球化程度的进一步加深以及文化经济的快速发展，经济与文化之间的联系愈发密切，一国文化影响力对于经济发展的影响也越来越大。为鼓励和支持我国文化企业参与国际竞争，扩大文化产品和服务出口，推动中华文化“走出去”，我国商务部每两年公布国家文化出口重点企业和重点项目目录。这些重点企业和重点项目作为中国特色文化载体，向世界各国传播中国文化，对促进我国对外文化贸易发展起到了非常重要的作用。

根据商务部服务贸易和商贸服务业司统计数据，2021~2022 年共有国家文化出口重点企业 369 家、国家文化出口重点项目 122 个，与 2019~2020 年相比，重点企业增加了 34 家，重点项目减少了 7 个（见表 1）。其中重点企业共在 12 个省（直辖市）数量增加，11 个省（自治区、直辖市）数量减少，6 个省（自治区）数量保持不变。其中，山东省和广东省重点企业增加了 11 家，数量增加最多。广东省 2021~2022 年的 48 家重点企业中，有 10 家为陶瓷业公司，这与广东省特色产业有关，广东省已成为 2021~2022 年重点企业数量最多的省份。北京市重点企业数量减少最多，减少 8 家，但整体重点企业数量仍然较多。从分布位置上来看，拥有国家文化出口重点企业数量较多的省份大多处于中国的东南部地区，主要是由于这些地区自身发展水平相对于西北部地区较高，并且对外贸易也十分便捷。对于国家文化出口重点项目而言，与 2019~2020 年相比，2021~2022 年共有 11 个省（直辖市）数量增加，其中四川省增加最多，增加了 5 个重点项目。四川省的 11 个重点项目中有 6 个与灯展相关。2021~2022 年，出口重点项目共在 8 个省（自治区、直辖市）数量减少。北京减少的最多，减少了 7 个。2021~2022 年北京市文化出口重点企业和重点项目减少的数量均最多，需要高度重视北京市文化出口重点企业与重点项目的可持续性问题。

表1　2019~2020年和2021~2022年全国国家文化出口重点企业和重点项目数量

单位：家，个

地区	重点企业		重点项目	
	2019~2020年	2021~2022年	2019~2020年	2021~2022年
中央	38	41	18	20
北京市	40	32	18	11
天津市	8	10	3	4
河北省	0	3	0	1
山西省	1	2	1	0
辽宁省	5	3	2	5
吉林省	2	2	1	1
黑龙江省	2	2	0	1
上海市	29	30	16	13
江苏省	32	35	10	11
浙江省	27	23	3	2
安徽省	17	23	3	4
福建省	24	31	3	4
江西省	5	4	0	0
山东省	11	22	3	4
河南省	3	4	3	3
湖北省	4	8	2	2
湖南省	14	11	5	2
广东省	37	48	5	6
广西壮族自治区	2	2	5	3
海南省	2	1	0	0
重庆市	3	2	1	1
四川省	14	21	6	11
贵州省	1	1	3	3
云南省	9	6	11	5
陕西省	2	2	2	2
甘肃省	1	0	0	1
青海省	1	0	0	0
宁夏回族自治区	0	0	1	1
新疆维吾尔自治区	1	0	4	1
合计	335	369	129	122

注：根据商务部官网的统计数据，2019~2020年与2021~2022年这两个时间段内的重点企业和重点项目中均没有内蒙古自治区和西藏自治区的企业和项目，因此未将其列入。

资料来源：商务部服务贸易和商贸服务业司。

（五）中国数字文化贸易快速发展，开启文化贸易发展新格局

2022年商务部等27个部门印发的《关于推进对外文化贸易高质量发展的意见》明确提出了要“大力发展数字文化贸易”，并且针对数字文化贸易各细分领域，包括网络文学、网络视听、网络音乐、网络表演、网络游戏、数字电影、数字动漫、数字出版、线上演播、电子竞技等均提出了发展举措。在国家政策的大力支持和引导下，目前中国文化企业在数字化发展方面已经取得了较大成就，对外数字文化产品和服务贸易也正在快速发展。以浙江数字文化国际合作区为例，该区是中国（浙江）影视国际产业合作区获批为首批国家文化出口基地之一后获批的第二批国家文化出口基地之一，也是全国唯一的数字文化贸易功能区。该区大力研发新技术新平台，一直致力于推动国产动漫、影视剧等文化产品“走出去”。目前浙江数字文化国际合作区已经建立了推动国产动漫出口的十大数字化平台，包括国际动漫数字内容智创平台、“之江一号”AI表演数字动画平台、动漫数字化制作及衍生品开发智造平台、动漫数字化贸易平台、国际动漫技术标准研发平台、动漫行业专家智库平台、海外动漫交易平台、国际动漫版权保护平台、国际动漫交易公共服务平台和数字动漫文创产业融合发展平台。① 这十大平台的建立为打造中国数字文化出口特色集聚区和引领中国数字文化贸易全面发展提供了重要推动力。

三　中国对外文化贸易现阶段存在的问题

近年来，伴随世界各国文化贸易的飞速发展，中国对外文化贸易一直保持相对稳定的增长趋势。尽管受到新冠疫情的影响，但在政府政策的大力支持下，2022年中国对外文化贸易整体处于迅速恢复的发展期。此外，在数

① 《商务部等部门出台意见：28项任务举措推动“文化出海”》，“北京日报客户端”百家号，2022年8月7日，https：//baijiahao.baidu.com/s? id=1740457715326954727&wfr=spider&for=pc。

字技术迅速发展的带动下，数字文化贸易开辟了中国对外文化贸易的新格局，未来发展潜力较大。但与此同时，中国对外文化贸易的高质量发展仍面临着一些问题。

（一）高质量和高文化内涵的文化产品贸易占比低，文化贸易出口结构仍存在一定的失衡

现阶段，虽然我国对外文化贸易进出口总额较大，但是，文化贸易内部出口结构仍然存在失衡的问题。中国对外文化贸易中，核心文化产品和服务所占比重较低。根据海关总署数据，2021 年中国文化产品出口中，出口额最高的是文化用品类产品，出口额为 797.5 亿美元，占文化产品总出口额的 57.3%；其次为工艺美术品及收藏品，出口额为 399.1 亿美元，占文化产品总出口额的 28.7%。这些文化产品大多为劳动密集型的产品，文化内容含量较低，通常位于文化产业价值链的底端。而根据海关总署的统计数据，文化内容含量较高的出版物类文化产品，如图书、报纸、期刊和音像制品及电子出版物等的出口额在文化产品总出口额中所占比重较低，2021 年出版物出口额为 40.1 亿美元，仅占文化产品总出口额的 2.88%。这些文化产品均属于知识密集型产品，通常位于文化产业价值链的上游，且这些文化内容含量高的产品对于传播中华文化以及扩大中华文化影响力、促进对外文化贸易高质量发展有着重要作用。此外，在文化服务出口方面，个人、文化和娱乐服务的贸易和出口规模远小于版税和许可费服务规模。中国文化出口结构长期不平衡会阻碍对外文化贸易的高质量发展。

（二）文化产品和服务的市场需求不足，国际市场需求潜力有待进一步挖掘

中国的文化产品和服务在国内国外市场均需求不足仍然是现阶段存在的一个问题。对于国内方面，若国内对于文化产品和服务的需求增多，就会促进文化企业之间的良性竞争，进而供给更多符合大众需求、具有特色、质量高以及创意含量较高的文化产品和服务。文化产品和服务的供给越符合市场

需求、质量越高、文化含量越高，中国文化产业越发达，中国对外文化贸易的国际竞争力就会越强。对于国外方面，各国之间存在一定的文化差异，这不仅体现在传统文化上，还体现在国家政策等各个方面。文化差异的存在会使消费者在面对与本国不同的文化产品时，降低对文化产品及文化服务的接受度，这也是由文化产品和文化服务中蕴含的文化内容的特殊性导致的。这会较大地影响中国和与中国文化传统差异较大的国家之间的文化贸易往来。中国对外文化贸易应更加注重满足国内外消费者需求，提高文化产品和服务质量、文化含量，进一步挖掘消费市场的潜力。

（三）国内文化及相关产业发展不充分，对对外文化贸易高质量发展的支撑有待加强

文化产业竞争力的提升是一国对外文化贸易高质量发展的重要基础，对一国对外文化贸易的发展有着强力的支撑作用。因此，文化产业和对外文化贸易之间是相互联系、相互支撑的。如果一国的国内文化产业发展程度低，与相关产业融合程度低，就会降低一国对外文化贸易的竞争力，进而影响其对外贸易的高质量发展。目前，对中国而言，虽然文化产业处于快速发展阶段，且产业规模不断扩大，但是由于中国文化产业发展起步较晚，且存在文化产业链建设不健全，文化内容制作关键环节发展落后、各个环节衔接存在不足的问题，中国文化产业的发展受到了限制。未来中国文化产业的发展仍有待加强，在数字化背景下，文化产业的国际竞争力和国际化市场占有率仍有待提升。此外，由于文化产业与其他不同产业的交叉融合是未来发展的必然趋势，目前中国文化产业在横向拓展和纵向延伸上均有待加强，通过完善和优化国内文化产业链的各环节，可以进一步推动文化产业的发展，进而带动中国对外文化贸易整体竞争力的提升。

（四）文化企业数字化发展水平不高，市场活力有待进一步增强

随着中国文化企业市场活力的显著提升，企业在文化产品与服务的生产和销售等环节与数字化技术融合的深度和广度也日益提升。而文化产品和服

务数字化水平的提升不仅可以提升文化生产的效率，还有助于提高文化产品和服务的质量，这对文化企业而言至关重要。产品的“质”，即其内在的价值、技术、创意。目前，中国的文化产品的价值承载仍然不足，核心文化产品贸易竞争力仍然较弱，亟待通过数字化技术的融入来提升其产品和服务的多样化程度。此外，目前中国品牌文化产品和服务的出口附加值仍然较低，品牌同质化较为严重，不仅在动漫、影视、游戏等数字化领域的知名品牌较少，而且中国优秀传统文化，如中华老字号、传统品牌以及经典标识等文化元素和内容的创新性转化效率较低，在传统文化品牌的转型升级过程中未能充分发挥数字技术的优势。因此，中国未来仍然需要引导和推动企业结合线上和线下各种渠道和平台，持续加大创意开发和品牌建设力度来增加文化产品和服务的出口附加值。

四 促进中国对外文化贸易发展的对策建议

（一）优化对外文化贸易结构，实现商品结构和国别结构的均衡发展

对外文化贸易的结构在很大程度上取决于国内文化产业的发展结构。因此，中国文化产业的均衡发展对于优化对外文化贸易结构和提升文化贸易的国际竞争力至关重要。对于商品结构而言，一方面，在不断促进文化用品和工艺美术品等产业继续快速发展的同时，要继续保持文化用品、工艺美术品及收藏品在文化出口贸易中的优势地位；另一方面，中国应着力发展涉及大量高智力劳动的文化创意产业，通过优化文化产业结构将中国文化出口贸易整体的优势从“成本”转向“创意”。结合数字技术在文化领域的广泛应用，通过加强技术创新和研发投入以及专业化、高素质人才的培养等措施，来逐步改变中国在知识和技术密集型文化产品上的劣势，逐步改善文化产品出口结构单一的状况。对于国别结构而言，中国未来要继续加强与共建“一带一路”国家的文化贸易往来，促进国别结构的多元化。

（二）不断激发国际文化消费潜能，发挥文化市场的力量

文化产品是一种同时具有外在价值和内在价值的产品，内在价值是指文化产品中所包含的文化内容、文化信息和文化元素，外在价值是指基于承载文化内涵的载体而呈现的使用价值。文化产品经过机械化大规模生产之后，兼具内在价值和外在价值。而内在价值和外在价值的充分体现，离不开文化市场本身的力量。因此，要在国际市场上更好地体现中国文化产品和服务的价值，提高中国文化产品和服务的国际影响力，就需要不断激发国际市场的消费潜能，让更多国家的消费者了解中国文化。首先，使外在价值增值，引导文化消费。对于各大市场中的消费者，产品仅仅拥有内容上的创新和创意是不够的，还需要采取有效措施增加其外在价值。其次，充分挖掘内在价值，创造文化消费。在文化产品和服务的生产流程中，各环节都应加强文化资源的创造性转化。最后，在国际市场中要加强对文化领域知识产权的保护，不断提高人们对知识产权的认知、加强对知识产权的维护，以确保文化产品与服务价值的实现。

（三）加大数字技术在文化及相关产业中的应用和融合力度

近年来，区块链、大数据、云计算、人工智能、互联网等数字技术的飞速发展使得数字经济呈现前所未有的发展潜力，也使得数字经济与社会各领域融合的广度和深度不断提升。数字经济于 2017 年首次被写入国务院政府工作报告，发展数字经济已上升为国家战略。数字经济的快速发展也加速了中国文化产业与其他各产业的融合，这也为对外文化贸易的高质量发展提供了重要契机。一方面，未来中国要抓住数字经济迅速发展的机遇，将其成果融入文化产业和文化贸易的发展进程中。需要持续优化相关基础设施以及革新数字技术，进一步推动发展数字产业与实体经济，为推进文化产业的数字化以及文化产业的“智慧化”提供强有力的支持。另一方面，要加强建设“数字经济+文化”的多元化应用场景，如“区块链+文化”“大数据+文化”等新业态和新模式。此外，在数字技术与文化贸易融合发展方面，给予更多

的政策支持，在技术普及、创新、升级迭代中，发挥其帮助文化贸易降本增效的重要功能。同时，政府等有关部门政策的大力支持和鼓励，有助于创建并维护安全稳定的数字环境，减少数字经济给文化贸易带来的不确定性，进而推动数字文化贸易的高质量发展。

（四）提高文化企业的数字化转型效率，增强文化企业市场竞争力

对中国而言，将优秀的传统文化转化为具有现代科技化、网络智能化特征的创新产品，对于带动中国对外文化贸易的发展具有重要意义。而文化资源的转化离不开文化企业的数字化发展。第一，大力培育文化企业在数字经济时代的创新思维能力，从根源出发，为多元化的文化产品和服务的创造与生产提供源源不断的动力。同时也要不断培养创新型人才，为企业数字化转型提供保障。第二，鼓励文化企业加大对数字技术的研发投入力度，提高文化企业的科技创新能力。科技创新能力已逐渐成为推动文化产业形态向更好的方向发展的第一动力。随着科学技术的发展愈加深入，文化产品的传播速度将越来越快，平台媒介也不会再遵循相同的模式，传播内容将不断更新，覆盖面将越来越广。结合数字经济的时代特征，关注贸易伙伴国对文化产品和服务的差异化消费偏好，制定不同的市场策略，提高文化企业的国际竞争力。第三，打造知名的数字文化品牌。基于中国传统的文化品牌，将其与数字技术进行深度融合，优化和创造出符合当今时代发展需求、满足国际文化消费市场的实际需求、具有中国特色的数字文化品牌，为数字经济时代中国文化“走出去”保驾护航。

参考文献

傅晓冬、杜琼：《数字经济对中国文化产品出口贸易的影响研究》，《宏观经济研究》2022 年第 3 期。

葛继宏、叶森：《我国对外文化贸易发展研究：现状、问题与对策》，《浙江社会科学》2022 年第 12 期。

李嘉珊、刘霞：《助力文化强国建设，推进文化贸易高质量发展》，《光明日报》2022年7月7日。

齐玮：《基于CMS模型的中国文化产品出口增长分解研究》，《统计与决策》2019年第12期。

杨连星、从欣、刘雪珂：《文化特征如何影响了文化贸易出口品质》，《宏观质量研究》2019年第4期。

周升起、吕蓉慧：《我国文化产品贸易国际竞争力及其影响因素研究——基于供给需求视角》，《价格月刊》2019年第7期。

行 业 篇

Industry Reports

B.2
中国演艺对外贸易发展报告（2023）

张 伟 刘颖异*

摘 要： 2022年数字技术与演艺领域的深度融合催生了众多新的演艺形式、演出渠道，激活了很多新的演艺消费需求，疫情也改变了演艺市场的发展规律，演艺行业这一原本相对传统、保守的文化领域正迎来前所未有的开放、创新、融合的发展机遇期。本报告总结了2022年中国演艺市场发展概况，从疫情下全球演艺市场波动情况、全球演艺消费需求变化、演艺投融资、演艺进口贸易、线上演艺贸易渠道、线上演艺版权环境等方面分析了中国演艺对外贸易发展特点，在聚焦后疫情时代演艺对外贸易发展前景的同时，从引导新技术向演艺领域应用转化、完善线下演艺云端市场化运作、创新线上专属演艺剧目、建设优质演艺品牌、培育统一大市场等角度提出促进中国演艺对外贸易发

* 张伟，国家文化发展国际战略研究院专家，中国服务贸易研究院专家，研究方向为演艺对外贸易、艺术品交易等；刘颖异，国际文化贸易硕士，研究方向为国别文化市场研究、演艺对外贸易等。

展的建议，为后疫情时代中国演艺对外贸易抓住全球机遇快速发展提供参考。

关键词： 数字化 演艺市场 对外贸易

一 2022年中国演艺市场发展概况

（一）演艺市场总体规模下滑明显

2022 年全国 6.9 万家规模以上文化及相关产业企业实现营业收入 121805 亿元，比 2021 年增长 0.9%。[①] 2022 年文化产业营业收入整体涨幅甚微，主要原因是 2022 年多次反复的全国与局部新冠疫情给各类文化市场主体的正常经营带来了持续冲击。2022 年全国演出市场总体经济规模为 243.60 亿元，同比降低 31.33%；营业性演出（不含娱乐场所演出和公益性演出）场次总计 17.33 万场，票房收入总计 89.88 亿元。[②]

从演出类型来看，2022 年，专业剧场演出 2.56 万场，同比降低 32.77%，票房收入 34.26 亿元，同比降低 29.11%；小剧场、新型演出空间演出 6.80 万场，同比降低 4.19%，票房收入 6.76 亿元，同比降低 49.41%；大型演唱会、音乐节（含小型音乐现场）演出 0.51 万场，同比降低 52.00%，票房收入为 16.63 亿元，同比降低 60.86%；旅游演艺 7.46 万场，同比降低 50.40%，票房收入 32.23 亿元，同比降低 47.41%。除票房之外，2022 年，演出衍生品及周边收入、演出赞助收入、经营主体物业及配套服务收入、艺术教育服务收入、娱乐演出收入、线上演出收入、政府补贴和购买服务收入等演出经营主体其他收入总计 153.72 亿元，

---

① 数据来源：国家统计局官网。

② 《2022 年中国演出市场年度报告（简要发布版）》，“中国演出行业协会”微信公众号，2023 年 4 月 7 日，https：//mp. weixin. qq. com/s/8ZJUGxgzc6HOIRJGiu3lrQ。

同比下降21.40%。①

从演出地域分布来看，发达省份虽然疫情防控形势严峻，但依然在演出市场规模上位居前列：各省（区、市）中演出场次前十名为广东、江苏、浙江、北京、上海、四川、陕西、湖南、山东、湖北；演出票房前十名为江苏、浙江、北京、广东、山东、上海、湖南、四川、湖北、陕西。②

（二）演艺主体探索灵活运营模式

配合疫情防控，剧场间歇性关停成为2022年的普遍现象，演艺市场繁荣的北京、上海等地疫情防控形势严峻，各演出场所不得不一次次关停；即便在疫情并不如北京、上海等严重的城市，也均发生不同程度的剧场关停情况，关停时间累计一个月到两个月。成熟的巡演项目，直接面对的是停演风险，剧组出发地、途经地与目的地疫情风险难以掌控，单场停演背后是人员、运输乃至隔离某地带来的无法预计的多重开销。疫情防控政策升级、航班取消、途中核酸证明过期、行程码突然“带星”等等都为巡演制造了重重阻碍。对于创排新剧目，其直接面对的是资金压力，因为2021年的长期停摆，很多演艺企业和机构已经没有足够的收益支撑其投入新的演艺剧目与产品的研发。但面对疫情在2022年的反复，演艺市场主体主动求变，探索出了灵活的市场运营模式。

1. 针对疫情防控规律制定弹性经营策略

演艺市场主体对疫情防控带来的演出变动做出了高效反应，一边做好疫情恢复后立刻推出演出项目的准备，一边妥善处理退票和有序开票的相关工作。关注疫情、及时进行核酸检测、解决突发问题是演出筹备的头等大事，一旦当地出现疫情，演艺团队重心立刻转移，提高排练、复排频次，加强演员声乐、形体训练以及主创交流和剧本讨论，让作品一直处于

① 《2022年中国演出市场年度报告（简要发布版）》，“中国演出行业协会”微信公众号，2023年4月7日，https：//mp. weixin. qq. com/s/8ZJUGxgzc6HOIRJGiu3lrQ。

② 《2022年中国演出市场年度报告（简要发布版）》，“中国演出行业协会”微信公众号，2023年4月7日，https：//mp. weixin. qq. com/s/8ZJUGxgzc6HOIRJGiu3lrQ。

待演状态，可以在疫情防控措施解除后让剧目迅速登台。尽量减小演出团队活动范围，变大巡演为小巡演，变全国巡演为有限区域内、省内巡演，降低不可控成本。在演出城市尤其是首发城市的选择上，在考虑市场成熟度、宣传资源与市场号召力的同时，还要兼顾剧场档期、现有防疫要求、突发疫情可能性等因素来综合评判，有时一线城市反而不是演出首选。此外，长线巡演项目常常设置 AB 角以保证演出质量，而疫情之下更有团队在“巡演组”之外设置“待命组”，“待命组”成员分布在不同地区和不同艺术机构，演出前与“巡演组”一同排练来保证艺术水准，再散开回归各自的主业，需要时再“借调”，保证突发疫情时能有“持绿码”的演员随时替补登台。

2. 变巡演为常驻

面对疫情，小剧场演出多采用“复刻”式的经营策略。小剧场原本体量偏小，疫情防控限制上座率，售票持续受限，演出成本又难以挤压，演职员团队也没有过多调整空间，导致多地巡演入不敷出。因而成熟的小剧场剧目尤其是在一线演艺市场已经有号召力的剧目，选择在当地招募、制作、演出，投放创作力量组建在地团队，与当地进行版权层面合作，变巡演为常驻，保证相对持久的驻场演出。

3. 精耕受众弥补营销力度不足

疫情的不确定性对演艺企业、机构的市场反应速度提出了更高的要求，也意味着销售周期的不确定，没有足够时间营销、预热。对于失去的销售窗口期，演艺企业、机构大多转而维持过往积累的客群，通过微信群等方式定向推送演出信息，再间接通过老观众口碑带动更多观众关注。同时，疫情导致大量演出取消甚至演艺企业倒闭，也使得市场更加珍惜仍活跃在市场中的演艺院团或剧目，使其拥有了更具消费黏性的观众群。此外，演艺企业、机构在开启巡演前变得更谨慎，更多地在正式巡演前进行试演，定向邀请观众免费观演并填写调查问卷以测试演出效果、进行局部调整、完善剧目细节，为作品走向市场打下坚实基础。

4. 形成区域市场紧密联动

2022 年，广西以区内联动的方式推出“2022～2023 广西新春演出季”，在南宁剧场、广西音乐厅、广西杂技剧场、广西民族剧院、广西儿童剧院等 11 个演出场馆集中推出近 80 场演出，涵盖音乐会、芭蕾舞剧、先锋话剧、大型歌舞剧、国潮戏剧、相声脱口秀、杂技剧、儿童剧等多种艺术门类，不仅覆盖专业剧场，还纳入了很多民营小型剧场等，最大限度满足不同年龄层次观众对不同类型剧目的观演需求，同时将柳州、桂林、南宁等地的剧场资源都利用起来。此外，2023 年 2 月，浙江“同唱一台戏”越剧春晚采取省内“五城联动”的推广模式，先后登陆绍兴、宁波、温岭、新昌、杭州，近 20 位越剧名家携手近 20 位优秀青年演员亮相。

5. 冲击之下仍有企业逆势上扬

疫情之下，世界各国的马戏杂技演出均处于生存的艰难时刻，例如，布罗菲兄弟马戏团、韦伯马戏团停业近两年；芝麻街马戏团、哈德逊马戏团无法巡演。在此背景下，在重庆国际马戏城驻场的《极限快乐 SHOW》不仅在疫情反复冲击下博得一线生机，更作为初生的演出产品在市场中迅速成长、站稳脚跟。自 2019 年创排至 2022 年，三年实现演出收入 3500 万元，演出千余场，接待观众近 70 万人次。①

（1）多维度推广和营销，借力平台

推向市场初期，《极限快乐 SHOW》在充分利用传统票务营销平台的基础上，主动出击，采取事件营销、话题营销结合的营销推广方式，团队跑遍各大电商平台，与大麦、猫眼、美团等 30 余家线上电商平台合作建立售票渠道；除利用自有的宣传渠道进行推广宣传外，还借助本地报媒、商圈、公交地铁等广告渠道，以资源互换的方式进行宣传合作。同时充分利用每一次文化展销会、艺术博览会等全市甚至全国性的展销活动，不断将优秀节目向外推介，向社会发声，达到以量变引起质变的效果，提升驻场演出知名度。

---

① 《第三年 vol. 9丨杂技“破圈”》，“中国演出行业协会”微信公众号，2022 年 9 月 13 日，https：//mp. weixin. qq. com/s/y60d7RnZcA4aZB690jKRIw。

（2）拥抱创新，基于市场调整产品与服务

创排《极限快乐 SHOW》时，不仅考虑节目本身的质量，而且以市场为导向，不断开展市场调研，根据市场反馈来进行作品的创作和调整，将观众喜欢的内容以新颖的编创手法推向市场。节目编排过程中，在传统杂技的基础上吸收西方的马戏文化元素，演出内容突破传统杂技表演形式，以“现代杂技表演”为核心，以“3D 全息技术、高空机械”等高科技手段为辅助，让传统技艺焕发新的活力。

（3）深耕本地市场，实现本市“内循环”

疫情前，《极限快乐 SHOW》的观众构成中，本地观众和旅游散客占比为 20%，团体游客占比为 80%。[①] 但受疫情影响，旅游市场恢复缓慢，人们出游方式和出游半径都发生了改变，自驾游、市内游等逐步增多，团体游客不再是稳定客源。《极限快乐 SHOW》转而构建以市内小循环为主的演出市场环境。2020 年，重庆市常住人口为 3200 余万人，仅主城区人口已超千万人，即便只有 10%的主城区人口走进重庆国际马戏城，也足够支撑《极限快乐 SHOW》近 10 年的演出。院团在以打造“重庆城市会客厅”为目标的基础上，融合“市民文化娱乐新地标”“休闲娱乐打卡点”等理念进行重庆国际马戏城驻场演出的运营和推广，使重庆国际马戏城成为市民休闲娱乐、家庭出游、单位团建等活动的新去处。2022 年，每晚驻场演出平均有 600 人观演，节假日场场爆满，其中本地市民和散客占比在 70%，甚至达到 80%~90%，有效保证了驻场演出的延续和发展。[②]

（4）借助新媒体平台打开市场知名度

自 2021 年底，重庆杂技艺术团开始尝试制作有关院团历史回顾的微纪录片《重庆杂技 城市名片》，快速提升重庆杂技艺术团的线上知名度；2022 年 7 月，《极限快乐 SHOW》在抖音平台的首次商业直播获得 55 万点赞，短

① 《第三年 vol. 9 | 杂技“破圈”》，“中国演出行业协会”微信公众号，2022 年 9 月 13 日，https：//mp. weixin. qq. com/s/y60d7RnZcA4aZB690jKRIw。

② 《第三年 vol. 9 | 杂技“破圈”》，“中国演出行业协会”微信公众号，2022 年 9 月 13 日，https：//mp. weixin. qq. com/s/y60d7RnZcA4aZB690jKRIw。

短 8 小时的直播销售门票 5200 余张，销售额达 45 万元。[①] 基于各个新媒体平台官方账号，《极限快乐 SHOW》发布演出动态和开展营销活动，形成官方号矩阵，增强粉丝黏性。而演员账号用短视频分享台前幕后的花絮，吸引了大量的粉丝浏览和关注。不到一年时间，“重庆国际马戏城杂技团”抖音账号获得超 1.1 亿人次的浏览量，《极限快乐 SHOW》的宣传重点彻底从线下转向线上。

6. 地方戏曲尝试院线模式

在绍兴大剧院倡议下，包括辽宁大剧院、吉林大剧院、江西艺术中心、四川大剧院、武汉剧院、湖南大剧院、安徽大剧院、广西大剧院、上海美琪大戏院、长安大戏院、宁夏大剧院、昆明剧院、贵州省演出公司、河北艺术中心、江苏大剧院、杭州大剧院等在内的 20 余省（区、市）的 50 家剧院、剧场单位成立全国越剧剧院院线，在全国范围内推动越剧经典剧目和原创越剧现代戏的演出和运营。源于绍兴的越剧是浙江的代表性剧种，也是全国范围内最具影响力的地方戏曲剧种之一，绍兴大剧院用开放的心态面对全国市场，整合全国资源。

（三）线上演艺极大地拓展了演艺品牌市场的传播范围

从单纯将录制好的线下演出视频在网上播放，到借助技术手段对新的演出形式、观演关系进行探索，线上演艺正在逐渐成为一种独立的演艺形态。

1. 线上演艺助力专业演艺院团建立市场号召力

2022 年，专业演艺院团开展的各类型线上演播活动达 1.21 万场，线上观众达 57.3 亿人次，线上收入达 2.43 亿元，[②] 线上平台为演艺提供了第二舞台。2022 年 3 月，上海话剧艺术中心推出了 9 部风格、形式、题材各不相同的经典剧目组成线上播映剧目，其中仅微博平台播放的契诃夫经典话剧《万尼亚舅舅》就获得 47 万人次观看；话剧《撒娇女王》在微信视频号播

① 《第三年 vol.9丨杂技“破圈”》，“中国演出行业协会”微信公众号，2022 年 9 月 13 日，https://mp.weixin.qq.com/s/y60d7RnZcA4aZB690jKRIw。

② 数据来源：中国演出行业协会对重点网络平台和演出机构开展的数据调研和测算。

出时收获众多线上用户互动，2022 年 5 月 7 日播出时获得的点赞达 25657 次、评论达千余条，获得分享超 4000 次，吸引新关注粉丝近 1500 人，而在微博方面，由剧目带来的新增粉丝达 209 名。截至 2022 年 5 月，上海话剧艺术中心自媒体直播平台（微博、微信视频号、抖音）共在线播映戏剧 62 场，累计观看人次超 1100 万，加上新增的多家直播平台，全网累计观看人次超 2300 万。[①] 2022 年 6 月，北京人民艺术剧院 70 周年院庆期间，推出持续 9 天的包括剧本朗读、经典剧目放送及导赏等在内的线上活动，院庆期间全网超过 1.4 亿人次点击观看；8 月，上海版《不眠之夜》以“两元看《不眠之夜》”口号开启网络直播，直播间“云喝彩”次数达 36.2 万次，近 3000 名观众打赏，最高打赏额达 7000 多元，最终观看人次接近 100 万；9 月，舞剧《永不消逝的电波》进行微信视频号直播首秀，在第十三届中国艺术节“云展播”的 40 余个平台收获超 658 万的总播放量；截至 2022 年 12 月 26 日，国家大剧院建院 15 周年直播周特别节目全网总点击量超 1.6 亿次。[②]

2022 年 7 月，广州歌舞剧院的《醒・狮》因为疫情最终取消线下演出，转为线上直播，“象征性收取 1 元”的宣传语通过网络迅速传播，短短 48 小时内收获了 340 余万人次观众付费观看。以“云剧场”形式推出的舞剧《醒・狮》，成为一次观演关系的新探索，其获得 140 万云端网友点赞，收获 5.38 万余条转发和评论，相关话题也登上热搜。[③] 线上直播将众多不曾接触舞剧的观众拉进了《醒・狮》的线上剧场，更增添了他们将来走进线下剧场的可能。8 月，在广州大剧院演出的《醒・狮》开票后门票也售罄。

2. 线上演艺为传统戏曲带来新转机

线下演艺市场低迷的同时，2022 年，网络表演直播行业规模达到

---

① 陈理：《第三年 vol.1 | 上线之后…》，“中国演出行业协会”微信公众号，2022 年 5 月 24 日，https://mp.weixin.qq.com/s/c2rTLPPi1HgDUootMyj8jA。

② 姜琳琳：《盘点 2022 线上篇 | 数字演艺，另一条产品线》，“中国演出行业协会”微信公众号，2023 年 1 月 18 日，https://mp.weixin.qq.com/s/6vAZ6gWpSLRMHOGg6o3N9Q。

③ 黄敬惟：《媒体观察 | 舞蹈，“云上”开辟新舞台》，“中国演出行业协会”微信公众号，2022 年 8 月 24 日，https://mp.weixin.qq.com/s/fl129AGZVYHphBjJxP20iA。

1844.42 亿元，相关行业的直播账号达 1.41 亿个。2022 年，曲艺类演出线上直播的观看时长增长了近 300%。[①] 线上演艺的兴起不只是缘于疫情带来的直接影响，近年来我国演艺存在民俗类演出受影响大、传统曲艺演出观众老龄化、国内演出市场不成熟、上下游产业链没有真正打通等问题，也需要利用线上演艺的新形式寻找转机。2022 年 6 月，京剧名角史依弘在其抖音直播间首次举办个人线上演唱会直播，观看人次高达 414.5 万。

2022 年，抖音民乐类直播场次超过 178 万场，累计直播时长达 233 万小时，观看人次突破 61 亿，87%的民乐主播获得打赏收入，像埙、独弦琴、箜篌等小众乐器，也都创下了上万级别的“票房”收入；抖音非遗类直播每天开播 1617 场，打赏总收入同比增长 533%。[②] 通过直播打赏以及直播带来的更多机会，民乐人不仅获取了稳定的收入，也实现了疫情下的行业自救。

3. 线上演唱会放大明星效应

2022 年，演唱会成为年度关注度最高的线上演艺类型，各大音乐平台、短视频等平台举办的线上演唱会，已经形成常态化运营模式。2022 年，中国演唱会直播的用户规模为 2.07 亿，占网民整体的 19.4%，[③] 仅腾讯音乐旗下的 TME live 在 2021 年一年内就举办 56 场网上演唱会，[④] 线上演唱会观众规模潜力巨大。

2022 年 5 月，周杰伦“地表最强”“魔天伦”两场演唱会线上重映，累计获得近亿次的点击量；7 月，周杰伦推出了新专辑《最伟大的作品》，并特意为新专辑举办了线上直播，观看人次超 1.1 亿；截至第三季度末，周

① 赵语涵：《媒体观察丨演艺直播，本质是内容经济》，“中国演出行业协会”微信公众号，2022 年 12 月 6 日，https://mp.weixin.qq.com/s/ftfat23dcCt_i8jigcHeEg。

② 《去看影像展丨青年达人 vs“非遗梦想家”》，“中国演出行业协会”微信公众号，2022 年 6 月 https://mp.weixin.qq.com/s/w2645wlL49qNRCcCUy44ng。

③ 第 51 次《中国互联网络发展状况统计报告》，中国互联网络信息中心网站，2023 年 3 月 2 日，https://www.cnnic.net.cn/n4/2023/0303/c88-10757.html。

④ 《2021 年中国线上现场音乐演出产业研究报告》，艾瑞咨询百家号，2022 年 3 月 25 日，https://baijiahao.baidu.com/s?id=1728166114677831120&wfr=spider&for=pc。

杰伦数字专辑《最伟大的作品》热销近 700 万张，销售额超过 2 亿元；11 月，周杰伦举办线上“哥友会”，最高同时在线人数超 1129 万，总点赞数超 10.5 亿。2022 年 4 月，崔健首场视频号线上演唱会“继续撒点野”共吸引了 4600 万观众在线观看，点赞量超 1.2 亿；5 月，罗大佑首场视频号线上演唱会吸引 4200 万人观看，逾 8300 万点赞，孙燕姿抖音线上唱聊会直播 1 小时吸引 2.4 亿人在线观看；8 月，陈奕迅线上演唱会“Eason Air”抖音在线观看人数达 1.1 亿，梁静茹“宁静的夏天”线上直播音乐会播放量达 2 亿；9 月，刘德华于抖音举办线上演唱会“把我唱给你听”，累计观看人次超过 3.5 亿，华晨宇“火星乐章”抖音直播音乐会超 2 亿人次观看，李健在视频号举办了个人首场线上演唱会，共 3700 万人次观看。[①] 此外，五月天、刘若英、张亚东等音乐人陆续在各大平台举办在线音乐会。

（四）演艺与数字技术融合应用更加成熟

2022 年是数字演艺快速发展的一年，在互联网、区块链、5G、新型人工智能等信息技术迅速发展的背景下，“演艺+数字技术”融合发展正成为推动演艺产业发展的重要抓手和发力点。2022 年，中共中央办公厅、国务院办公厅印发《关于推进实施国家文化数字化战略的意见》，提出到“十四五”时期末，基本建成文化数字化基础设施和服务平台，形成线上线下融合互动、立体覆盖的文化服务供给体系；工业和信息化部、教育部、文化和旅游部、国家广播电视总局、国家体育总局等五部门联合发布《虚拟现实与行业应用融合发展行动计划（2022—2026 年）》，提出推进关键技术融合创新、提升全产业链条供给能力、加速多行业多场景应用落地、加强产业公共服务平台建设、构建融合应用标准体系等五大重点任务。

数字技术在内容建设、展示方式、传播途径、交互手段等方面丰富了用户的文化体验，且数字演艺越来越多地呈现线上线下一体化、在线在场相结

① 姜琳琳：《盘点 2022 线上篇丨数字演艺，另一条产品线》，“中国演出行业协会”微信公众号，2023 年 1 月 18 日，https：//mp.weixin.qq.com/s/6vAZ6gWpSLRMHOGg6o3N9Q。

合的新特征。2022 年演艺企业与机构不断探索各种形式的数字化手段，数字演艺向定制化方向发展：在演播形式上，通过多角度、虚拟现实拍摄等方式给观众全新的视觉感受；在演出内容上，根据线上观演特点进行影像表达的全新策划；在播放渠道上，开发适宜不同终端的多样版本。通过演出创作方、场地方、技术方和网络平台方紧密合作，艺术、科技实现跨领域深度融合。

2022 年 2 月举办的第 24 届北京冬奥会开幕演出，以“构建人类命运共同体”为核心表达，通过融入科技创新、低碳环保和运动健康理念，向世界奉献一场浪漫、唯美、充满现代感的盛会。主创团队以数字科技为支撑载体，以传统与创新相融为核心立意，结合冰雪的物理属性、LED 的发光特性和裸眼 3D 的透视效果，实现观众现场沉浸式互动体验；在画面图像处理上，首次实现全 LED 影像，42000 多块共 1 万多平方米的 LED 屏铺满鸟巢中心场地，作为开幕式表演背景的地屏“冰面”，一切的图像信息由此演绎展现，创生出一系列视觉奇观。

广州大剧院携手华为打造“5G 智慧剧院”，利用“5G+云+AI”等科技手段赋能传统舞台艺术，使传统舞台艺术拥抱“云演艺”，让观众足不出户享受沉浸式体验；中国国家话剧院与中国联通、华为合作建设“5G 智慧剧场”，剧场内预埋多机位高清拍摄线路，部署 5G 无线网络和线上演播设备，进一步降低线上演播的成本，提升线上演播便利度。借助 5G 的低时延技术，为线上观众提供跨地域的“同步、同屏话剧表演”。

“戏剧+元宇宙”将创造出一个脱胎于戏剧又与现实平行的交互空间，为观众带来空间沉浸、时间沉浸、情感沉浸、游戏沉浸的“超沉浸”新体验。而要推动用户在两种平行空间中无障碍切换，离不开前沿科技的支撑和赋能。上海文广演艺集团和腾讯 XR 业务线公布了双方的战略合作计划，双方携手成立 XR 联合实验室，在全息影像、人工智能等多技术加持下，实验室将逐步解决互动建模、提升影像精细度等方面的难题，进一步打破虚拟和真实的边界，让观众得以在虚拟场景中自如真实地“感受”和“交互”。此外，实验室还将以游戏为入口，尝试对戏剧内容的二次探索，寻找新的消费体验形式。通过“虚拟场景+同屏互动+多端接入”，“戏剧元力场”将连接到海量用户，为存量时代的行业破局带来更多想象力。

（五）演艺平台助力市场复苏

1. 展演平台

2022 年，由中国演出行业协会指导、中国音乐剧产业基地承办的“明天会更好”——第二届华语音乐剧大赏邀请了爱奇艺星尘工作室、长信传媒、大麦 Mailive 当然有戏、呱唧戏剧、海笑文化、涵金文化、合翩文化、何李活音乐剧、开心麻花、兰境文化、立次方现场、魅鲸文化、莫瑞吉文化、缪时客、缪肆文化、染空间、茸熊有文化、上海话剧艺术中心、腾讯影业、星在文化、徐俊戏剧、一台好戏、意幕文化、有海文化、整挺好文化、致敬文化、泓洋戏剧、浥扬文化等 28 家业内优质音乐剧出品机构，在优酷平台进行了 4 小时不间断的音乐剧汇演和现场直播，演出汇集新锐佳作、现代经典、中文古风、浪漫小品、原创现实等多类别华语音乐剧近 30 部国内知名作品。

2022 年的第二届华语音乐剧大赏旨在在国际语境中提升本土化改编创作能力和表演能力，为积累华语原创音乐剧创作能力夯实基础、积累经验，并专门设置国际交流板块，加强国际同业间的交流与合作，百老汇联盟主席夏洛特·圣马丁和韩国音乐剧协会理事长李宗圭以视频方式参与交流。第二届华语音乐剧大赏正式开演前的红毯直播在新浪微博吸引近 95 万人次点击观看，新浪微博“华语音乐剧大赏”话题在直播当日总阅读数接近 3800 万，一度冲上新浪微博文娱热搜榜第 4 位。①

作为第十三届中国艺术节主体活动之一的全国演艺及文创产品博览会于 2022 年 9 月在天津国家会展中心举办，博览会分别设置有主题馆、地方馆和综合馆，其中主题馆、地方馆邀请 15 家国有院团、5 家演艺相关机构以

① 《一次集结，看中国音乐剧风采》，“中国演出行业协会”微信公众号，2022 年 3 月 2 日，https：//mp. weixin. qq. com/s/Cn5MewSKK3UClhpaWvAJDg。

及31个省（区、市）文旅厅局参展，综合馆包括线上演播、演艺装备、演出院线剧场、旅游演艺、演艺文创等演艺产业细分行业展区。除展览外，此次博览会还设置专题论坛、对接交流等配套活动，为文艺院团与互联网平台、文化创意企业、制造业企业、海外演艺机构等开展对接交流、项目推介、演出观摩等活动提供平台，展现舞台艺术创作生产新成果和助推演艺产业创新发展新实践，促进文艺院团充分对接市场需求，拓宽演艺产业发展空间，创新文化消费形态和场景，搭建演艺产品及其衍生文创产品的展示、推介、交易、授权的大平台。

上海演艺大世界恢复演出后的首个大型节展——2022国际戏剧邀请展，于8月13日在中国大戏院正式开演。以话剧、音乐剧为主的9部重磅好戏登上演艺大世界舞台，其中3部为中国首演、3部为上海首演。

2. 内容孵化平台

2022年，北京市文化和旅游局主办、宽友（北京）文化交流有限公司承办了“新时代首都原创剧本创作及选题孵化项目”线上剧本推介会，推介会全程采取线上形式，一方面促使北京市文艺创作主管单位、中直院团积极参会，另一方面广泛邀请全国范围内上海、江苏、陕西、天津、浙江等地百余家国内优选出品机构。同时，为让更多未曾定向邀请的机构以及广大青年编剧通过剧本推介会了解专家对于剧本的改善建议及推介建议，项目启动剧本作品征集后，来自全国29个省（区、市）的406位作者踊跃报名，共提交作品503部，最终集中展示入选“储备孵化池”的有55部剧本作品，进入复评的117部剧本作品也被制作成电子版剧本推介手册，并在培源孵化平台官网提供免费下载，以保证不同题材的剧本作品能最大范围触及出品机构和制作机构。线上剧本推介会全程通过视频号进行直播，累计5000余人在线观看，直播内容获赞超过5万次，在最大限度上扩大了剧本推介会的影响。项目本轮拟孵化不少于10部作品，后续将组织有意向的文艺院团、出品机构与作者进行洽谈对接，并根据孵化作品的具体情况，为每一位作者和作品量身定制孵化方案，通过创作采风、专家研讨、修改指导、落地排练等不同形式，为作者与文艺院团、出品机构的孵化合作助力。项目更将着力打造全链条的剧本孵化体系，将与北京文化艺术基金、北京剧目排练中心、北京市演艺服务平台等的现有政策进行联动，形成覆盖艺术创作全链条的扶持机制，努力营造出精品、出人才、出效益的良好发展氛围，推动首都文艺舞台持续繁荣发展。

通过政府孵化的形式，能够使许多有创意、有水准的优秀剧本得到进一步的打磨与改良，为青年创作者提供一个施展才华、实现创作理想的平台，从而形成常态化的人才培养机制，为舞台艺术领域储备人才。对文艺院团与出品机构来说，既可以接触到一批创作扎实、立意新颖的原创剧本，也能够发掘、关注有才能的创作者，为未来创作注入新力量，有助于打造演艺剧目精品。

二　中国演艺对外贸易发展特点

（一）疫情导致全球市场局部、短期收缩

2022 年，全球不断反复的局部疫情导致海外主要国际演艺市场屡次收紧了对现场演出的限制。例如，比利时政府防疫政策从“允许举办 200 人以下的室内活动并佩戴口罩”调整为要求音乐场所关闭，室内群聚活动也被禁止。威尔士则要求大型活动停办，活动人数上限调整为室内 30 人、室外 50 人。北爱尔兰不允许进行室内站立活动。百老汇联盟将针对成人和 12 岁以上儿童的疫苗接种和口罩政策生效期从 1 月延续至 4 月 30 日，剧院观众必须证明其在演出前至少 14 天前已经注射了第二针疫苗，且在演出期间要戴口罩。收紧的防疫政策让部分演出延期甚至取消，坚持举办的也没有收到预期的效果。2022 年，原计划于 1 月 13 日在 London Coliseum 首演的英国国家芭蕾舞团（ENB）新版《雷蒙达》延期，原定于 1 月 25 日举行的伦敦苍穹艺术节（Vault Festival）取消；安德鲁·劳埃德·韦伯的百老汇音乐剧《灰姑娘》暂停演出至 2 月；7 月，世界规模最大的古典音乐节英国 BBC 逍遥音乐节（BBC Proms）门票仅售出 1/4，创造该音乐节有史以来最差票房纪录。

（二）全球演艺消费需求亟待释放

2022年，全球疫情进入第三年，各地“压抑”已久的演艺消费需求急需释放，线上演出吸引了大量观众，反映出全球观众的观演热情。在没有突发疫情的地区，线下演出不仅一票难求，甚至出现票值大幅溢价现象。2022年6月，后街男孩全球首场线上演唱会在微信视频号上演，演唱了多首风靡全球的经典金曲，开演仅34分钟观看人数就突破千万，最终超4800万，直播间分享次数达160万次；7月，比利时电音节Tomorrowland从两个周末延长至三个周末，分成7月15~17日、7月22~24日、7月29~31日三个时段，但60万张门票依然在开售后10分钟内售罄；7月，Lollapalooza音乐节出演艺人总数超170位，基础票价为350美元，而“铂金票”价格高达4200美元；10月，K-Pop男团BTS在韩国釜山举办了一场免费音乐会，现场吸引约5万名观众，通过Hybe Entertainment旗下粉丝互动平台Weverse累积了4900万次观看；11月，全世界最大的露天音乐节格拉斯顿伯里音乐节已开启2023年6月音乐节门票预售，票价为385.57美元，比2022年高出了近20%。

Live Nation发布的财务数据显示，2022年，截至第二季度，Live Nation已经卖出超过1亿张演唱会门票，已超过2019年全年销量，演唱会上座率达历史最高水平，举办的12500场活动中有3300万名粉丝参加，粉丝更是愿意花更多钱购买更好的观看位置，Live Nation全球音乐会的平均票价同比上涨了10%。而进入第三季度，Live Nation总收入达61.65亿美元，同比增长63%，其中票务业务创收5.32亿美元，赞助和广告创收3.43亿美元；演唱会收入达52.90亿美元，同比增长67%，Live Nation第三季度在近50个国家的11000场演唱会活动中吸引了4400万粉丝，创下有史以来最高的季度参与人数纪录。[①] 包括俱乐部、剧院、圆形剧场、竞技场、体育场和音乐节在内的所有类型场地上座率都实现了超过10个百分点的增长。

---

① 宋朝朝：《每周看世界丨世界舞台近期资本动向》，“中国演出行业协会”微信公众号，2022年9月2日，https://mp.weixin.qq.com/s/G0ByDBMkyleasS-sO62Mzg。

（三）投融资推动演艺市场复苏

2022年，资本在演艺领域的重新活跃也给还在复苏的全球演艺市场带来了更多活力，如华纳音乐集团（WMG）宣布与Facebook母公司Meta达成新授权协议，Meta开始直接与音乐版权所有者即WMG及其音乐人分享Facebook上某些用户上传的、时长为60秒或更长的视频内容的广告收入；Live Nation、Gaiety和SJM入股英国知名音乐节Boomtown，以维持该音乐节的规模与品质，Live Nation和Gaiety各持有18%的股份，SJM则购买了Boomtown 9%的股份，原所有者拥有剩余的55%股份；沉浸式线下新文娱服务商妍嘉文化获得茵芙美讯的战略投资；在线票务搜索预订平台SeatGeek也在9月获得了Accel Partners领投的2.38亿美元的E轮融资。

（四）演艺进口贸易机遇和挑战并存

海外演艺企业、机构对于恢复与中国的演艺贸易表现出较强的信心。在疫情尚未结束的2022年，知名音乐内容平台Billboard宣布进入中国市场。Billboard Hot 100和Billboard 200等榜单早已成为国际流行音乐的风向标，而Billboard进入中国演艺市场并不仅限于音乐排名领域，还意在建立一个连接中国与全球音乐市场的平台——在将全球流行音乐资讯带给中国观众的同时，也在中国推出“音乐私藏家”（The Master Collection）计划，邀请专业音乐人推荐华语音乐作品，对中国艺术家和音乐在全球进行推广和传播。此外，Billboard有意寻找中国在地合作伙伴，打造更加本土化的内容。与中国音乐市场的深度融合，凸显了Billboard深入中国演艺市场的决心。

而对于已经成功引进海外经典演艺内容的企业，其在取得很好的市场反响的同时，也面临着市场波动的重重考验。由大麦Mailive与奥哲维文化联合出品、奥哲维文化与“当然有戏”联合制作的戏剧《弗兰肯斯坦》，以北京保利剧院的14场演出收获大麦9.2和豆瓣8.9的高评分，首轮演出取得了很好的市场反响。《弗兰肯斯坦》是奥哲维文化从海外戏剧高清放映向线下中文版戏剧制作转型的一次大胆尝试，中国观众对于高清放映版《弗兰肯斯坦》的喜爱，给了奥哲维文化引入该剧的信心。早在2018年奥哲维文化就购得了《弗兰肯斯坦》海外版权，2019年筹备翻译，却在原计划使《弗兰肯斯坦》与中国观众见面的2020年迎来了疫情，意料之外的演出延期演变为常态，《弗兰肯斯坦》三度延期。从筹备到开演，主创团队被动进行了多次调整。在线上排座过程中，原定于上海大剧院进行的首演因上海突发疫情已经无法开演，只能放弃上海已经搭建起来的工作团队，临时更换首演地，在北京重新建组团队，招募群众演员，而北京同样有着不能开演的风险。此外，演员因为档期、伤病、被管控等始终不能聚齐，不得不通过线上排演、及时寻找替补演员、超前统一入住酒店保证演出团队的完整，再加上延期期间舞美制景需要运输、存放，这些都大大增加了演出的筹备成本，更消耗了主创团队的市场信心。

（五）线上演艺打开对外贸易新渠道

线上演艺因为与互联网平台的融合具有更强的海外传播力，能够覆盖更广泛的海外市场，且受平台社交属性的影响也具有更强的观众黏性，线上演艺提升了演艺行业应对复杂多变的国际市场环境的能力，拓展出一条更具潜力和稳定性的贸易渠道。

国家京剧院与中央广播电视总台英语环球节目中心（CGTN）合作，在YouTube、Facebook、Instagram等海外社交媒体平台推广京剧相关演艺内容，截至2022年2月，国家京剧院在各平台账号共拥有103万粉丝，发布京剧相关内容906条，获得阅读量1.06亿人次，独立用户访问量达8137万人次，互动量达30.6万人次，视频观看量达2932万人次。[①] 中国歌剧舞剧院则针对各平台特性有侧重地投放演艺相关内容——YouTube“中国歌剧舞剧院”官方频道，全面、直观、系统地呈现剧院的舞剧、歌剧、民乐融合音乐会等特色内容；YouTube“舞动中国”频道，重点推广中国舞蹈和舞蹈演

① 刘淼：《媒体观察丨国家艺术院团云端“出海”》，“中国演出行业协会”微信公众号，2022年6月2日，https://mp.weixin.qq.com/s/rHIbWCO7SffMq2tqnO4HTA。

员，内容呈现方式更加生动有趣，适应年轻人浏览偏好；Facebook 账号重在打造粉丝互动基地，通过投票、线上活动等方式增强粉丝黏性，吸引更多关注。截至 2022 年 6 月，中国歌剧舞剧院海外平台帐号总浏览量超过 2 亿人次，互动量达到 6000 万人次，粉丝量约为 98 万。[①]

中国东方演艺集团与人民网展开合作，共同组建了专业传播团队，从策划、编辑、翻译、设计、拍摄、制作、直播、运营、舆情监测、数据分析等入手进行全方位运维，建设运营中国东方演艺集团海外社交媒体平台 4 个海外账号，总体粉丝量超过百万，持续在集团新闻动态、精品剧目、优秀艺术家、演出推介等方面进行海外推广。在内容制作上，中国东方演艺集团将线上推送内容细分为二次创作类、策划定制类、个人特写类、Vlog 类、外国人体验类、中外合拍类、线上直播类、幕后花絮类、特殊节庆类等多种类别，追求受众的参与感和互动感，以此提升账号的粉丝忠诚度，更借助特定时间、事件进行营销。在传播渠道上中国东方演艺集团充分利用人民网海外传播矩阵，借助海外华人华侨机构、大使馆、院团等的影响力，并与海外多家有较强国际影响力和较高国际知名度的演艺机构建立良好合作关系，通过与海外机构在线互动为账号进一步引流。

（六）线上演艺版权环境得到进一步优化

线上演艺拓宽了演艺市场的空间与消费场景，但线上演出的可控性较低，作品传播范围难以追踪，给侵权损害发生后的维权增加了难度，而复杂多元的演艺形式也提高了纠纷解决的难度，数字技术的应用还会引发技术纠纷。例如，以大数据辅助演出活动就可能存在侵犯他人专利权、技术秘密等风险；优质的云演艺品牌可能被“山寨”，引发对商标权的侵犯或不正当竞争纠纷；互联网成为网络文化市场的重要发展领域，也给网络文化市场执法工作带来了许多新的问题。因此，线上演艺版权保护既要及时填补数字化进

① 刘淼：《媒体观察丨国家艺术院团云端“出海”》，“中国演出行业协会”微信公众号，2022 年 6 月 2 日，https：//mp. weixin. qq. com/s/rHIbWCO7SffMq2tqnO4HTA。

程可能带来的知识产权保护制度空隙，也要平衡好权利保障与促进产业创新动能提升之间的关系。

2022 年 3 月，文化和旅游部就《网络文化市场执法工作指引（征求意见稿）》公开征求意见，这份文件重点对制定依据、管辖权规则、执法手段、取证程序和要求、电子数据管理等方面内容进行了详细说明。其中，在完善执法手段方面，针对网络音乐、网络表演等以音视频形式传播的网络文化产品，完善了屏幕录制等取证手段的相关规定；针对手机应用程序发展迅速的实际情况，增补了对移动设备实施远程取证的操作方法规定和具体要求；结合目前国产计算机设备发展的背景，对 Linux 系统支持提出要求；结合当前“元宇宙”概念及相关技术发展情况，提出在执法工作开展中必要时可配备 VR/AR 设备。

三　中国演艺对外贸易亟待解决的问题

（一）线上演艺需要成熟贸易平台

线上演艺在扩大了演艺产品和服务可以触及的受众群体，节省了场租、运输、舞美等运营成本的同时，也在版权保护、播放技术等方面提高了制作投入，成熟稳定的商业运营模式依然是线上演艺对外贸易正面临的挑战。在播放平台方面，现有演艺内容播出渠道分散，或是嫁接微博、抖音、微信等社交媒体平台，或是使用单一演艺企业自主研发的主要面向本企业（有时还包括若干合作企业）的播放频道，国内尚未建立像英国 NTLive 一样可以开放给各个门类的中国演艺剧目的专业线上演艺播放与消费平台，因而不能形成足够强的集聚效应，不利于引导市场逐步接受线上观演这一新的消费习惯。

（二）演艺贸易数字化盈利能力欠缺

在盈利模式上，线上演艺投入产出依然难成比例。前期拍摄、制作需要有一定资金投入，线上播放过程中也需要持续的网络技术支持；虽然线上演艺收获了远超线下演艺的观众，但线上演艺定价同样远低于线下，在初期很多演艺企业为了更长久地留住观众，更是象征性地收取极低票价甚至选择免费播出演出内容，收益并不理想。依靠广告和品牌冠名的收入方式，常见于市场庞大的明星演唱会，平台通过向赞助方出售广告露出机会的方式把自己拥有的版权变现，相应地，赞助方可以借助明星粉丝效应和平台所能覆盖的大量用户得到品宣价值，然而这样的模式下演艺企业自身并不能从广告收益中直接获益，线上演出收入仍然主要来自向观众售票。此外还有部分以直播形式进行线上播放的演艺企业、机构选择借助平台上的直播“刷礼物”功能进行盈利，观众“打赏”随机性强，收入更加不稳定。

（三）疫情削弱了国内演艺市场基础

演艺对外贸易良好发展的基础是国内演艺市场的高度繁荣，国内演艺市场高度繁荣才能催生高质量的演出剧目，进一步为全国演艺产品与服务的出口打下产业基础，利用国内市场演艺收入抵消演艺产品与服务开拓海外市场的成本，使其在国际演艺市场更具竞争力。疫情前北京、上海、广州等一线城市优秀的文化资源和院团相对成熟的运作模式已经成功向演艺市场仍在起步、发展阶段的二、三线城市传播，缩小了不同地区演艺市场与演艺主体发展的差距，但疫情使得地区间人口流动乃至演艺剧目的跨城演出难以实现，演艺资源难以在城市之间按需分配，观众被限制在长期工作、生活的城市，严重割裂了区域演艺市场之间的联系，全国不同地区演艺市场之间的差距被进一步拉大。

（四）优质国际演艺品牌的孵化有待提速

疫情催生了新的演艺市场、新的消费模式、新的观演渠道，这都为演艺企业和机构创造了新的发展赛道，而能否拥有具有国际竞争力的演艺剧目和演艺品牌是能否抢占全球演艺市场新赛道的关键。海外演艺剧目因疫情防控不能进入中国市场所带来的演艺供给的缺口，并没有很好地被本土原创演艺剧目填补，综观全国演艺市场，演艺对明星的依赖性依旧明显，仍然没有具有国际影响力和持久演艺活力的院团或剧目品牌脱颖而出。欧美国家演艺企业和机构能够在漫长的疫情防控结束后迅速恢复其在全球演艺市场中的市场份额，主要是因为它们已经形成具有国际知名度、影响力的高质量演艺品牌，中国演艺院团、企业建立自己的有强大生命力的演艺品牌，是与欧美成熟演艺企业、机构竞争的最直接、最有效的办法。

随着全球演艺市场进入后疫情时代，演艺市场需求短期大量增加，中国演艺企业与机构不应急于将短期演艺市场的热度变现而放低对演艺剧目质量的坚持。新的演艺消费需求已经诞生，高质量的演艺产品与服务供给亟须跟上。

四　促进中国演艺对外贸易发展的建议

（一）引导新技术向演艺领域应用转化

5G、云计算、大数据、人工智能等技术的发展，为中国文化产业的发展提供了更多的可能性，借助数字技术能让观众身临其境地体会演员的情绪，捕捉到更精彩的剧情瞬间。数字技术是中国演艺企业与机构打开国际市场的重要手段，应该在后疫情时代继续探索其发展的方式和路径，让线上演艺成为对外演艺贸易的支柱模式之一。依托“新基建”，加快演艺产业数字基础设施建设，例如，建设国家演艺大数据服务和应用体系，推动传统演艺资源的创造性转化和利用；探索5G、云计算、大数据等数字基础设施与演艺产业的商业应用场景。加速传统演艺产业的数字化转型；加强演艺领域新设备、新材料的研发应用，如运用全息投影、投影映射、多媒体设备打造定制化、沉浸式观演体验。数字化带来的技术便利和手段升级，归根结底要落实到演艺内容生产的优化精进、创造创新上。

同时，政府部门应该设立演艺科技成果跨界应用的专项资金，给予相关项目资金帮助和技术指导，推动数字经济和演艺产业深度融合；演艺行业组织应该加强行业内的技术交流；演艺企业和机构应主动拥抱科技，多尝试、敢尝试，才能抢占全球演艺贸易新赛道的新市场。

（二）完善线下演艺云端市场化运作

随着全球范围内文化产业向着数字化更深入转型，“上云”将成为中国演艺行业国际化发展的必经之路。演出线上线下融合的主体是线下，线上演播不可能取代现场演出，线上线下演出市场都是整体演出市场的一部分，是尚未进行整合又必须要融合的大市场。从线上运营到线上经营，不是简单的内容上线的搬运工作，而是从内容到演出方式、宣传、票务的全面线上适配调整，线上线下融合市场是中国演艺行业必须要面对、必然要开拓的新市场。

多年来中国线下演艺市场积累了许多优秀的作品，这些经典的 IP 有成熟的制作团队、稳定的受众群体、较高的市场知名度以及一定的票房号召能力，应将其作为转化形成线上演艺内容的首选。如上海文广演艺集团的《不眠之夜》，在试验性直播中取得了不错的成绩，制作团队围绕原故事线中的角色设计，创造全新番外故事，利用电影运镜视角、5G 高清实时传输技术，将沉浸感带给每一位观众。同时考虑到线上线下市场特性的不同，需要制定符合云端市场化的营销和运营策略，利用社交媒体进行方式新颖的宣发，实现在直播门票收费和打赏等初级变现方式之外探索更多的商机；通过发行虚拟纪念品和衍生品等方式，保证线上线下的演出各具特色。

线上演艺的商业模式不应简单分为“免费”或“付费”，在线上演艺观众尚未形成购票观演的消费习惯时，演艺企业和机构应当积极寻求多元且稳定的收益模式。如大麦的“平行麦现场”以将传统音乐节品牌“天漠音乐节”搬到线上直播中，在邀请商业品牌冠名的同时，邀请音乐人结束表演后进入淘宝直播间，用品牌方提供的通话功能与粉丝交流，带动周边产品的销售。大麦借助淘宝的销售渠道打通演艺消费场景与电商体系，商品链接可以出现在演唱会的实时画面中，粉丝可以直达电商平台变身消费者。

（三）创新线上专属演艺剧目

剧场艺术区别于其他艺术门类的最大的特质就是“在场性”、“即时性”以及表演者和观看者之间的“互动性”，是在集中的时间、空间里，以演员表演为核心让观众真听、真看、真感受，甚至需要演员、观众互动以达成最佳的剧场效果。线上演艺形式虽可以与剧场艺术共存、互促，却不可以互相替代，传统演艺剧目无论是播放演出实况影像还是线上直播，都会不同程度地在真实性和感染力上打折扣。并不是所有演出都具备线上“基因”，尤其是对于海外观众，语言和文化上的差异会进一步增加其线上观演时对演出内容的理解难度。

除借助原有经典进行线上转化外，还应打造真正“为云而生”的演艺剧目，不是简单复刻线下舞台，而是在线上演艺市场中抓住市场需求。根据线上观众观看习惯和消费规律，积极进行线上演艺剧目的定制创排——研发全球线上平台观众都偏好的剧本，讲述更具普世意义的故事；打造更加完美的数字化场景，加入具有特色人格、故事的虚拟人物等；在元宇宙中充分发挥虚拟社交的优势，如聚集线上创作者共创共享内容，使虚拟人物与粉丝交流、开展跨界直播等。

（四）坚持优质演艺品牌建设

1. 打造品牌口碑

通过提前宣传剧目信息、多维度进行访谈解读、进行更详细的舞台细节设计等打造演艺品牌的口碑。同时，应当重视对于海外观众口碑的维护，追踪观后评价并及时调整演艺内容，积累具有较强黏性的海外观众群体，以更多的长期观演优惠鼓励已观演观众对于剧目品牌的二次传播。此外，还可以邀请演艺领域的海外专家深度参与演艺剧目评论工作，从前期筛选剧本形成首轮评价到中期专家研讨形成专业点评，再到后期成品亮相后进行专业剧评，专家圈层的口碑更能够带动海外演艺市场原有的演艺消费群体关注线上中国演艺剧目。

2. 支持发展孵化平台

演艺项目的形成与发展是一个长期的过程，需要投入大量的内容创作、演员排演、资金支持和市场检验成本。在这一过程中，演艺孵化平台扮演了极为重要的角色，为原创演艺剧目提供科学系统的保障，协调人才、内容、市场、公司等方面资源，推动演艺项目的顺利发展。孵化平台应该突破常规，进行创新孵化，引入经济学、传播学、艺术学、国际文化等不同专业背景的专家进行新剧目或者演艺主体的推荐、评定，在孵化的过程中，以具有较高艺术水准为目标，以“把优秀剧本推向海外市场”为宗旨，开展有针对性、致力于提升作品市场影响力的培育工作，并建立孵化成果库，持续推广优秀孵化品牌，为孵化成果进入国际市场提供更广阔的平台。

（五）紧抓复苏机遇培育统一大市场

后疫情时代是培育新的、国际性的演艺消费需求的最好时机。2023 年文化市场将迎来全面复苏，演艺市场应该抓住文化需求迸发机遇，培育全国性的演艺统一大市场。

1. 鼓励演艺主体发挥艺术教育功能

“双减”政策的持续影响为演艺行业发展拓宽路径。剧场可作为教育实践基地，通过组织专题讲座、集体观演、解说导览、参与志愿服务等方式，推动青少年在感悟演艺文化中增强文化自信。演艺院团可发展社会实践活动，强化与教育主管部门的合作，联合开展“演出进校园”等系列服务，为青少年就近参加文化活动提供场地、设备、师资等方面的便利，设置未成年人专属活动空间和固定服务时段，提供和组织适合中小学生的公益性表演培训服务和社会实践活动，积极服务学校教育教学工作和文化素养培育，在提升青少年文化素养方面做出更为积极的探索。

此外，演艺企业和机构可依托自身场地资源、内容资源，构建艺术研学基地，将演艺剧目与形体排练、剧本创作、舞美设计等演出环节的互动体验教学相结合，推出“互动体验+现场观演”模式的艺术研学，面向当地学校进行艺术普及推广，把剧院、院团打造成近距离体验艺术的舞台。针对艺术研学教育带动的家庭文化消费需求，进一步开发演艺主题餐饮产品、衍生品等，串联演艺关联产业形成规模效益。

2. 发掘二、三线城市及农村演艺消费需求

目前中国大部分演艺消费需求集中在北上广等一线城市，而演艺产业链中数量庞大的基层剧场，却因为资金投入有限、硬件设施落后、专业人员缺乏而利用率极低，甚至有很多县级剧院出现“常年不开门，开门就开会”的困境。作为演艺产业链的重要组成部分，基层剧场对于发展地方文艺事业、推动公共文化服务发展、活跃文化和旅游消费市场的作用不可忽视。文化和旅游部、教育部、自然资源部、农业农村部、国家乡村振兴局、国家开发银行等六部门联合发布的《关于推动文化产业赋能乡村振兴的意见》提出要“依托演出企业、演出团体、艺术院校等机构，充分挖掘地方特色资源，帮助和指导乡村开发演出项目，培养乡村文艺演出队伍，发展提升乡村舞蹈、戏剧、曲艺、游艺、杂技等业态”。

因此，未来我国要充分挖掘地方文化特色，开发乡村演艺项目，促进地方演出队伍发展壮大，鼓励演艺企业与机构深入地方对当地演艺市场需求进行调研。同时，创作适合二、三线城市以及乡村演艺市场的定制剧目，因地制宜发展中小型、主题性、特色类旅游演出项目，鼓励演艺工作者、演艺企业、艺术院校、演艺业组织等深入二、三线城市及乡村采风、展演，让地方演艺市场重现生机。此外，各地政府应整合资源，以市场化手段激活现有演艺场所和团体，例如，山东省开展省市县三级联合购买文化惠民演出工作，由山东演艺集团组建山东剧场院线，通过内容服务、专项培训、委托运营、联合经营等方式，盘活省内各地县级剧场。

B.3
中国广播影视对外贸易发展报告（2023）

付 臻　李继东*

摘　要： 党的二十大胜利召开对新时代广播影视对外贸易提出了新要求，2022年，我国广播影视对外贸易整体稳中向好，政策举措持续出台、调整、优化，高质量发展措施推动国产影视作品加大“走出去”步伐，一系列扶持政策推动优秀视听作品创新发展，“视听中国”系列活动聚焦社会发展核心议题和大国外交战略持续发挥品牌效应。同时，聚焦重大主题，一批高质量视听作品走向海外宣介中国方案；多元展演平台促进国产广播影视作品的全球影响力持续提升；科技赋能广播影视对外贸易数字化建设；产业集群作用加速显现，国家文化出口基地建设加快推进。面临诸多新挑战，未来我国广播影视对外贸易要坚持以党的二十大精神为引领，扎根中国式现代化之路，创新探索数字时代广播影视对外贸易新模式；深耕内容质量，接续推出国产广播影视出口精品佳作；完善版权交易平台建设，加大数字版权保护力度；壮大多元市场主体，提升国际化品牌竞争力；强化人才支撑，培育创新型、应用型国际传播人才。通过这些方式，推动我国广播影视对外贸易发展取得新突破。

关键词： 广播影视　对外贸易　数字化

---

* 付臻，中国传媒大学传播研究院硕士研究生，研究方向为传播理论与历史；李继东，教授，博士生导师，中国传媒大学传播研究院副院长，研究方向为传播史论、国际传播、话语研究、信息传播等。

一　2022年国家推动广播影视对外贸易发展的政策举措

（一）党的二十大为新时代广播影视对外贸易发展提供根本遵循

2022 年是党的二十大召开之年。党的二十大提出“以中国式现代化全面推进中华民族伟大复兴”的使命任务，为包括广播影视对外贸易在内的党和国家各项事业发展进行了战略擘画。综观党的二十大报告，新时代我国广播影视对外贸易的发展方向可以从以下三个维度进行阐释。

第一，对外开放维度。高水平对外开放是广播影视对外贸易高质量发展的基础。党的二十大报告提出“稳步扩大规则、规制、管理、标准等制度型开放。推动货物贸易优化升级，创新服务贸易发展机制，发展数字贸易，加快建设贸易强国”，这表明我国长期以来坚持高水平对外开放的基本方略在党的二十大报告中得到与时俱进的贯彻与延续。

第二，国际传播维度。优秀国产广播影视作品“走出去”始终是我国讲好中国故事、展示中国形象的重要抓手。党的二十大报告提出“坚守中华文化立场，提炼展示中华文明的精神标识和文化精髓，加快构建中国话语和中国叙事体系”的目标路径，在顶层设计层面更为详细、充分地为进一步做好我国广播影视作品的国际传播能力建设指明方向、对其提出要求。

第三，文化产业和文化事业发展维度。广播影视对外贸易是我国文化市场的重要支撑。近年来随着数字技术的发展，广播影视对外贸易市场结构也在数字化、智能化转型中呈现新特征。党的二十大报告提出要实施“国家文化数字化战略”、“创新驱动发展战略”和“重大文化产业项目带动战略”，这表明顺应媒介技术变革与产业结构调整，发展数字时代的文化事业和文化产业、发挥重大文化产业项目带动作用，已凝聚成为全党共识。

（二）高质量发展措施助力国产影视作品加大“走出去”步伐

1. 鼓励优秀影视作品高质量出口，加大海外推广力度

一方面，国家强化对国产广播影视作品出口的宏观调控。商务部等 27 部门联合印发《关于推进对外文化贸易高质量发展的意见》，明确将“鼓励优秀广播影视节目出口”作为培育文化贸易竞争新优势的重要举措，从内容创作、平台搭建、出口渠道、国际合作等方面为国产优秀影视作品“走出去”提供政策支持。2022 年，走向海外的国产影视作品题材更为丰富，类型更为多元。电视剧方面，展现中国社会 50 余年跌宕变化的现实题材电视剧《人世间》被美国迪士尼公司购买海外发行权[①]；悬疑剧《开端》通过网飞（Netflix）登陆新加坡、越南、马来西亚等多个国家[②]；讲述中国强军历程的军旅题材电视剧《王牌部队》先后在日本、美国播出，取得积极反响；偶像剧《你是我的城池营垒》发行至日本、韩国、新加坡、泰国等多个国家和地区，《司藤》获泰国播放平台冠军[③]。电影方面，《长津湖之水门桥》《独行月球》《万里归途》《世间有她》《人生大事》等国产电影克服新冠疫情等阻碍逆风登陆欧洲、北美、澳洲市场，《人生大事》于 2022 年 8 月在美国、加拿大、澳大利亚、新西兰 29 个城市 55 个影院上映，[④] 取得良好口碑。

另一方面，省级广电系统扎根地方，积极推动本区域优秀视听作品“走出去”。2022 年，各省级广电系统发掘本地区优秀文化资源，借助“视听中国”“联合展台”“视听共享项目”等平台，推动本地区优秀视听作品

---

① 侯伟：《迪士尼买下电视剧〈人世间〉海外发行权》，中国知识产权资讯网，2022 年 3 月 2 日，http：//www. iprchn. com/cipnews/news_ content. aspx？ newsId＝133238#。

② 张啸涛：《现实题材剧成海外传播热点 国产剧加速扬帆远航》，《人民日报》（海外版）2022 年 6 月 13 日，第 7 版。

③ 周信：《从屏幕到大英博物馆：中国网络文学及电视作品拓展海外传播》，澎湃新闻网，2022 年 10 月 17 日，https：//www. thepaper. cn/newsDetail_ forward_ 20329561。

④ 龙增桃：《从〈流浪地球〉到〈人生大事〉——中国电影“出海”进行时》，《中国电影报》2022 年 12 月 14 日，第 3 版。

走出国门、走向海外。例如，陕西省广播电视局《鸟与人》《千年陕菜》《中国速度》等多部陕西特色节目落地阿联酋中阿卫视[①]；河北省广播电视局推荐纪录片《河北杂技·吴桥》《大河之北》，动画片《冰宝雪宝奇遇记》，电视剧《丑角爸爸》等作品参评“中非中阿视听共享项目”[②]；山东省广播电视局扎实开展网络视听国际传播系列活动，相关视频在抖音国际版、脸书、推特等海外平台账号累计观看量超过480万次[③]。近年来，优秀视听作品“走出去”战略实施的主体力量逐渐下沉，形成由国家队“一枝独秀”逐渐走向各省级单位“百花齐放”的局面。

2. 出台系列扶持政策，推动优秀视听作品创新发展

2022年，国家广播电视总局（以下简称“总局”）连续出台一系列扶持政策，通过规划引领、资金引导、整合资源等多种方式开展对精品影视作品的扶持，充分调动创作积极性，助力实现广播影视产业创造性转化与创新性发展。

在纪录片扶持方面，2022年6月，总局公布第二批“十四五”纪录片重点选题规划，《最牵挂的人》《蒙古马》等100余部作品入选[④]；2022年9月，总局公布2021年度国产纪录片及创作人才扶持项目评选结果，《国家公园：野生动物王国》《习近平的扶贫故事》《敢教日月换新天》《雪豹的冰封王国》《情满雪域高原——记习近平总书记西藏之行》等60部作品获评扶持项目，有利于发挥优秀作品、制作机构、播出机构的引领示范作用[⑤]。

---

① 《陕西广播电视“走出去”取得积极成果》，国家广播电视总局官网，2022年11月10日，http：//www. nrta. gov. cn/art/2022/11/10/art_ 114_ 62760. html。

② 《河北局推动优秀视听作品走出去》，国家广播电视总局官网，2023年4月11日，http：//www. nrta. gov. cn/art/2023/4/11/art_ 114_ 63949. html。

③ 《山东局持续深化对外传播交流》，国家广播电视总局官网，2023年3月8日，http：//www. nrta. gov. cn/art/2023/3/8/art_ 114_ 63610. html。

④ 《国家广播电视总局办公厅关于公布“十四五”纪录片重点选题规划（第二批）的通知》，国家广播电视总局官网，2022年6月1日，http：//www. nrta. gov. cn/art/2022/6/1/art_ 113_ 60594. html。

⑤ 《国家广播电视总局办公厅关于公示2021年度国产纪录片及创作人才扶持项目评选结果的通知》，国家广播电视总局官网，2022年9月16日，http：//www. nrta. gov. cn/art/2022/9/16/art_ 113_ 61727. html。

2022年，国产纪录片在海外市场捷报频传，《京味》《“字”从遇见你》《空中看香港》《飞越冰雪线》引发海内外观众热议。值得一提的是，以融媒体传播为创作导向的微纪录片实现中国文化“跨圈层传播”，《如果国宝会说话》《从长安到罗马》等作品在国际市场受到高度关注，有效展示了可敬、可爱、可信的中国形象。

在电视剧扶持方面，2022年9月，总局公布2022年度电视剧引导扶持专项资金项目评审结果，《山河锦绣》《我是刑警》等8部深入生活、扎根人民、生动展现我国社会发展图景、具有较高国际传播价值的作品获得专项扶持。[①]

在动画片扶持方面，在总局公布的2021年度优秀国产动画片及创作人才扶持项目评审结果中，《林海雪原》（1~20集）、《下姜村的绿水青山梦》等20部作品获评“优秀动画作品”，《熊猫和卢塔》等3部作品获评“优秀国际传播作品”。[②] 在2022年动画片海外市场中，多部国产动画作品取得不俗成绩，《海底小纵队第六季》先后在120多个国家和地区发行，获得超10亿人次观看；《动物神探队》登上多个国家网飞平台少儿热播榜第一。[③]

此外，总局还开展了中外电视（网络视听）合拍、逐梦向未来——第五届社会主义核心价值观动画短片扶持创作活动、中华文化广播电视传播工程等一系列扶持项目，根植中华文化沃土，坚守中华文化立场，不断推出彰显中华文化魅力的优秀广播影视作品。

3. 聚焦社会发展核心议题和大国外交战略，“视听中国”活动持续发挥品牌效应

自2019年开展以来，“视听中国”活动已成为促进我国广播影视对外贸易发展、增进各国文化交流互鉴的标志性品牌，截至2022年5月，已在

---

① 《国家广播电视总局办公厅关于2022年度电视剧引导扶持专项资金项目评审结果公示的通知》，国家广播电视总局官网，2022年9月22日，http://www.nrta.gov.cn/art/2022/9/22/art_113_61799.html。

② 《国家广播电视总局办公厅关于公布2021年度优秀国产电视动画片及创作人才扶持项目评审结果的通知》，国家广播电视总局官网，2022年8月1日，http://www.nrta.gov.cn/art/2022/8/1/art_113_61126.html。

③ 孙博：《国漫崛起中的国潮之光》，《现代商业银行》2022年第19期，第44~47页。

海外建立58个“电视中国剧场”，推动了近百部优秀节目在100多个国家和地区的电视与网络媒体播出。[①] 2022年“视听中国”活动聚焦我国社会发展核心议题和大国外交战略，不断培育国际传播新动能，聚焦“北京冬奥”“人类命运共同体”“一带一路”“中国这十年”“全球发展倡议”等五大主题，通过多种形式，联合相关国家主流电视和网络视听媒体开展线上线下节目播映和推介。[②]

在2022年“视听中国”活动机制框架中，视听中国·优秀视听节目展播活动、视听中国·走进欧洲作品展播活动、视听中国·日韩湖北传媒周等一系列主题活动通过线上线下相结合的方式深入开展，持续推动国际文化交流合作。各省级广电系统也积极参与“视听中国”项目建设，创建本地区视听品牌，如山东省广播电视局“视听中国——《国学小名士》海外创新传播项目”“中华美食海外传播融合项目”入选总局“丝路视听工程”项目库并获奖励扶持资金[③]；福建省广播电视局打造“视听中国·福建篇”海外播映品牌[④]；湖北省广播电视局设置“视听中国——湖北精品影视频道”专栏，实现33部鄂产精品影视译制节目集中展映展播[⑤]。

二 2022年中国广播影视对外贸易发展概况

2022年，我国广播影视产业呈现影视剧作品产出量总体同比普遍下降、创收收入同比上升的产业发展势态。截至2022年末，我国有线电视实际用

① 任珊珊：《出海渠道更加通畅，国际市场需求增多——优秀现实题材剧扬帆“出海”》，《人民日报》2022年5月19日，第20版。

② 《孟冬出席2022“视听中国”系列活动启动仪式》，国家广播电视总局官网，2022年3月7日，http://www.nrta.gov.cn/art/2022/3/7/art_112_59712.html。

③ 《山东局大力推动广播电视“走出去”》，国家广播电视总局官网，2022年2月16日，http://www.nrta.gov.cn/art/2022/2/16/art_114_59560.html。

④ 《福建局持续加强广播电视对外传播能力建设》，国家广播电视总局官网，2022年3月16日，http://www.nrta.gov.cn/art/2022/3/16/art_114_59834.html。

⑤ 《“云上湖北传媒周”促进优质节目海外落地播出》，国家广播电视总局官网，2022年6月20日，http://www.nrta.gov.cn/art/2022/6/20/art_114_60720.html。

户有 1.99 亿户，其中有线数字电视实际用户有 1.90 亿户。年末广播节目综合人口覆盖率为 99.6%，电视节目综合人口覆盖率为 99.8%。全年生产电视剧 160 部（同比下降 17.53%）5283 集（同比下降 21.57%）、电视动画片 89094 分钟（同比增长 13.68%）以及故事影片 380 部（同比下降 32.7%）与科教、纪录、动画和特种影片 105 部（同比下降 40%）。[①] 总局发布的《2022 年全国广播电视行业统计公报》显示，2022 年全国广播电视行业总收入为 12419.34 亿元，同比增长 8.10%。其中，广播电视和网络视听业务实际创收收入达 10668.52 亿元，同比增长 10.29%。[②]

（一）聚焦重大主题，高质量视听作品走向海外宣介中国方案

2022 年，“中国十年非凡成就”“冰雪冬奥”“弘扬伟大抗疫精神”等多个重大主题相互交织，为主旋律影视剧作品进一步打开海外市场提供丰富契机，多部精品佳作聚焦重大主题，深耕内容质量，借助丰富多元传播平台走向海外市场，受到海外受众青睐。

“中国十年非凡成就”是 2022 年国际传播议题的重中之重，中央广播电视总台（以下简称“总台”）主动设置议程，创新话语表达，精准广泛投送，策划传播《领航》《征程》《解码十年》等重点专题片或纪录片的海外多语种版，打造《中国之治》《典故里的新思想》等对外传播产品[③]；献礼党的二十大电视剧《我们这十年》在 20 多个平台全球同步播出，覆盖超过 200 个国家和地区。纪录片是展现中国十年伟大变革的重要载体，纪录片《这十年》《幸福中国》等通过“这十年”系列节目海外播映活动在“电视中国剧场”面向海外受众播出；《习近平治国方略》在俄罗斯红线电视台播出，广受好评；四集纪录片《了不起的决心》融合现代视听技术与传统美学

---

① 《中华人民共和国 2022 年国民经济和社会发展统计公报》，国家统计局官网，2023 年 2 月 28 日，http：//www. stats. gov. cn/xxgk/sjfb/zxfb2020/202302/t20230228_ 1919001. html。

② 《2022 年全国广播电视行业统计公报》，国家广播电视总局官网，2023 年 4 月 27 日，http：//www. nrta. gov. cn/art/2023/4/27/art_113_64140. html。

③ 慎海雄：《奋力打造具有强大引领力、传播力、影响力的国际一流新型主流媒体》，《电视研究》2022 年第 11 期，第 4~8 页。

思考，将党的第三个历史决议中的十三个方面成就归纳融合为四集内容，通过15种语言在全球落地传播，截至2022年12月8日，观看量超过1200万①。

“冰雪冬奥”与“弘扬伟大抗疫精神”是近年来始终保持高热度的两大议题。2022年，北京冬奥会火炬传递故事短片《冰雪之约》、冬残奥会开幕式纪录片《舞出我精彩》、北京冬奥会特许授权电影《我心飞扬》在米兰国际体育电影电视节获奖；《白色跑道》《花样年华》《追逐雪线》等纪录片讲述中国冰雪故事，截至2022年4月7日，海外总浏览量达60余万②。电视剧《大考》围绕2020年高考讲述七个家庭战胜疫情与洪灾双重考验顺利完成高考的故事，已在多个国家和地区发行；纪录片《患难与共中柬情》于2022澜湄视听周期间在柬埔寨国家电视台和广西广播电视台共同播出，记录中柬两国人民携手抗疫、共克时艰，生动践行“人类命运共同体”理念的历程。

此外，在2022年主旋律影视剧作品中，不少合拍片整合中外资源，实现优势互补，采用他者视角，聚焦核心叙事，展示中国形象，推介中国文化，深化思想共鸣、情感共融和利益共享。中俄合拍纪录片《这里是中国》围绕“城市交通”“雕刻”“功夫”“熊猫”“京剧”“智造”等内容，展示中国的古老灿烂与和谐发展的完美融合；中国与希腊合拍的纪录片《相遇丝绸之路》讲述中希两国年轻人的奋斗故事，展现新时代两国人民如何友好互鉴、开启古老丝绸之路的新篇章。

（二）强化自主展演平台建设，持续提升国产广播影视作品的全球影响力

2022年，各类广播影视展演平台建设坚持“引进来”和“走出去”相结合，一方面积极建设自主展演平台，培育国际交流合作文化氛围，持续拓

① 《以典型故事讲述不凡“决心”｜纪录片〈了不起的决心〉》，中国联合展台在线平台官网，2022年12月5日，https：//www.chinapavilion.com.cn/index/article/detail/id/1456.html。

② 《冰雪主题纪录片在多国播出 助力北京冬奥全球传播》，中国联合展台在线平台官网，2022年4月7日，https：//www.chinapavilion.com.cn/index/article/detail/id/950.html。

宽广播影视行业互鉴交流的渠道；另一方面支持鼓励国产优秀广播影视作品亮相国际节展，不断提升国产广播影视作品在海外市场的影响力。

第一，“中国联合展台”持续发挥作用。2022 年，面对全球疫情对广播影视交流造成的巨大阻碍，“中国联合展台”顺时而动，积极搭建“中国联合展台”云平台，展台亮相多个国际知名节展，大力推广国产优秀广播影视作品。2022 年 5 月，“中国联合展台”登陆莫斯科春季世界内容市场交易展，策划组织推介展映系列活动，《功勋》《山海情》《在一起》等作品入选推介会①；6 月，“中国联合展台”亮相新加坡国际广播电视展，推广中国广播电视科技企业创新产品与技术成果，并举行“云签约”仪式②；10~11 月，“中国联合展台”参加戛纳秋季电视节，组织 27 家公司参展，参展作品近 200 部③，东京国际影视节展上，“中国联合展台”举办中日合拍论坛，深化中日双方在内容创意、联合制作、国际宣发、版权贸易等领域的合作；12 月，亚洲电视论坛及市场这一展会开幕，“中国联合展台”亮相线下国际节展，宣推国产优质作品，吸引国际买家。

第二，加强“电视中国剧场”建设。2022 年，在“电视中国剧场”品牌机制的推动下，《山海情》《大考》《县委大院》等百余部优秀作品走向海外市场，展现我国波澜壮阔的社会主义现代化建设历程。截至 2022 年 9 月，“电视中国剧场”在全球范围内 38 个国家的落地数量已达 62 个。④ 2022 年中国国际服务贸易交易会期间举办了“电视中国剧场论坛”，其践行“联接中外，沟通世界”职责使命，拓展国产广播影视作品出口渠道。2022

① 《精彩内容云端汇聚！“中国联合展台”登陆 2022 莫斯科世界内容市场》，中国联合展台在线平台官网，2022 年 5 月 11 日，https：//www. chinapavilion. com. cn/index/article/detail/id/982. html。

② 《云端会商，多种互动，“中国联合展台北京展区”亮相新加坡国际广播电视展》，中国联合展台在线平台官网，2022 年 6 月 3 日，https：//www. chinapavilion. com. cn/index/article/detail/id/1010. html。

③ 《向世界推介中国优秀新节目，“中国联合展台”在线亮相 2022 戛纳秋季电视节》，中国联合展台在线平台官网，2022 年 10 月 19 日，https：//www. chinapavilion. com. cn/index/article/detail/id/1335. html。

④ 《立足全球，讲好中国故事：“电视中国剧场”全球落地 62 个》，中国联合展台在线平台官网，2022 年 8 月 31 日，https：//www. chinapavilion. com. cn/index/article/detail/id/1235. html。

年 9~11 月，“电视中国剧场”先后在乌兹别克斯坦和沙特阿拉伯上线，一批弘扬中国传统文化、宣介中国价值主张的精品剧集在当地有关电视媒体黄金时段播出。

第三，丝绸之路视听工程、中非中阿视听合作工程、中国-东盟视听周等重点工程项目扎实推进。截至 2021 年底，丝绸之路视听工程已储备 1000 余部次 26000 多集、40 个语种的中国优秀视听节目，在国内外成立近 20 个本土化语言译制站或译配中心[①]；2022 年 8 月，第五届中非媒体合作论坛开幕，习近平总书记致贺信，中非双方在视听精品展映、人才交流、企业洽谈、影视合拍等方面不断探索；中阿卫视积极推动中国与阿拉伯国家之间信息互通，充分发挥民间优势，展播优秀视听作品；中国-东盟视听周深化广电视听交流，推动区域合作向深向实发展。

（三）激发创新活力，科技赋能广播影视对外贸易数字化建设

随着 5G、云计算、增强现实等技术的迭代更新，广播影视对外贸易面临数字化机遇与挑战。在国际数字内容市场日趋繁荣的大背景下，数字技术与广播影视对外贸易深度融合，数字生产日益成为广播影视内容生产的主要方式，数字技术对国际传播工作的推动力量进一步凸显。因此，顺应数字化发展趋势，加强数字技术对广播影视对外贸易的赋能支撑水平，提升数字化转型与数字创新能力，是实现数字时代广播影视对外贸易高质量发展的必然要求。

第一，总局切实推动科技赋能广播电视和网络视听创新发展。根据总局评选结果，“二十大安全播出”“广电 5G”“未来电视”“广电视听中长期科技计划”“广电视听行业数据治理”“冬奥视听科技创新”“HDR Vivid”“虚拟数字人”“应急广播体系建设”“有线电视智能推荐频道”等 10 个词语被评为“2022 年中国广电视听十大科技关键词”[②]。近年来总局积极探索

① 《中国电视剧国际传播进入合作出海新阶段》，腾讯网，2022 年 9 月 30 日，https：//new. qq. com/rain/a/20220930A071F900。

② 《2022 年中国广电视听十大科技关键词评选结果公布》，国家广播电视总局官网，2023 年 2 月 11 日，http：//www. nrta. gov. cn/art/2023/2/11/art_ 113_ 63379. html。

转变传统制作、发行、播出模式，开展数字内容生产供给侧结构性改革的路径，加强对4K/8K、5G、AI、大数据、云计算等数字技术的布局。

第二，总局深入推进一批重点实验室建设，对媒体智能传播技术研究国家广播电视总局实验室等5个实验室进行了评估，批复设立电视剧制作技术创新研究与应用国家广播电视总局实验室、高新视频互动场景创新国家广播电视总局实验室、智慧广电传播创新国家广播电视总局实验室、高新视频云交互创新国家广播电视总局实验室等实验室，推进科技成果转化运用，推动广播电视和网络视听行业创新发展。

第三，商务部等27部门出台意见支持文化贸易数字化发展。商务部等27部门在《关于推进对外文化贸易高质量发展的意见》中对推动包括广播影视对外贸易在内的文化贸易数字化发展提出了具体要求，将“大力发展数字文化贸易”作为培育文化贸易新优势的重要举措，在激发创新发展新动能方面提出要“提升文化贸易数字化水平”“鼓励数字文化平台国际化发展”“创新发展数字内容加工等业务”，内容涉及广播影视对外贸易发展的各个方面。

第四，多渠道开展数字技术交流研讨。全国广播电视和网络视听工作年中推进会提出要以科技赋能推动行业重构，努力构建大视听发展格局①；中美联合出品纪录片《星空瞰华夏》借助数字摄影测量、三维动画技术重现元上都的繁荣景象；2022澜湄视听周广播电视和网络视听技术交流活动展示介绍了我国在广电领域具有自主知识产权的技术和设备，展现了我国国际领先的国产8K技术、VR/XR/数字虚拟人等技术应用②；超高清电视技术研究和应用国家广播电视总局重点实验室举办“大视听产业系列沙龙”，探讨高新视听技术产业发展与应用。

① 《2022年全国广播电视和网络视听工作年中推进会在京召开》，国家广播电视总局官网，2022年7月15日，http：//www.nrta.gov.cn/art/2022/7/15/art_ 112_ 60989.html。

② 《技术赋能媒体合作——2022澜湄视听周广播电视和网络视听技术交流活动成功举办》，中国联合展台在线平台官网，2022年12月22日，https：//www.chinapavilion.com.cn/index/article/detail/id/1480.html。

（四）发挥产业集群作用，国家文化出口基地建设加快推进

2022 年，国家文化出口基地建设提质增速，发挥聚集示范引领效应，为广播影视对外贸易发展提供基础性保障。2022 年，按照《关于支持国家文化出口基地高质量发展若干措施的通知》的要求，2017 年、2020 年两个批次认定的国家文化出口基地建设工作深入推进；《文化和旅游部办公厅 商务部办公厅关于开展新一批国家对外文化贸易基地申报工作的通知》明确推动数字文化产业高质量发展、大力发展数字文化贸易的发展定位①；国家电影局、总局等印发《关于促进影视基地规范健康发展的意见》，加强对影视基地建设的规范性把关；广东省印发《广东省推动服务贸易高质量发展行动计划（2021—2025 年）》，提出加强天河区、番禺区等国家文化出口基地建设的目标要求。

三 中国广播影视对外贸易发展建议

2022 年，我国广播影视对外贸易事业努力克服新冠疫情、经济下行压力、严峻复杂的外部环境等不利因素，保持稳中向好的发展态势，在数字时代带来的机遇与挑战中逐渐探索出一条符合我国国情、具有我国特色的社会主义广播影视对外贸易发展道路。但也应看到，当前我国广播影视对外贸易发展中仍存在本土生产与国际表达的衔接力不足、产业集群效应尚未完全显现、国际化品牌建设质量有待进一步提升等问题，建设广播影视对外贸易强国任重道远。

（一）扎根中国式现代化之路，持续推动广播影视对外贸易创新发展

党的二十大报告擘画的中国式现代化发展新图景为我国广播影视对外贸

① 《文化和旅游部办公厅 商务部办公厅关于开展新一批国家对外文化贸易基地申报工作的通知》，文化和旅游部官网，2022 年 7 月 26 日，https：//zwgk. mct. gov. cn/zfxxgkml/cyfz/202207/t20220726_ 934947. html。

易发展提供了思想引领与道路指引。第一，充分认识到繁荣发展文化事业和文化产业、增强中华文明传播力影响力的重要意义，坚持举旗帜、聚民心、育新人、兴文化，推动广播影视对外贸易高质量发展。第二，在大国外交中推进广播影视和网络视听高质量发展，借助多元外交平台，拓宽国产广播影视作品“走出去”渠道，深化国家间在内容生产、技术创新、人才培养等方面的交流合作。第三，在党的二十大精神指引下科学谋划数字时代广播影视对外贸易发展的新进路，实施国家文化数字化战略，使广播影视对外贸易发展成为增进文明间交流互鉴、构建人类命运共同体的重要途径。

（二）深耕内容质量，接续推出国产广播影视出口精品佳作

数字时代对广播影视作品的内容质量提出更高要求。第一，洞悉不同国家、不同文化背景受众的多样化广播影视作品内容需求，在将国产广播影视作品推向海外的过程中既要保证作品的内容价值导向，讲好中国故事，传播好中国声音，向世界展示真实、全面、立体的中国，又要注重本土化内容生产与国际化表达之间的衔接，采用分众化的传播策略，针对不同海外受众需求调整推介重点，主动设置议题，宣传阐释中国主张、中国智慧、中国方案，进行更为精准的广播影视作品国际传播。第二，不断完善优化扶持政策，继续开展重点纪录片、电视剧、动画片等类型作品的扶持工作，设置海外传播专项扶持通道，充分发挥优秀作品和优秀人才的引领示范作用。第三，持续发展国家和地区间的合拍合作机制，深化合作传播，在合拍过程中求同存异，既要抓取全世界共通的内容要素，引发情感共鸣，又要体现文化特色，努力在二者之间寻求平衡，让合拍双方的优势得到最大化展现。

（三）依托数字技术，探索数字时代广播影视对外贸易新模式

媒体深度融合的业态发展趋势与全媒体传播体系的构建为数字技术在广播影视对外贸易中的应用提供了更为广阔的发展前景。第一，在内容制作层面推动“技术+内容”融合，将 AI、AR、XR、8K、数字虚拟人等技术应用于内容生产过程中，不断探索拓宽数字技术应用场景，善用科技助力中华文

化更好走向世界。第二，强化对高新技术企业、实验室、工程项目等的扶持，充分发挥媒体智能传播技术研究国家广播电视总局实验室等一批实验室的作用，加强与高校、科研单位的合作，推动产学研一体化发展，同时积极参与广播影视技术层面的国际交流合作，既要推动广播影视作品“走出去”，也要推动广电视听技术“走出去”。第三，积极参与相关广播影视技术国际标准的制定，提升中国广播影视技术在国际市场的话语权。

（四）完善版权交易平台建设，加大数字版权保护力度

数字时代的版权认定、版权维权、版权交易等问题近年来日益成为行业热点，广播影视对外贸易过程中的版权问题因交易双方或多方在法律体系、行业标准等方面的差异而更加复杂。国家在数字版权保护方面通过出台政策、制定标准、颁布法规等举措已取得一定成效，但在区块链、元宇宙等技术背景下的版权保护机制尚未健全完善。第一，紧跟技术发展变革趋势。一方面要及时优化调整相关法律法规，加强对数字版权平台监管，加大对数字版权侵权行为的惩治力度；另一方面要积极探索将数字技术运用于版权保护的路径，完善 DCI（数字版权唯一标识符）体系等级认证程序，以高质量版权保护举措助力高质量广播影视内容生产。第二，完善数字版权交易平台建设。一方面，要逐步明确统一的数字版权交易平台运行机制，改变当前我国数字版权交易平台在不同行业、不同区域发展不平衡的现状。另一方面，要构建统一的版权登记公示平台以及建立相应的信息保护机制①，构建数字版权信息数据储备库，完善个人信息数据安全保护的法律体系。此外，在开展广播影视对外贸易过程中，要积极探索模式输出路径，给版权方带来更为可观和稳定的版权收益。②

---

① 梅术文、曹文豪帅：《我国统一化数字版权交易平台的构建》，《科技与法律》2020 年第 6 期，第 9～15 页。

② 《〈我们的歌〉实现模式输出“零的突破”，iFORMATS 打造国际传播新通路》，中国联合展台在线平台官网，2022 年 8 月 22 日，https：//www.chinapavilion.com.cn/index/article/detail/id/1215.html。

（五）壮大多元市场主体，提升国际化品牌竞争力

第一，持续深化开展“视听中国”活动，围绕重大主题将国产广播影视精品推向海外，充分发挥“视听中国”活动在促进广播影视对外贸易发展、增进与各国文化交流互鉴等方面的重要作用。第二，积极搭建“中国联合展台”“电视中国剧场”“视听传播周”等展演平台，不断深化与各国媒体的交流合作，培育广播影视对外贸易与国际传播新动能。第三，提升我国国际节展建设质量，将上海国际电影节、北京国际电影节、海南岛国际电影节等在海内外具有较高知名度和较强影响力的国际节展打造成我国广播影视对外贸易的标志性窗口。

（六）强化人才支撑，培育创新型、应用型国际传播人才

第一，按照《国家“十四五”期间人才发展规划》要求和《全国广播电视和网络视听“十四五”人才发展规划》工作部署，聚焦适应新时代国际传播能力建设需要，培养一批具有国际视野、通晓国际规则、具有战略思维和创新能力的国际化人才。第二，提升人才引进和人才扶持力度，依托国际影视节展等平台开展广播影视人才交流培训活动，一方面吸引具有多元文化背景的青年人才投入我国广播影视对外贸易干事创业浪潮中，另一方面帮助我国广播影视对外贸易从业者提升业务能力，拓展国际视野。第三，加强业界与学界的合作，进一步探索联合培养机制，加强国际传播学科体系建设，培育可信、可靠、融通中外的复合型国际传播人才。

四　结语

2022 年，中国广播影视对外贸易事业积极融入党的二十大擘画的中国式现代化发展图景，贯彻新发展理念，各项政策举措引领力不断提升，一批国产精品广播影视佳作借助多元展演平台走向海外，双边和多边交流互鉴机制日趋成熟，科技赋能广播影视高质量发展水平逐步提高，产业集群、版权

保护、人才培养等工作迈上新台阶，中国广播影视对外贸易已成为提升中国文化软实力和文化产业竞争力重要抓手。面对新形势，顺应数字化发展趋势，践行高质量发展要求，中国广播影视对外贸易要深刻融入我国双循环发展格局，发挥我国制度优势和文化资源优势，补强弱势短板，探索广播影视数字贸易新业态、新模式，打造国际化广播影视贸易品牌，在文化、贸易两方面构建中国话语和中国叙事体系，推动构建人类命运共同体。

参考文献

葛继宏、叶森：《我国对外文化贸易发展研究：现状、问题与对策》，《浙江社会科学》2022 年第 12 期。

金苗：《中华文化国际传播与影响力提升路径——基于“一带一路”合作国家新闻报道的数据分析》，《南京社会科学》2023 年第 1 期。

李智、张斌：《从“走出去”到“走进去”——文化强国语境下中国电视剧高质量对外传播的现状与策略》，《艺术传播研究》2022 年第 4 期。

李成蹊：《平台建设如何推动中国影视作品“走出去”——以广西人民广播电台〈中国剧场〉栏目为例》，《文化产业研究》2021 年第 2 期。

李勋：《新媒体科技赋能影视传播的表征与价值探索》，《电影评介》2022 年第 10 期。

B.4
中国电影对外贸易发展报告（2023）

罗立彬　王宇辰　刘博文*

摘　要： 2022年中国的电影贸易受到新冠疫情的冲击较大，进口电影出现了一些新的特征，进口电影的复苏趋势仍旧不如国产电影，票房占比下降，票房收入大幅度下降；进口电影来源国家和地区数量减少，美国电影仍然保持绝对优势；进口分账电影数量和票房均有所下降；进口“批片”增加中国电影市场多样性；国内举办多种电影节和影展活动。此外，中国电影票房被北美电影票房反超；多部中国电影入围或获得国际电影大奖，中国电影被其他国家翻拍；多部中国电影通过国际流媒体平台上映。在后疫情时代，中国更应该重视电影贸易在提升市场信心方面的作用，应该用更为开放的市场、更多元化的影片来吸引观众。同时，中国具备独特国情优势，有利于在主旋律电影出口过程中实现文化传播与文化贸易双丰收。

关键词： 中国电影　文化贸易　电影贸易

一　营造健康影视环境　提升内容建设水平

2022年，党的二十大胜利召开，中国影视行业深刻学习贯彻党的二十

* 罗立彬，教授，经济学博士，北京第二外国语学院首都国际服务贸易与文化贸易研究基地资深研究员，北京第二外国语学院经济学院副院长，研究方向为影视服务贸易与文化贸易；王宇辰，北京第二外国语学院经济学院国际商务专业硕士研究生，研究方向为服务贸易；刘博文，北京第二外国语学院经济学院国际商务专业硕士研究生，研究方向为服务贸易。

大精神，为弘扬主旋律、传播正能量做出贡献，积极应对形势严峻复杂的新冠疫情的冲击，取得了不俗的成绩。从主旋律电影，到现实题材、爱情题材、喜剧题材电影，再到动作类型、科幻类型和动画类型电影，在春节、暑期、国庆等重要档期，满足多层次多样化的需求。为推动中国电影恢复发展、实现高水平高质量发展，抓住中国电影发展的重要战略机遇，国家在营造良好影视环境和高水平内容建设两方面，推出了一系列政策。

在营造良好影视环境方面，国家部委与电影有关部门立足产业实际，落实防疫措施，以政策助力电影行业有序恢复发展，同时积极引导行业健康发展。出台政策主要分为两大类。

第一，助力电影行业恢复发展的多项帮扶政策。国家电影局于 2022 年 3 月 18 日发布《国家电影局关于从严抓好电影院疫情防控工作的通知》，贯彻落实疫情防控工作部署。与此同时，国家与电影相关部门发布多项政策办法以促进电影行业回暖。2022 年 2 月 18 日，国家发展改革委联合多部门印发《关于促进服务业领域困难行业恢复发展的若干政策》，针对行业特点，要求不得非经流调、无政策依据对电影院及相关服务业场所等实施关停措施、延长关停时间。多个省份积极落实该政策，提出减税降费、就业扶持等针对性较强的具体地方措施帮扶电影行业。2022 年 5 月，国务院印发《扎实稳住经济的一揽子政策措施》，6 月，财政部、国家税务总局发布《关于扩大全额退还增值税留抵税额政策行业范围的公告》（财政部 税务总局公告 2022 年第 21 号），明确了关于文体娱乐行业的退税政策。2022 年 7 月 11 日，财政部发布《关于下达 2022 年国家电影事业发展专项资金补助地方资金预算的通知》，2022 年各地资金预算数合计 35500 万元。同月，国家电影局和中国建设银行签署关于促进观影消费的框架合作协议，建设银行将于 2022 年内投放共计 5000 万元用于直接补贴观众观影购票。2022 年 8 月 11 日，国家电影局发布《关于开展 2022 年电影惠民消费季的通知》，提出丰富影片供给、联合票务平台发放观影消费券、挖掘农村消费潜力和落实纾困政策等四方面的惠民利企电影消费促进措施。

第二，引导行业健康发展、推动做好版权保护工作的政策。2022 年 3 月 1 日，国家电影局与国家发展改革委等联合印发《关于促进影视基地规范健康发展的意见》，指出要以服务影视创作生产为核心，合理控制影视基地配套产业规模。2022 年 3 月 29 日，中国文联第十一届全国委员会第二次全体会议通过《中国文艺工作者职业道德公约（修订稿）》，指出中国文艺工作者要坚持爱国为民、坚定文化自信、潜心创作耕耘、追求德艺双馨、倡导团结向上、引领社会风尚，旨在加强文艺工作者职业道德建设和文艺行风建设，大力弘扬社会主义核心价值观。2022 年，按照国家版权局《关于进一步加强互联网传播作品版权监管工作的意见》、《关于进一步做好院线电影版权保护工作的通知》及版权重点监管工作计划，国家版权局共发布十批重点作品版权保护预警名单，名单包括下列作品：《长津湖之水门桥》《奇迹·笨小孩》《狙击手》《四海》《这个杀手不太冷静》《熊出没·重返地球》《喜羊羊与灰太狼之筐出未来》《小虎墩大英雄》《好想去你的世界爱你》《尼罗河上的惨案》（第二批）；《新蝙蝠侠》《月球陨落》《你是我的春天》《神奇动物 3：邓布利多之谜》《边缘行者》（第四批）；《侏罗纪世界 3》《人生大事》《你是我的春天》（第五批）；《新神榜：杨戬》《小黄人大眼萌：神偷奶爸前传》《请别相信她》《海的尽头是草原》《狼群》《妈妈!》（第七批）；《阿凡达：水之道》《保你平安》（第十批）。

在高水平内容建设方面，国家与电影相关部门通过资金支持、奖项激励等方式助力电影行业高水平发展。2022 年 3 月 9 日，国家电影专资办发布《国家电影事业发展专项资金 2022 年度资助优秀国产影片发行和宣传推广项目申报指南》，2022 年度中央级国家电影事业发展专项资金资助优秀国产影片发行和宣传推广项目启动。2022 年 3 月 21 日，《国家电影局关于申报 2022 年度电影精品专项资金的通知》发布，指出 2022 年国家电影局将继续组织开展电影精品项目资助工作，推动优秀国产电影创作。2022 年 3 月 25 日，国家电影局、中央宣传部电影剧本规划策划中心、中国夏衍电影学会共同举办第十七届夏衍杯优秀电影剧本征集活动，并给予现金扶持，旨在加强电影剧本创作、推动电影创作繁荣发展。2022 年 6 月，为迎接党的二十大胜利召开，国家电影局发布《关于开展迎接党的二十大优秀影片展映展播活动的通知》，7 月，全国多地陆续开展喜迎党的二十大主题电影展映活动；2022 年 12 月，中共中央宣传部印发表彰决定，对第十六届精神文明建设“五个一工程”组织工作先进单位和优秀作品进行表彰，电影《我和我的祖国》《长津湖》《我和我的父辈》获得“特别奖”，《守岛人》《奇迹·笨小孩》等12部电影获得“优秀作品奖”。在政府和市场双重作用之下，2022年中国出现了《长津湖之水门桥》《狙击手》《万里归途》《平凡英雄》等一系列票房和口碑双丰收、“叫好又叫座”的主旋律电影，主旋律电影多样性达到新高度。《长津湖之水门桥》单片累计票房达40.67亿元，摘得年度票房榜冠军，位居中国影史票房榜第八位。在第35届中国电影金鸡奖的颁奖典礼上，《长津湖》斩获最佳故事片奖，导演陈凯歌、徐克、林超贤获最佳导演奖；《狙击手》赵小丁获最佳摄影奖、杨江和赵楠获最佳录音奖。这些主旋律电影从百年辉煌党史和时代史诗中汲取营养，用电影语言生动地讲述了中国故事。

二　进口电影呈现新特征

（一）进口电影延续地位下降的趋势

2022年，复杂多变的新冠疫情防控形势为中国电影市场带来较大的负面影响，根据国家电影局数据，全年电影总票房为300.67亿元，虽然高于疫情刚开始时的2020年，但是与2021年的472.58亿元相比，下降了36.4%；恢复到2019年的642.66亿元的46.78%。[①] 2022年，中国电影总票房低于北美，回归于全球第二位，但是如果看疫情开始后3年（2020～2022年）的总票房，中国电影总票房仍然超过北美而居于第1位。

2022年进口电影复苏情况延续2021年的状态，2022年全年进口电影票房总计45.56亿元，比2021年的73.29亿元下降了37.84%，是2019年进口电影票房230.17亿元的19.79%；而国产电影2022年的票房为255.11亿元，是2019年412.49亿元的61.85%；2022年中国电影总票房中，进口电

① 《2022年度全国电影总票房超三百亿元》，国家电影局官网，2023年1月4日，https：//www.chinafilm.gov.cn/xwzx/gzdt/202301/t20230106_666706.html。

影票房占比为 15.15%，略低于 2021 年 15.51%的比重，延续近年来进口电影票房占比下降的趋势（见图 1）。

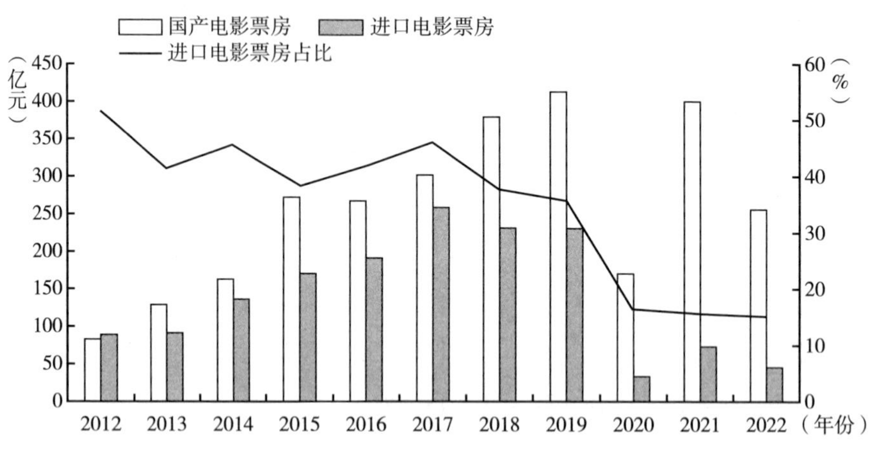

图 1　2012~2022 年国产电影票房和进口电影票房及其占比

资料来源：国家电影局。

2022 年进入中国电影票房排行榜前 10 名的进口电影有两部（见表 1），分别是排行第 7 的《侏罗纪世界 3》，总票房 10.59 亿元，以及排行第 9 的《阿凡达：水之道》，总票房 9.53 亿元。[①] 与 2021 年相比，尽管进入前 10 名的进口电影数量同样是两部，但是票房收入大幅下降。

表 1　2018~2022 年中国电影票房排行榜前 10 名中进口电影的情况

单位：部，%

排名	2018 年		2019 年		2020 年		2021 年		2022 年	
	电影名	国产/进口	电影名	国产/进口	电影名	国产/进口	电影名	国产/进口	电影名	国产/进口
1	《红海行动》	国产	《哪吒之魔童降世》	国产	《八佰》	国产	《长津湖》	国产	《长津湖之水门桥》	国产
2	《唐人街探案 2》	国产	《流浪地球》	国产	《我和我的家乡》	国产	《你好，李焕英》	国产	《独行月球》	国产

① 这里只计入这部电影在 2022 年的票房收入。

续表

排名	2018年		2019年		2020年		2021年		2022年	
	电影名	国产/进口	电影名	国产/进口	电影名	国产/进口	电影名	国产/进口	电影名	国产/进口
3	《我不是药神》	国产	《复仇者联盟4:终局之战》	进口	《姜子牙》	国产	《唐人街探案3》	国产	《这个杀手不太冷静》	国产
4	《西虹市首富》	国产	《我和我的祖国》	国产	《金刚川》	国产	《我和我的父辈》	国产	《人生大事》	国产
5	《复仇者联盟3:无限战争》	进口	《中国机长》	国产	《夺冠》	国产	《速度与激情9》	进口	《万里归途》	国产
6	《捉妖记2》	国产	《疯狂的外星人》	国产	《拆弹专家2》	国产	《怒火·重案》	国产	《奇迹·笨小孩》	国产
7	《毒液:致命守护者》	进口	《飞驰人生》	国产	《除暴》	国产	《中国医生》	国产	《侏罗纪世界3》	进口
8	《海王》	进口	《烈火英雄》	国产	《宠爱》	国产	《哥斯拉大战金刚》	进口	《熊出没·重返地球》	国产
9	《侏罗纪世界2》	进口	《少年的你》	国产	《我在时间尽头等你》	国产	《悬崖之上》	国产	《阿凡达:水之道》	进口
10	《前任3》	国产	《速度与激情:特别行动》	进口	《误杀》	国产	《误杀2》	国产	《神探大战》	国产
前10名中进口电影数量	4		2		0		2		2	
前10名中进口电影票房占比	32.02		19.80		0		10.59		11.07	

资料来源：根据猫眼电影数据整理。

进口电影地位下降是长期因素与短期因素共同作用之下的结果。从长期来看，中国电影进入高质量发展阶段之后，国产电影对进口电影的“挤出效应”日益显现[①]，近年来更是尤为凸显，中国电影质量不断提升，观众对于本土文化产品偏好作用日益增强；从短期来看，2022 年一些原本较为热门的国外电影由于种种原因未能引进，也影响了进口电影在中国市场的整体表现。预计随着全球疫情趋势变化，进口电影在中国市场上的地位还会有所波动，但是长期地位下降也是一种趋势。

（二）美国电影仍占进口电影较大比重

在进口电影中，2022 年美国电影在数量和票房两方面虽然数据比 2021 年有小幅度下降，但依然保持绝对优势，电影数量一共有 24 部，比 2021 年的 25 部减少了一部。2022 年进口美国电影票房为 38. 15 亿元，比 2021 年的 52. 4 亿元减少 27. 19%。2022 年进口美国电影票房占全部进口电影票房的 83%，比 2021 年高了 5 个百分点，说明进口电影中美国电影的地位在不断上升（见表 2、表 3）。2022 年，在进口电影票房前 10 名中，除去第 5 位的《名侦探柯南：万圣节的新娘》和第 7 位的《航海王：红发歌姬》是日本片，其他全部是美国片。除美国和日本外，中国大陆还从其他 12 个国家和地区进口电影，进口电影来源国家和地区比 2021 年少了很多。

表 2　2021 年中国大陆进口电影来源国家和地区相关情况

单位：部，亿元

国家或地区	总数量	票房过亿电影数量	总票房
美国	25	12	52. 4
日本	10	3	7. 9
中国香港	4	2	4. 1
中国台湾	4	0	0. 998

① 罗立彬、王牧馨：《中国电影市场高质量发展阶段：新特征与发展战略》，《经济研究参考》2019 年第 10 期。

续表

国家或地区	总数量	票房过亿电影数量	总票房
法国	4	0	0.456
俄罗斯	3	0	0.375
意大利	3	0	0.371
加拿大	2	0	0.154
英国	1	0	0.148
爱尔兰	1	0	0.134
巴基斯坦	1	0	0.056
德国	1	0	0.044
挪威	1	0	0.036
韩国	1	0	0.029
荷兰	1	0	0.014
波兰	1	0	0.01
西班牙	1	0	0.0082
匈牙利	1	0	0.0046
丹麦	1	0	0.003
斯洛伐克	1	0	0.0029
保加利亚	1	0	0.0024
塞尔维亚	1	0	0.002
罗马尼亚	1	0	0.0019
泰国	1	0	0.001
墨西哥	1	0	0.0006

资料来源：根据猫眼电影数据整理。

表 3　2022 年中国大陆进口电影来源国家和地区相关情况

单位：部，亿元

国家或地区	总数量	票房过亿电影数量	总票房
美国	24	9	38.15
英国	4	0	1.02
日本	7	2	5.96
中国香港	2	1	1.09
印度	4	0	0.54

续表

国家或地区	总数量	票房过亿电影数量	总票房
德国	3	0	0.02
中国台湾	1	1	4.17
俄罗斯	3	0	0.1
澳大利亚	1	0	0.007
法国	3	0	0.17
意大利	1	0	0.004
荷兰	1	0	0.01
爱尔兰	1	0	0.17
奥地利	1	0	0.0001

注：跨年放映电影只统计 2022 年的票房。
资料来源：根据猫眼电影数据整理。

（三）进口分账电影数量和票房均有所下降

2022 年中国引进进口分账电影的数量和票房与 2021 年比均有所下降，数量为 19 部，比 2021 年下降了 4 部；总票房约 38.35 亿元人民币，比 2021 年下降了 20.52 亿元人民币。[①] 北美电影在进口分账电影中依旧保持绝对优势，全部 19 部电影中有 17 部来自北美，另外 2 部来自英国。其中，票房超过 1 亿元的电影有 9 部，分别是《阿凡达：水之道》（9.54 亿元）[②]、《侏罗纪世界 3》（10.59 亿元）、《坏蛋联盟》（3.35 亿元）、《小黄人大眼萌：神偷奶爸前传》（2.37 亿元）、《神奇动物：邓布利多之谜》（1.92 亿元）、《新蝙蝠侠》（1.63 亿元）、《月球陨落》（1.58 亿元）、《神秘海域》（1.51 亿元）、《精灵旅社：变身大冒险》（1.20 亿元）。

（四）“批片”继续为增加电影市场多样性做出重要贡献

2022 年在中国大陆上映的进口“批片”有 35 部，低于 2021 年的 48

① 根据猫眼专业版 App 和灯塔专业版 App 上相关信息计算。
② 9.54 亿元是《阿凡达：水之道》2022 年在中国大陆取得的票房收入，不包含它在 2023 年的票房收入。

部；来自14个不同的国家和地区（见表4），比2021年的22个国家和地区有了显著减少。尽管如此，“批片”仍然是中国市场电影多样性提升的重要贡献者，让中国的观众们能够欣赏到更多国家、更多地区、更多文化的优秀艺术作品。日本连续4年超过美国成为中国大陆进口“批片”第一大来源地，日本“批片”总票房和总数量远超其他国家和地区。

表4　2022年中国大陆不同来源国家和地区进口“批片”总数量及总票房

单位：部，亿元

国家或地区	总数量	总票房
日本	7	5.97
中国香港	2	1.1
印度	4	0.54
英国	3	0.33
美国	4	0.3
法国	3	0.17
爱尔兰	1	0.17
中国台湾	1	0.16
俄罗斯	3	0.1
德国	3	0.018
荷兰	1	0.012
澳大利亚	1	0.0076
意大利	1	0.0043
奥地利	1	0.0015

资料来源：根据灯塔专业版App数据整理制作。

（五）多种电影节和影展活动，为观众提供更多元化的选择

2022年8月13~20日，由国家电影局指导、中央广播电视总台和北京市人民政府主办的第十二届北京国际电影节（以下简称“北影节”）在北京雁栖湖国际会展中心圆满举办，电影节主竞赛单元“天坛奖”全球报名影片数量达1450部，其中包括来自88个国家和地区的外国影片1193部；

这一届北影节举办了阿根廷电影周展映活动，让广大影迷了解了阿根廷作品、艺术家和电影工作者，打开了了解阿根廷文化的一扇窗，并通过设阿根廷为主宾国等方式，扩大了“朋友圈”。由中国电影资料馆、江苏省电影局主办，中共苏州市委宣传部承办的2022年致敬经典·国际修复电影展于2022年11月25日至12月4日成功举办，共展映影片12部，其中有外国电影6部，分别是意大利影片《偷自行车的人》、南斯拉夫电影《黑猫白猫》、美国影片《雨中曲》、日本影片《月升中天》、法国影片《精疲力尽》和伊朗影片《樱桃的滋味》。

UME德国电影展于2022年11月5~13日在UME影城北京华星店和安贞店举行，此次影展恰逢中德建交50周年之际，影展精选了9部豆瓣高分的德国优质电影，包括第89届奥斯卡金像奖最佳外语片提名影片《地雷区》、第73届威尼斯电影节主竞赛单元金狮奖提名影片《弗兰兹》、由著名影星伊莎贝尔·于佩尔出演的《她》、有“德国版《摩托日记》”之称的《神骑好兄弟》、曾打破CCTV6《佳片有约》栏目最高收视率纪录的影片《二战男孩逃生记》、讲述阿根廷最著名探戈舞者玛丽亚和胡安的故事的纪录片《最后探戈》以及《拯救拍立得》、《吉普赛女王》、《德国往事》等佳作；影展聚焦德国电影内容，呈现德国电影的多样性，满足不同观众的观影期待，同时让人们有机会跨越时空，从不同视角领略德国电影及德式文化的风采。

第21届国际学生影视作品展（ISFVF）于2022年11月15日在北京电影学院海淀校区中等放映厅进行西班牙当代电影展放映活动，这次影展由北京电影学院首次联合北京塞万提斯学院举办，旨在推动中西两国的电影文化相互理解、交流互鉴，不断推动两国间电影文化艺术的交流与碰撞，实现共同发展；影展以剧情片和纪录片为主，共推出4部最具代表性的西班牙当代影片，它们涉及当代西班牙电影不同主题，在国际各类电影节斩获多项大奖，分别是剧情片《巨人》《重逢》《看不见的手》和纪录片《大海从远处看着我们》。

2022艺术博物馆主题意大利电影展于2022年4月8~17日在北京CGV

星星影城颐堤港店、CGV 影城北京亦庄店、CGV 影城北京清河店三家影院同时举办展映活动。该活动是“2022 中国意大利文化和旅游年”众多活动的一部分，精选了《神秘的印象派》等 6 部影片参展。2022 意大利电影展由卢米埃影业携手窗外年华、和观映像倾力推出，于 2022 年 12 月 24～31 日，在卢米埃北京芳草地影城和卢米埃北京长楹天街 IMAX 影城精彩献映。本次影展共精选了《费里尼的世界》等 6 部意大利电影佳作，费德里科·费里尼、安德烈·帕劳洛、夏洛特·兰普林、安东尼奥·班德拉斯等群星云集，为广大影迷带来一场充满意式风情的视听盛宴。

三　疫情冲击下剧烈波动的中国电影出口贸易

（一）疫情冲击下全球电影票房规模排名情况发生变化

2022 年全球电影市场仍然受到新冠疫情冲击，电影票房为 259 亿美元，较 2021 年的 213 亿美元增长了 21.6%，但是和 2019 年的 423 亿美元相比，仅恢复到 61.23%；2022 年北美电影总票房为 73.69 亿美元，较 2021 年的 44.83 亿美元增长 64.4%，和疫情前 2019 年的 113.63 亿美元相比，恢复到 64.85%。2022 年，中国电影总票房为 300.67 亿元，或者 44.74 亿美元，同比下降 36.07%，与 2019 年的 642.66 亿元相比，恢复到 46.79%[①]；占全球电影票房比重下降到 17.27%，较 2021 年下降了 17 个百分点；排名从 2021 年的全球第 1 位降到第 2 位，仅次于北美。将疫情开始之后 3 年（2020～2022 年）的电影票房加总计算，中国电影票房为 148 亿美元（见表 5），北美为 140 亿美元[②]，中国依然高于北美。

① 《2022 年度全国电影总票房超三百亿元》，国家电影局官网，2023 年 1 月 6 日，https：//www.chinafilm.gov.cn/xwzx/gzdt/202301/t20230106_666706.html。2022 年中国电影总票房按年均汇率 1 美元=6.7208 元人民币换算为 44.74 亿美元。

② 2020～2022 年北美电影总票房分别为 21.14 亿美元、44.83 亿美元和 73.69 亿美元，数据来自 https：//boxofficemojo.com/。

表 5　2017～2022 年中国及全球电影票房规模相关情况

单位：亿美元，%

年份	中国电影票房	全球电影票房	中国电影票房占比
2017	79	409	19.32
2018	90	418	21.53
2019	93	423	21.99
2020	30	118	25.42
2021	73	213	34.27
2022	44.74	259	17.27

资料来源：根据 https：//www.motionpictures.org 上各年 THEME Report 中数据整理，2022 年全球电影票房数据来自“Gower Street Estimates 2022 Global Box Office Hit ＄25.9 Billion”，Gower Street Analytics，2023 年 1 月 5 日，https：//gower.st/articles/gower-street-estimates-2022-global-box-office-hit-25-9-billiol/。

随着全球影院运营开始恢复，中国电影在全球电影排行榜中的名次较 2021 年有所下降，2022 年全球电影票房排行榜上前 20 名中有 3 部中国电影，分别是《长津湖之水门桥》（第 9 位）、《独行月球》（第 10 位）、《这个杀手不太冷静》（第 20 位）（见表 6）。华语电影在全球的放映地区数量依然有限，进入前 20 名的 3 部华语电影，放映地区最广的《长津湖之水门桥》也只在 6 个地区放映，绝大部分票房来自中国大陆，这一方面说明中国大陆电影市场在全球市场举足轻重，另一方面也说明华语电影国际放映范围仍然很窄。

表 6　2022 年全球电影票房排名前 20 的电影

单位：美元，个

排名	片名	制片地区	全球票房	放映地区数
1	《阿凡达：水之道》	美国	2176229105	48
2	《壮志凌云 2：独行侠》	美国	1488732821	53
3	《侏罗纪世界 3》	美国、中国、马耳他	1001978080	74
4	《奇异博士 2：疯狂多元宇宙》	美国	955775804	48
5	《小黄人大眼萌：神偷奶爸前传》	美国	939628210	77

续表

排名	片名	制片地区	全球票房	放映地区数
6	《黑豹2》	美国	842750982	47
7	《新蝙蝠侠》	美国	770945583	38
8	《雷神4:爱与雷霆》	澳大利亚、美国	760928081	47
9	《长津湖之水门桥》	中国大陆	626571697	6
10	《独行月球》	中国大陆	460237662	2
11	《神奇动物:邓布利多之谜》	英国、美国	406950844	38
12	《刺猬索尼克2》	美国、日本	402656846	52
13	《神秘海域》	西班牙、美国	401748820	35
14	《黑亚当》	美国、加拿大、新西兰、匈牙利	392952111	36
15	《穿靴子的猫2》	美国、日本	369105725	73
16	《猫王》	澳大利亚、美国	287340048	36
17	《坏蛋联盟》	美国、日本	250162278	71
18	《子弹列车》	美国、日本	239268602	30
19	《光年正传》	美国	226425420	43
20	《这个杀手不太冷静》	中国大陆	217254604	4

资料来源：根据 https：//boxofficemojo. com/与 https：//www. imdb. com/上数据整理。

（二）多部中国电影入围或获得国际电影大奖①

2022 年又有多部中国电影在各大国际电影节上获得提名或者获奖。在第 94 届奥斯卡金像奖上，《登楼叹》获得最佳纪录长片提名。在第 75 届法国戛纳电影节上，中国导演陈剑莹执导的《海边升起一座悬崖》获得电影节短片金棕榈奖；合拍电影《母亲忧郁的催眠曲》获得短片评审团特别提及。在第 79 届意大利威尼斯国际电影节上，中国台湾导演陈芯宜的《无法

① 此部分统计的是美国奥斯卡金像奖、金球奖，14 个 A 级国际电影节，包括法国戛纳电影节、意大利威尼斯国际电影节、德国柏林电影节、瑞士洛迦诺国际电影节、西班牙圣塞巴斯蒂安国际电影节、捷克卡罗维发利国际电影节、加拿大蒙特利尔国际电影节、埃及开罗国际电影节、阿根廷马塔布拉塔国际电影节、日本东京国际电影节、波兰华沙国际电影节、中国上海国际电影节、印度国际电影节、爱沙尼亚塔林黑夜国际电影节的奖项。第 25 届中国上海国际电影节顺延至 2023 年举办。

离开的人》在沉浸式内容竞赛单元获最佳体验奖。在第70届西班牙圣塞巴斯蒂安国际电影节上，王超导演的《孔秀》获得最佳编剧奖；彭臣导演的《小山河》入围电影与美食单元。第35届东京国际电影节设置中国电影周“金鹤奖”，共10部中国电影获得各种奖项，《独行月球》获得最佳作品奖；《古董局中局》获得最受欢迎影片奖；《古董局中局》主演雷佳音获得最佳男主角奖；《奇迹·笨小孩》导演文牧野获得最佳导演奖；《我和我的父辈》导演兼主演章子怡获得最佳女主角奖与最佳新锐导演奖；《这个杀手不太冷静》获得中日电影交流贡献奖；《济公之降龙降世》获得最佳动画片奖；《外太空的莫扎特》获得评委会大奖；《这个杀手不太冷静》主演马丽获得最受欢迎女演员奖。此外，中国导演乔思雪的《脐带》与中国香港导演曾宪宁的《灯火阑珊》入围亚洲未来单元。在第38届波兰华沙国际电影节上，祝新导演的《豹人》入围了短片竞赛单元。在第26届爱沙尼亚塔林黑夜电影节上，余园园导演的合拍短片《Double Life》入围处女作竞赛单元；中国台湾的华语影片《动物感伤の清晨》入围 Critic's Pick 竞赛单元。

（三）中国资本继续参与全球电影拍摄，中国电影被翻拍

2022年，中国电影企业依旧积极参与拍摄外国电影。2022年，完美世界影视、华谊兄弟和新浪影视等多家中国企业参与国际电影拍摄，与美国、英国、加拿大、澳大利亚等国家进行电影的合作拍摄。合拍电影放映地区范围较广，*The 355* 和 *Jurassic World*：*Dominion* 的上映地区数量超过70个（见表7）。

表7　2021年中国公司参与拍摄英语电影情况

单位：个

英文名	中文名	中国公司	合拍国	上映地区数量
Jurassic World：*Dominion*	《侏罗纪世界3》	完美世界影视	美国、马耳他	74
The Northman	《北欧人》	完美世界影视	美国、英国	57

续表

英文名	中文名	中国公司	合拍国	上映地区数量
Moonfall	《月球陨落》	华谊兄弟	美国、英国、加拿大	33
Marry Me	《巨星嫁到》	完美世界影视	日本、美国	60
Paws of Fury: The Legend of Hank	《猫狗武林》	华谊兄弟	美国、英国、加拿大、波兰	30
The 355	《355》	华谊兄弟、完美世界影视	美国	85
Blacklight	《黑金营救》	新浪影视	美国、澳大利亚	20

资料来源：作者根据 https：//www. imdb. com 网站资料总结得到。

（四）多部中国电影通过国际流媒体平台网飞国际上映

2022 年，多部国产电影上线全球流媒体平台网飞（Netflix）。由文牧野执导的电影《奇迹·笨小孩》于 2022 年 6 月 1 日在网飞上线，该片为中宣部国家电影局 2021 年重点电影项目、2021 年重点建党百年献礼片，讲述了党的十八大后，新时代青年在深圳这片热土创业奋斗的励志故事；由柯孟融执导的中国台湾热门恐怖片《咒》被网飞拿下全球发行权，于 7 月 8 日上线；由刘江江执导的电影《人生大事》于 2022 年 9 月登陆网飞，影片也在美国、加拿大、澳大利亚、新西兰等多国上映；中国科幻机甲电影《明日战记》于 12 月 2 日独家上线网飞。[①]

（五）中国电影走出去，开展多种形式的对外交流活动

为提升国际影响力，展示真实、立体、全面的中国，塑造可信、可爱、可敬的中国形象，我国电影行业积极进行国际交流：2022 年 4 月 20 日，第十六届中法文化之春新闻发布会在法国驻华大使官邸召开，以推动中法两国文化交流的自由对话；2022 年 5 月 10 日，由英中电影合作研发中心（UK-China Film Collab）主办的大型电影节 Odyssey 英国华语电影展映在伦敦和爱

① 作者根据媒体报道综合整理。

丁堡开幕；2022 年 5 月 17 日，第 75 届戛纳国际电影节期间，中国电影合作制片公司设置了中国电影联合展台并举办了多场活动，展示中国电影 2021 年取得的恢复性成绩；当地时间 2022 年 6 月 22 日，在中国电影资料馆支持下，由中国驻圭亚那使馆举办的庆祝中圭建交 50 周年“中国电影节”在圭首都乔治敦电影城（Movie Towne）正式拉开帷幕；2022 年 8 月 19 日，詹姆斯·卡梅隆新片《阿凡达：水之道》CINITY 技术演示研讨会在京举行，并初步商定，中影 CINITY 放映系统将成为《阿凡达》全新重制版及《阿凡达：水之道》国内大型庆典活动的独家放映技术合作伙伴；当地时间 2022 年 9 月 15 日，以“中国电影百年·电影传承”为主题的“中国电影节”在马来西亚首都吉隆坡开幕。2022 年 9 月 13~16 日，在国家电影局支持下，驻乌兹别克斯坦使馆联合中国电影资料馆和乌兹别克斯坦电影署在第 14 届“丝绸之路明珠”塔什干国际电影节“上合组织国家日”框架内隆重举办“中国电影日”活动；中国电影资料馆 2022 年在菲律宾、泰国、马来西亚、阿根廷等多个国家和地区举办第 13 个中国电影节，2022 年 12 月 18 日，最后一站 2022 塞尔维亚中国电影节圆满落幕；第 12 届北京国际电影节、2022 年中国金鸡百花电影节、第 17 届中国长春电影节、第 4 届海南岛国际电影节、第 9 届丝绸之路国际电影节、2022 金砖国家电影节等成功举办。多部影片如《万里归途》《人生大事》《世间有她》《独行月球》等登陆海外院线。

四 推动后疫情时代中国电影对外贸易与产业良性互动

（一）更好发挥电影对外贸易的重要作用，推动后疫情时代国内电影市场规模向潜在水平靠近

新冠疫情对电影产业和市场产生较大影响，包括中国在内的世界各地电影市场都出现剧烈波动。2022 年，中国电影市场受到疫情负面冲击的程度超过了 2021 年，这从 2020~2022 年的电影排期总场次中就可见一斑。

2020~2022 年，各年电影上映场次均低于疫情前的 2019 年，其中 2020 年场次最少，只有 5640 万场；2021 年恢复到 1.23 亿场，接近 2019 年的水平；但是 2022 年又降低到了 1.02 亿场（见表 8）。这是因为新冠疫情多点散发，使很多影院处于半营业状态，无法产生任何票房收入。

表 8　2019~2022 年中国电影上映场次

单位：万场

	2019 年	2020 年	2021 年	2022 年
1 月	1043.9	945.8	1030.9	1068.6
2 月	1050.5	0	1037.1	1176.1
3 月	1046.5	0	1047.2	764.3
4 月	976.6	0	1044.8	529.5
5 月	981.2	0	1081.9	742.6
6 月	1042	0	1108.6	870.4
7 月	1110.9	109.1	1131	1021.9
8 月	1182.3	648.5	880.7	1078.6
9 月	1065.4	805.8	1012.7	873.2
10 月	1079.4	1053.6	938.85	824.6
11 月	1039.2	1012.4	861.9	590.1
12 月	1120.8	1064.8	1035.4	692.1
总计	12738.7	5640	12311.05	10232

资料来源：猫眼专业版 App。

值得一提的是，在疫情产生巨大冲击的时候，进口电影在提升信心和使市场回暖方面发挥了重要作用，最典型的例子就是进口电影《阿凡达：水之道》。这部进口电影于 2022 年 12 月 16 日上映，当时国内疫情防控刚刚进入新阶段，人们的出门意愿和能力都比较有限，影院经营处于最为困难的阶段。《阿凡达：水之道》具备巨大的品牌效应，被认为是“救市之作”，事实证明也确实如此。2022 年 12 月全国影院总票房收入为 15.63 亿元，其中《阿凡达：水之道》的票房为 9.54 亿元，占 61.04%，放映场次占比也达到了30.5%。[1] 在本报告看来，《阿凡达：水之道》发挥的作用类似于1998年的引进大片《泰坦尼克号》，即激活国内电影市场，产生示范和跟随效应。[2] 应该说，在当时情况之下，进口电影具备国产电影所不具备的抗风险能力，在“激活市场”方面当仁不让，这是因为进口电影比国产电影目标市场分布更广，既可以分散风险，又可以通过全球多市场同步上映而产生网络外部效应，更好地带动国内市场回暖。

本报告认为，《阿凡达：水之道》的案例可以较为充分地说明，在外部冲击严重的情况下，电影对外贸易可以发挥更好的稳定市场的作用。2023年应该继续重视电影对外贸易在这方面的重要作用。这主要是出于以下三方面原因。一是中国电影市场已经进入了高质量发展阶段，需要更多依靠高质量影片供给才能进一步促进市场增长[3]，如果没有高质量的影片供给，随着人们文化活动选择多元化和时间约束减少，人们很可能会放弃电影而转向其他文化娱乐活动，一旦发生这种偏好的替代效应，有可能导致中国电影票房规模下降，因此需要想方设法提升影院里影片对于观众的吸引力。二是考虑疫后恢复问题。从现有经验看，疫情状况好转后，电影市场未必立刻恢复。比如疫情暴发以来，北美电影票房最好的年份是2022年，但也只恢复到2019年的64.85%。[4] 2023年，国内疫情防控进入新阶段，应当用更为开放的市场、更多样化的影片选择来吸引观众回到影院，即使不能完全将“失去的3年补偿回来”，也要至少实现恢复到疫情前的水平。三是进口电影目前具备一些重要能力，比如依靠全球同步上映带来的协同口碑效应和网络外部效应，使国内电影市场规模尽可能向潜在水平靠近，这是国产电影目前正在努力培养但是尚未具备的能力。本报告预测，2023年，中国电影票房会

---

① 电影《阿凡达：水之道》的相关数据，如不加特殊说明，均来自猫眼专业版App。

② 1998年美国电影《泰坦尼克号》票房高达3.6亿元人民币，超过当年中国内地电影总票房的1/5。丁亚平：《引进片与全球化时代中国电影的历史位移》，《当代电影》2014年第2期。

③ 根据作者的研究，中国电影市场增长在2016年之前主要依靠影院建设拉动，但是2016年之后就不是影院建设可以拉动起来的了，必须通过高质量的影片供给来带动市场进一步增长。

④ 2019~2022年，北美电影票房分别为113.63亿美元、21.14亿美元、44.83亿美元、73.69亿美元。数据来源为https：//www.boxofficemojo.com/。

超过 550 亿元，有望再次超过北美，回到全球第一的位置[①]，但是要想做到这一点，必须充分发挥进口电影的作用，让进口电影与国产电影共同支撑起一个精彩纷呈、丰富多彩的电影市场，推动国内电影市场规模不断向潜在水平迈进，更好满足人民群众的观影需要。此外，值得一提的是，近年来“好莱坞大片”对于国内观众的吸引力逐年下降，单纯依靠“大片”带动国内市场的效果也在减弱；同时，人们对于“进口电影多样性”的需求开始提升，因此建议从 2023 年开始，要更加重视进口电影的多样性，增强进口电影的国别来源多样性和类型多样性，继续欢迎和引导进口电影为迎合中国市场而加入中华文化元素，这有利于更好地开发国内市场的潜力，也有利于加速符合中国观众需要的中华文化元素的国际传播。

（二）充分发挥中国国情优势，以国内市场支撑主旋律电影国际影响力

中国具备独特国情优势，有利于在发展电影出口过程中实现文化传播与文化贸易双丰收，切实做到两者相互促进，而当前推动国产大投资主旋律电影的国际发行，既是发展需要，也是发展重要途径。

从理论上说，在发展电影对外贸易的过程中，经济效益与社会效益可以做到相互统一、相互促进。一方面，电影具备显著的规模经济效应，若要在全球电影市场竞争中取胜以实现经济效益，往往需要较大的投资规模；另一方面，大投资大制作的电影也需要被发行到全球多国以实现目标受众最大化，为此就必须要提高其在大多数国家的文化接受度。一些电影作品为此甚至采用“最不得罪人”的策略，以避免电影在任何国家受到抵制。因此，在全球电影竞争中取胜的作品，往往是被全世界多数人群接受的大投资电影，既有能力获得较好的经济收益，又可以实现向全球多个国家和地区传播。

---

① 罗立彬：《文化贸易与中华文化“走出去”：以电影贸易为例》，经济管理出版社，2023 年即将出版。

然而，并非所有国家和地区制作的电影都具备这样的能力，一些国家和地区国内市场规模较小，进行大投资电影制作发行的风险很大，面对全球市场的激烈竞争，必须走“特色化”的道路，以特定类型的电影产品为代表，在全球市场上占据某个“利基市场”。比如在电影领域，泰国电影以恐怖电影著称，华语电影以功夫片著称，日本电影以动漫著称，等等。但是中国与其他国家不同，中国目前已经具备庞大的国内市场规模，且仍然拥有巨大发展潜力，未来中国电影必定不用再走“特色化”的道路，而要努力成为全球主流文化产品的一支重要力量。

中国发展电影对外贸易的道路，一定是在满足国内巨大市场需求的同时，发挥“本地市场效应”，用国内市场推动国产电影走向世界。当前中国正在这条道路上向前迈进，近年来国产大制作主旋律电影是最重要的代表性力量。近年来，一些国产主旋律电影取得了很好的国内票房成绩，并因为中国巨大的市场规模而受到国际关注；然而，面临国内市场增长的放缓，以主旋律电影为代表的国产大制作电影必须开拓包括国际市场在内的其他收入来源，才能保证持续发展。这既是我国提升国产电影国际影响力和文化软实力的需要，也是此类型电影可持续地提升影响力的内在要求；中国有巨大的国内市场规模和有特色的文化需求偏好，这是国产大制作电影发展的基础和独特国情优势，然而只有不断提升国际发行水平，才能更好发挥国情优势，使国产电影可以持续发展壮大，并获得其应有的国际地位。

B.5

中国图书版权对外贸易发展报告（2023）*

孙俊新　秦玉秋**

摘　要： 本报告选取了2011~2022年的数据，研究疫情高峰期过去后的复苏发展阶段中国图书版权对外贸易的发展现状、当下问题和对策建议。2021年，图书版权对外贸易继续稳步向好发展，市场对外开放稳步扩大，图书进口规模和版权引进占比均有增长，数字出版发展势头良好，中国图书的传播继续在海外平台展会上发力，版权保护体系也向国际标准看齐。但是中国出版业还存在数字出版体系仍不健全、出版内容翻译质量有待提高、国际交流不够深入、版权保护在新时代背景下面临新挑战等问题。出版业需要通过深化数字出版体系建设、加大版权保护力度、促进国际合作来继续推动行业的发展。

关键词： 图书版权贸易　数字出版　服务贸易

一　中国图书版权对外贸易发展状况

（一）市场对外开放稳步扩大

中国图书进口规模有明显跃升。相较2019年、2020年，2021年中国图

---

* 本报告为北京市社会科学基金青年学术带头人项目（21DTR013）的阶段性成果。

** 孙俊新，北京第二外国语学院经济学院教授，首都国际服务贸易与文化贸易研究基地研究员，博士，系主任，研究方向为国际文化贸易与投资、国际服务贸易与投资；秦玉秋，北京第二外国语学院国际文化贸易专业2022级研究生，研究方向为国际文化贸易。

书进口数量和进口金额均有较为明显的跃升。图书进口数量上，2021 年中国进口图书 3636.71 万册，同比增长 12.81%，图书进口数量增长速度恢复至疫情前增速均值的 62%。进口金额上，2021 年图书进口金额达到 25138.51 万美元，同比增长 8.65%，超越 2019 年 24147.74 万美元的历史最高进口金额，达到进口金额的历史最高水平（见图 1）。

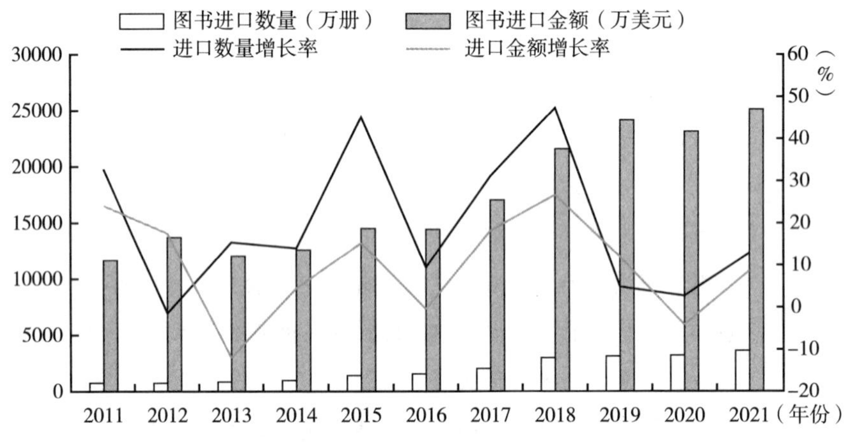

图 1　2011~2021 年中国图书进口数量和进口金额及二者增长率

资料来源：《中国统计年鉴 2022》。

图书版权引进占比持续增加。图书版权引进占比在 2011~2021 年增长约 10 个百分点。2021 年中国图书版权引进占比再创新高，达到 98.24%（见表 1）。

表 1　2011~2021 年中国图书版权引进情况

单位：项，%

	图书版权引进	图书版权引进占比
2011 年	14708	88.39
2012 年	16115	91.62
2013 年	16625	91.51
2014 年	15542	93.09
2015 年	15458	93.87
2016 年	16587	96.15
2017 年	17154	94.67

续表

	图书版权引进	图书版权引进占比
2018 年	16071	95.50
2019 年	15684	97.17
2020 年	13919	98.12
2021 年	12005	98.24

资料来源：《中国统计年鉴 2022》。

专场展会活动推动图书进口。2022 年北京书展推出线上专区，展出英文图书近 3 万种、日文图书 1 万种、小语种图书 7000 余种，另外还设有阿拉伯语专题展区、莎士比亚专题展区和 Instagram 大众专题展区，吸引了众多目光，丰富了中国图书市场的供给。

自然、科学技术类图书进口增加，助力经济社会可持续发展。从图书进口类别看，2021 年，尽管少儿读物在进口数量上依旧占比最高，但是其占比已连续两年下降，而自然、科学技术类图书进口数量占比在 2020～2021 年快速增长，2021 年相比 2018 年疫情前水平增长逾一倍（见图 2）。自然、科学技术类图书进口数量占比的增长带来的外溢效应会助力科技强国建设，为我国的经济发展注入源源不断的动力。

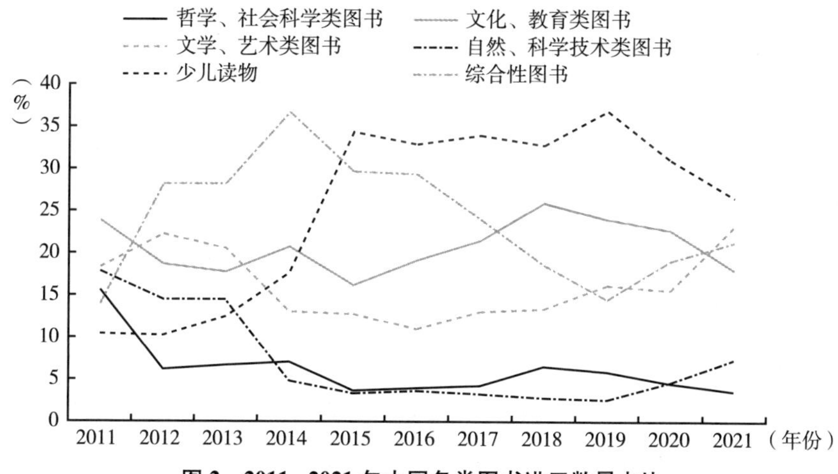

图 2　2011～2021 年中国各类图书进口数量占比

资料来源：《中国统计年鉴 2022》。

（二）数字出版发展势头良好

电子出版物稳定向好发展。根据《2021—2022 中国数字出版产业年度报告》，2021 年我国数字出版产业整体规模达到 12762.64 亿元，比上年增长 8.33%。同时，我国继续保持了电子出版物的贸易顺差优势，2021 年引进输出比为 0.04：1（见表 2）。

表 2　2011~2021 年中国电子出版物引进、输出情况

	2011 年	2012 年	2013 年	2014 年	2015 年	2016 年
电子出版物引进(项)	185	100	72	120	292	217
电子出版物引进占比(%)	1.11	0.57	0.40	0.72	1.77	1.26
电子出版物输出(项)	125	115	646	433	650	1264
电子出版物输出占比(%)	1.61	1.23	6.21	4.21	6.21	11.35
引进输出比	1.48：1	0.87：1	0.11：1	0.28：1	0.45：1	0.17：1

	2017 年	2018 年	2019 年	2020 年	2021 年
电子出版物引进(项)	372	98	11	33	28
电子出版物引进占比(%)	2.05	0.58	0.07	0.23	0.23
电子出版物输出(项)	1557	928	838	736	714
电子出版物输出占比(%)	11.27	7.26	5.31	5.30	5.59
引进输出比	0.24：1	0.11：1	0.01：1	0.04：1	0.04：1

资料来源：《中国统计年鉴 2022》。

网络类型文学影响力逐渐扩大。数字出版发展经历了三个阶段，第一阶段的电子书仅是将传统纸质版图书转化成电子版，第二阶段书籍从产生到发布均为数字化的读物，第三阶段音像、动画等多媒体数字应用被添加进来，形成增强型电子书。中国网络文学作为第二阶段的代表产物，如今同美国好莱坞大片、日本动漫和韩国偶像剧一起，被誉为“世界四大文化奇观”。中国作协网络文学中心发布的《2021 中国网络文学蓝皮书》表明，2021 年中国网络文学海外市场规模超 30 亿元，海外用户达 1.45 亿人，覆盖世界大部分国家和地区，实体书授权超 4000 部，线上翻译作品超3000部。[①] 根据《2021年度中国数字阅读报告》，2021年中国数字阅读出海作品总量超40万部，其中输出作品量最多的题材类别分别为都市生活、玄幻奇幻和武侠仙侠，出海地区前三分别为北美、日韩和东南亚。类型文学因其存在大量的小说表现形式，如玄幻、悬疑、都市、言情、历史、穿越等，外加超越传统文学的新颖选题方式和轻松的立意，自诞生起就广受欢迎。[②] 2022年，包括《第一序列》《地球纪元》在内的一批科幻网络文学首次被大英博物馆收录。

有声读物继续保持良好发展势头。伴随着生活节奏的加快与人们精神文化需求的提升，市场对有声读物的需求持续增长，截至2022年该行业已经连续10年保持两位数的增长速度。根据Grand View Research的数据，2022年全球有声读物出版业市场总规模达53.6亿美元，预计2023~2030年的复合年增长率为26.3%。[③] 海外市场成绩优秀的企业Castbox，现在已经积累了来自135个国家的超过3000万用户，音频内容份数过亿，涵盖70多种语言。

阅读器方面，Kindle宣布将于2023年停止Kindle书店在中国的运营。多年来，Kindle都未能在中国建立完整的内容平台，书籍价格贵、传输麻烦、便携性不如手机、竞争力和受众范围不如本土阅读平台等因素限制了其发展，加之其母公司亚马逊因市场萎缩已于2019年退出中国市场，Kindle逐步失去刚进驻中国市场时的魅力。

（三）平台发展有力推动贸易恢复

前述网络类型文学之所以拥有极强的国际传播能力和抓取受众的能力，除了小说内容本身丰富多彩，网文海外平台的日趋成熟起到了极大的推进作

① 《2021中国网络文学蓝皮书》，中国作家网，2022年8月22日，http://www.chinawriter.com.cn/n1/2022/0810/c404023-32499489.html。

② 国家图书馆研究院：《〈2021年度中国数字阅读报告〉发布》，《国家图书馆学刊》2022年第3期。

③ "Audiobooks Market Size, Share & Trends Analysis Report by Genre, by Preferred Device (Smartphones, Laptops & Tablets, Personal Digital Assistants), by Distribution Channel, by Target Audience, by Region, and Segment Forecasts, 2023-2030", Grand View Research, 2023, https://www.grandviewresearch.com/industry-analysis/audiobooks-market.

用。自2018年海外平台上线原创功能以来至2022年底，海外原创作家数量年复合增长率超80%，“Z世代”作家占比将近70%。网文出海翻译总量高达50万部。截至2022年底，起点国际（Webnovel）已培育超32万名海外原创作家，2022年累计访问用户接近1.7亿，遍布全球200多个国家和地区。[①] 早在2021年，掌阅（iReader）国际版用户就已覆盖全球150多个国家和地区，其中包含40余个共建“一带一路”国家；纵横海外平台（TapRead）注册用户达100万。[②] 国内网络文学网站通过搭建自有平台扩大受众，利用海外付费阅读体系，吸引本土作者进行面向海外受众的创作，或者直接对成书作品进行翻译，以此来构建本土化运营生态。平台强大吸引力也使得部分海外读者转化为创作者，在壮大了创作者队伍的同时提升了平台海外影响力。

展会双线进行，中国元素持续激发关注。2022年伦敦书展恢复线下举办，中国图书进出口集团有限公司组织超60家中国出版单位联合参展，以“感知中国”为主题，展出超500种、超1000册精品特色出版物，举办线上线下活动20余场，更好地便利国外专家读者了解中国。西方视角下的中国儿童作品《舒琳的外公》在书展研讨会上被中英翻译家、出版商和读者广泛讨论，书中中国传统山水插画让参会者耳目一新；西藏造像相关书籍、新疆画册、《中国艺术5000年》等充满中国特色元素和文化的书籍再次受到外国人士的关注和喜爱；中国青年出版社2022年出版的《千里江山越千年：中国山水画艺术与〈千里江山图〉》在伦敦书展上与法国签订了近3000册的包销协议，每册定价约150欧元。2022年法兰克福书展采取线下展会为主、线上融媒体为辅的形式，利用海外版抖音和电视广播等进行线上宣传，书展上儿童读物备受关注，《短鼻家族旅行记》入选2022年法兰克福书展中国出版重点推荐图书。中国出版企业除了线下实体书参展，还在伦敦书展、法兰克福书展上推出“阅读中国”和中国文化录播宣讲会等线上宣传模式，对各类中国图书进行线上展示。

---

① 《2022中国网络文学发展研究报告》，中国社会科学网，2023年4月11日，http://www.cssn.cn/wx/wx_xlzx/202304/t20230411_5619321.shtml。

② 《2021中国网络文学蓝皮书》，中国作家网，2022年8月22日，http://www.chinawriter.com.cn/n1/2022/0822/c404027-32507921.html。

专业图书进口销售平台的开拓和发展，为国内提供了观察和学习世界的窗口。中国国际图书贸易集团有限公司推出了 Readlink 校中店、瑞购网、学术宝等进口图书平台。其推出的“一本起订，每周空运”的供应模式使国内长尾需求得到满足，长尾所涉及的小众、冷门图书覆盖了更多人的需求，填补了小众海外图书的国内市场空缺。

（四）版权保护市场环境持续完善

2022 年，《关于为盲人、视力障碍者或其他印刷品阅读障碍者获得已出版作品提供便利的马拉喀什条约》（以下简称《马拉喀什条约》）对我国正式生效。为增强其可操作性，国家版权局印发了《以无障碍方式向阅读障碍者提供作品暂行规定》（以下简称《暂行规定》），对新修订的《中华人民共和国著作权法》里的重要概念进行了界定，在尽可能保障阅读障碍者权益的基础上，强调作品无障碍格式版的制作需使用有合法来源的作品，明确要求无障碍格式版制作需在尊重原作品完整性的同时符合相关规定，国家也会加强监督管理，进一步对著作权人的合法权益进行保护。

《马拉喀什条约》的生效和相关制度的进一步完善，使我国版权领域市场环境日益接近国际标准，提升了我国在国际版权领域的话语权和影响力。现阶段，世界上出版的所有图书中，仅有不足 10% 的书籍以无障碍格式向阅读障碍者提供。《马拉喀什条约》在中国的生效，规范了无障碍中文作品的法律保障，有力地保障了著作权人的权利，预计将激发市场创作活力，丰富市场上无障碍中文作品，促进无障碍中文作品的跨境交易，缓解世界范围内无障碍格式作品的缺乏。

企业与政府联手，支持正版、打击盗版，共同营造良好的市场环境，促进我国对外版权贸易。自 2005 年起“剑网”行动就开始对网络上的侵权盗版行为进行打击，2022 年“剑网”行动将工作重心放在文献数据库、网络文学和短视频盗版侵权问题的整治上，对网络平台的版权保护持续加强，对“剧本杀”等新兴业态的盗版侵权行为进行打击，有力地整顿了市场乱象，完善了市场环境。企业也积极响应政府的版权保护行动。阅文集团和文字版权工委联同人民教育出版社、人民文学出版社、腾讯 QQ 浏览器、百度、搜狗浏览器和搜狗搜索，发出“阅时代 · 文字版权保护在行动”联合倡议，以建立正版内容保护机制。

二 中国图书版权对外贸易存在的问题

（一）图书贸易逆差长期存在

中国图书贸易逆差长期存在（见图 3），且有逐渐扩大之势。图书版权贸易同样存在逆差，尽管图书版权引进输出比已从 2011 年的 2.48∶1 缩小到 2021 年的 1.02∶1（见表 3）。

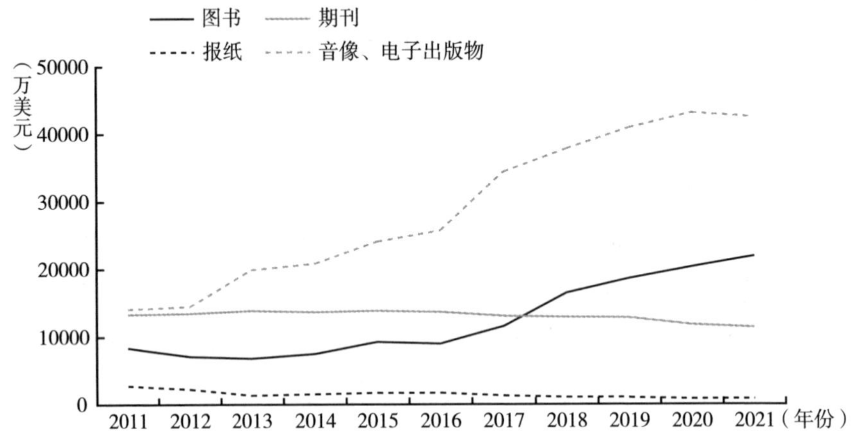

图 3　2011~2021 年中国图书、期刊、报纸与音像、电子出版物贸易逆差

资料来源：《中国统计年鉴 2022》。

表 3　2011~2021 年中国图书版权引进、输出情况

	2011 年	2012 年	2013 年	2014 年	2015 年	2016 年
图书版权引进(项)	14708	16115	16625	15542	15458	16587
图书版权输出(项)	5922	7568	7305	8088	7998	8328
引进输出比	2.48∶1	2.13∶1	2.28∶1	1.92∶1	1.93∶1	1.99∶1

续表

	2017 年	2018 年	2019 年	2020 年	2021 年
图书版权引进（项）	17154	16071	15684	13919	12005
图书版权输出（项）	10670	10873	13680	12915	11795
引进输出比	1.61：1	1.48：1	1.15：1	1.08：1	1.02：1

资料来源：《中国统计年鉴 2022》。

（二）数字资源潜能有待进一步释放

随着数字出版行业的蓬勃发展，曾经的收益分配体系对数字出版的创造性和积极性提升开始造成阻碍。以网络文学平台为例，“独家签约作家”的形式让新手作家能受到平台的保护和获得流量倾斜，也有利于平台提高用户黏性，但是在作者成长后其收益和流量都受到平台的限制，进而影响平台吸引高质量或是自带流量的作者签约，长期来看不利于平台提升作品质量。而针对单部作品或是一系列作品的版权买断协议则不允许原作者擅自出版续集、番外或是进行作品角色再创作等，无法自由再创作造成的流量损失对平台和作者都是损失，同样也会使平台无法吸引优质创作者。

数字出版贸易需要继续加强人才体系化培养，同时人才选拔和晋升机制也需要完善以减少人才流失。《中华人民共和国职业分类大典》（2022 年版）并没有专门设置数字出版行业相关从业人员的类别，使得企业在设立数字出版行业相关岗位时没有可借鉴的依据。出版单位往往会自行制定内部管理晋升制度，或是沿用传统出版行业的晋升体系。岗位设置没有标准、晋升制度不统一、人才发展路径不清晰等一系列问题都会造成数字出版行业吸纳人才困难和人才因发展道路受限而流失。

（三）翻译制约海外影响力提升

现有翻译状况不能满足中国图书版权对外贸易的需要。中国有好的书，但是真正走出去的国内精品数量太少，优秀翻译人才不足是其中很大的制约因素。以对国外影响逐渐增大的网络文学为例，我国成功输出到国外的网络文学仅占市场存量的1/2800。除了翻译速度慢，不少平台为节约成本，选择廉价翻译公司或者直接机翻不进行校对，致使国外阅读者产生不舒适的阅读体验而对作品接受度不高。图书“走出去”需要有更多的翻译人才加入。而翻译人才要做的不仅是按部就班地翻译作品，还应该针对不同国家的受众将内容适当改编来贴合当地人的口味，将出口小说本地化。中国翻译协会指出，我国翻译人才仍然处于供不应求的状态，高端人才和非通用语种的翻译人才尤其不足，而投身于出版翻译的翻译人才更是少之又少。

（四）国际贸易合作有待恢复

长期以来，书展在中国图书版权对外贸易中扮演着重要的角色，随着疫情后线下展会的恢复，中国图书版权对外贸易也亟须重新回归线下国际展会。2022年法兰克福书展的主题是“翻译”，其举办了德国意大利文学互译、阿拉伯文学翻译、希腊文学翻译等专场活动，并推出了其国际翻译中心。捷克、法国、日本、菲律宾、意大利和希腊等国都参加了线下活动，并借此推出本国文学翻译出版支持计划，助力本国文学的翻译推广。遗憾的是，中国缺席了这次线下展会。伴随疫情防控政策的优化，中国需要加快调整自己的步伐，继续提升在国际交流中的参与深度，在交流中不断促进共赢。

（五）版权保护面临新挑战

《马拉喀什条约》和《暂行规定》允许有资质的出版单位将已经出版的作品制作为无障碍格式版向阅读障碍者提供，这类制作无须向著作权人支付报酬，也无须得到著作权人的许可。这在推动无障碍作品创作的同时，也带来一系列新的挑战——如何确保再制作的受益人是真正有阅读障碍的人、如何确保再制作的版本不会被违法者以盈利为目的盗取从而侵犯著作权人利益等。

同时，数字技术带来的新的贸易内容和贸易模式，也将版权保护提升到了一个新的层次。版权侵犯中，存在侵权人的信息溯源困难导致维权困难、部分侵权利用平台信息的不完全互通使得被侵权人很难意识到侵权行为的发生、AI创作版权界定存在争议等情况。实践的发展速度超过了法律的更新速度，现有法律体制和监管模式尚需更好地适应新型交易模式和贸易模式。

三　中国图书版权对外贸易发展建议

（一）完善数字出版体系，进一步释放数字资源潜力

完善和创新数字版权收益分配模式，在保障创作者利益的前提下提高创作者积极性，将有助于内容平台出版质量的提升，促进数字出版贸易良性循环。深挖新的盈利模式也可以促进数字资源潜力的进一步释放，如提供电子书中的专家解说服务、提供超链接形式的电子刊物的知识点拓展服务、增加无障碍阅读模式、完善阅读社区建设等，都是深挖数字出版物价值的思路，不仅会极大释放数字资源潜力，还能为数字出版业创造大量工作岗位。

发展数字出版贸易也需继续加强人才队伍建设，在人才培养和人才晋升体制建设上下功夫，从而使数字出版能培养出、用得好、留得住专业优秀人才。继续深化校企合作，根据数字出版业用人需求培养同时适应传统出版模式和掌握数字化技术的复合型人才；明确数字出版相关职业的工作职责；加快数字出版人才培养晋升体系建设，完善数字出版人才考核机制，确保人才进入企业后能够获得良性、健康、合规的发展。

行业治理体系也是数字出版体系建设的重要一环。数字出版作为产业形态复杂的跨界融合新领域，需不断探索和完善行业治理标准，不断明晰新概念、新理论适用范围；加强从出版到销售全产业链流程的管理，推动行业规范的落地实施；积极寻找规范落地困难的原因，制定企业欢迎、市场需要的规章制度。

（二）加大版权保护力度，保护市场积极性

随着数字时代的发展，数字出版内容和形式不断推陈出新，新型侵权行

为也随之发生。面对数字出版新业态缺乏先例导致确权效率低、难度大，新领域实践少、体制不健全导致用权困难大，版权保护技术落后造成侵权证据举证难度大等一系列问题，版权保护需与时俱进。一方面，政府需要加强法律体系建设，针对数字出版新业态新领域创新监管体系，持续完善包括《中华人民共和国著作权法》在内的相关法律法规，建设合理的数字版权交易制度和配套监管体系，营造良好市场环境，形成良性创作环境。另一方面，要主动拥抱数字技术，避免本领恐慌，充分利用区块链、人工智能、大数据等现代科技，对数字出版物从确权、用权到维权全方面进行保护，对侵权行为进行定位和打击，整治盗版侵权行为。

在中国与世界版权贸易交流日益密切的大趋势下，面对版权贸易争端频发的现状，亟须建立更为成熟的针对国际贸易争端的预警或应急措施来减少出海企业在诸如被侵权、被诉侵权、陷入司法诉讼等情况下受到的贸易侵害。这就需要从政府层面加强对国内外版权相关信息的收集、分析并通过有效的信息传输网络及时预警，以最大限度减少因信息不对称产生的贸易争端或摩擦。

（三）深化互译合作，提升海外影响力

持续推进国际间互译合作，通过互相翻译作品增加出版物翻译语种，争取实现中文同对应语种的直接互译，多元化中国版权对外贸易的地域分布，丰富中国图书版权市场。在持续吸引国内高水平翻译人才的同时充分发挥国外专家和汉学家的作用，从中国内容国际化表达到高质量翻译全面提升出口作品的质量，增强海外读者的阅读体验，扩大海外受众范围。拥抱新技术新模式，并大胆创新、扬长避短。通过将海外市场细分既可以提升翻译效率和水平，又可以确保翻译质量满足市场需求，如通过当地粉丝群体的翻译推动作品本土化、使用“机器翻译+人工校对”的方式在提升翻译速度的同时降低人工成本等。加强对图书阅读的后续调查，针对阅读量、受众群体、阅读反馈等环节对国内进行及时的反馈。深挖进口图书在中国造成现象级影响的内在原因，找准能引起世界性传播和共鸣的出版内容，多方合力，共同打造具有国际影响力的图书版权 IP。

（四）深化国际合作，助力共赢

伴随中国图书出版市场的扩大开放，中国与全球出版界的合作也在不断扩大。中国经济社会取得的巨大发展成就吸引了全球的目光，全球对翻译出版中国作品有着浓厚的兴趣。这一过程中，需要中国出版业将视角提升至全球贸易层次，针对不同国家、不同文化采取差异化精准化战略，精选合作伙伴，在将重心放在周边国家和共建“一带一路”国家之外，还需继续保持并加强与欧美国家在图书版权上的贸易交流。另外，以共赢为出发点才能不让其他国家将中国文化“走出去”视为一种文化入侵或对市场的抢占。中国有海量优秀作品，利用好自身的优势，积极参与国际交流，不断创新合作的方式，提升合作的深度，才能在感知世界的同时让世界看到中国。同时，我国庞大的市场规模是我国在对外贸易中充满吸引力的关键点，要积极利用我们的市场优势，贯彻合作共赢的思想理念，将国外好的作品“引进来”，服务中国经济社会发展。

参考文献

程三国、马学海：《把握电子书产业的发展步伐》，《出版科学》2012 年第 2 期。

丛立先、谢轶：《知识产权强国建设中的版权国际合作机制推进与完善》，《中国出版》2022 年第 3 期。

范军、刘钊：《亚洲经典著作互译计划：战略意义与实施路径》，《中国出版》2022 年第 20 期。

冯思然：《我国数字出版人才队伍建设探析》，《出版与印刷》2022 年第 1 期。

古宏霞：《以国际化视野推动少儿图书走出去》，《出版参考》2015 年第 13 期。

顾珺、贾子凡：《疫情打乱图书出口工作节奏 电子书需求激增》，《国际出版周报》2020 年 6 月 15 日。

刘光彦、赵颖：《金融发展、科技创新对经济增长的影响——基于空间溢出效应与调节效应的实证研究》，《山东社会科学》2022 年第 7 期。

马少华：《数字出版产业发展新趋势及高质量发展路径》，《出版广角》2022 年第 14 期。

宋吉述：《建立全方位推动体系 打造数字出版新生态——关于推进出版深度融合发展的思考》，《科技与出版》2022 年第 11 期。

宋强：《“哈利·波特”对中国儿童文学的启示》，《出版广角》2017 年第 17 期。

王韵、张叶：《非同质化通证技术赋能数字版权保护的应用优势与实践策略》，《中国编辑》2022 年第 8 期。

邢赛兵、俞锋：《网络文学版权利益分配失衡成因与规制——基于版权格式合同的分析》，《中国出版》2022 年第 20 期。

杨佳、赵亮：《从电子书到电子纸——由 Kindle 退出中国市场说起》，《竞争情报》2022 年第 4 期。

杨裔、张洪生：《数智时代全民阅读推广效能提升策略》，《中国出版》2022 年第 18 期。

曾妍妍：《我国图书版权贸易 40 年：回顾与分析》，《出版发行研究》2019 年第 8 期。

张新新、丁靖佳：《数字出版自主知识体系建构的探索与努力——2022 年我国数字出版研究盘点》，《科技与出版》2023 年第 4 期。

周丽娟：《海外 POD 助力中国图书“走出去”的尝试与思考》，《编辑学刊》2023 年第 1 期。

B.6

中国动漫产业对外贸易发展报告（2023）*

林建勇　涂紫葳　卓尧莹**

摘　要： 2022年，我国动漫产业对外贸易发展呈现“全龄化”市场发展趋势逐渐显现、国漫仍为国内市场主体、各方助力迎接出海爆发期、数字赋能动漫发展等特征。2022年，诸如元宇宙等数字新兴产业蓬勃发展赋予了我国动漫产业对外贸易发展新的机遇，但与此同时我国动漫产业对外贸易发展也面临着受众群体存在年龄壁垒、优质原创IP持续供给不足、国际营销和运营体系有待完善以及元宇宙等行业尚未成熟等挑战。基于此，本报告最后提出了建立并完善动漫分级制度、完善动漫人才培养体系、加强国际合作以及市场有效监管与逐步放开并行等建议。

关键词： 漫画　动画　文化贸易　原创IP

一　中国动漫产业对外贸易发展状况

（一）产业规模稳步扩大，“全龄化”发展趋势逐渐显现

随着我国动漫产业内容制作实力不断提升，加之国家与地方政策的引导

---

* 本报告为北京第二外国语学院经济学院一般教改项目“数字经济背景下国际文化贸易人才培养模式改革研究”的资助成果。

** 林建勇，博士，北京第二外国语学院经济学院讲师、首都国际服务贸易与文化贸易研究基地研究员，研究方向为国际文化贸易、跨国公司与对外直接投资等；涂紫葳，北京第二外国语学院国际商务硕士研究生，研究方向为文化贸易；卓尧莹，北京第二外国语学院国际商务硕士研究生，研究方向为文化贸易。

和资金的扶持，我国动漫产业已进入高速发展阶段，2015~2021 年我国动漫产业总产值逐年上升，甚至在疫情的影响下 2020 年依旧保持增长并首次突破 2000 亿元，2021 年继续上涨至 2381 亿元，虽 2022 年回落至 2212 亿元，但依旧超过 2000 亿元且整体呈增长趋势，展现了我国动漫产业的巨大发展潜力（见图 1）。

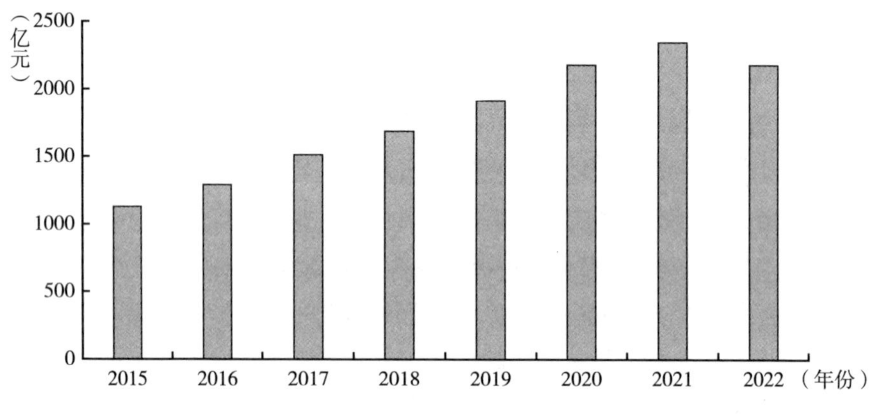

图 1　2015~2022 年中国动漫产业总产值

资料来源：作者根据前瞻产业研究院、艾瑞咨询资料及公开资料整理得到。

从受众定位看，我国动漫产业“全龄化”发展趋势逐渐显现。随着国漫的崛起，动漫产业的关注度不断提高，消费者群体的年龄范围从低龄逐渐向成人甚至全龄拓展，以“95 后”甚至“00 后”为代表的年轻用户已成为动漫产业的消费主力军，而不是只有儿童才会看动漫作品。从国家政策层面上看，政府也在积极引导动漫产业市场多元化发展，例如，文化和旅游部 2021 年发布的《“十四五”文化产业发展规划》提出，要积极促进动漫产业“全产业链”和“全年龄段”发展。早期的中国动漫市场几乎是由像《熊出没》系列、《喜羊羊与灰太狼》、《大耳朵图图之美食狂想曲》等低幼动漫作品主导的，而 2015 年的《西游记之大圣归来》、2016 年的《大鱼海棠》、2017 年进口的《寻梦环游记》、2019 年的《哪吒之魔童降世》等这些现象级的动漫作品强势来袭，我国动漫市场“低幼化”标签逐步被撕下，我国动漫产业由“低幼化”向“全龄化”转变趋势逐渐显现。“全龄化”不代表只创作具有“合家欢”特质的作品，而是意味着“分龄化”和“细分化”，使各个年龄段和知识层次的消费群体都能找到符合他们审美的动漫作品。

（二）进口规模下降趋势放缓，国漫仍为国内市场主体

近年来，中国动漫的进口规模逐渐下降，国漫逐渐替代进口，2019 年，动画电视进口额由 2018 年的 25. 06 亿元下降至 10. 83 亿元，占该年度电视节目进口总额的比重也由 69. 50%下降至 65. 90%。2020 年，在疫情等因素影响下，我国动画电视进口额进一步下降至 4. 58 亿元，占该年度电视节目的比重则下降至 47. 60%（见图 2）。

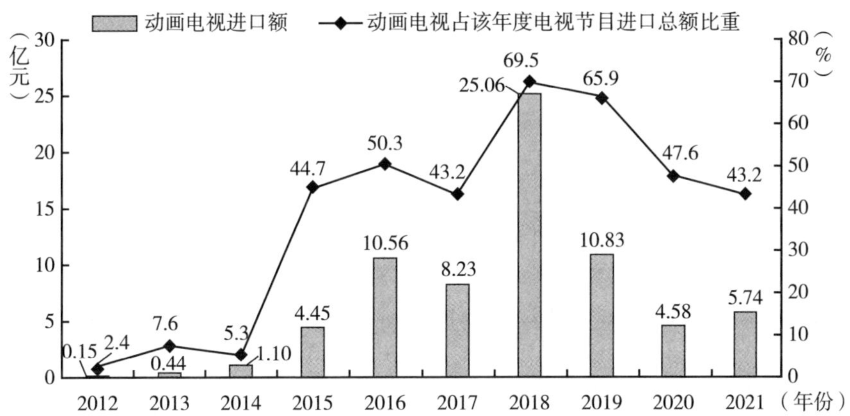

图 2　2012~2021 年我国动画电视进口额及其占该年度电视节目进口总额的比重

资料来源：国家统计局发布的《中国统计年鉴》。

就动画电影而言，根据灯塔专业版 App 公布的数据可以看出，由于国漫电影的崛起，我国动画电影市场涌现出一批高票房、高评分的现象级国产动漫电影，所以在 2019 年呈现进口动画电影虽然数量达到历史最高水平，但票房占该年我国动画电影票房比重却依旧下降至低点的情况。2019~2021 年，进口规模更是在进口动画电影数量和票房占该年我国动画电影数量与票

房比重上均出现大幅度下降，数量占比和票房占比分别由 2019 年的 55.56%和 38.33%下降至 2021 年的 33.85%和 22.35%。2022 年进口规模中数量占比和票房占比均小幅度上升，分别从 2021 年的 33.85%和 22.35%上升至 37.10%和 39.24%（见图 3）。其中 2022 年进口动画电影的票房排行靠前的分别是梦工厂动画电影《坏蛋联盟》以及小黄人和名侦探柯南等这些经典顶级大 IP 的系列电影，反映出海外的这些老牌顶级 IP 系列动画电影在中国市场具有一定的竞争力和票房号召力，但整体上看国内的动画电影市场仍旧由国漫主导，2022 年，国产动画电影《熊出没·重返地球》和《新神榜：杨戬》均获得不错的票房，分别为 9.77 亿元和 5.55 亿元。

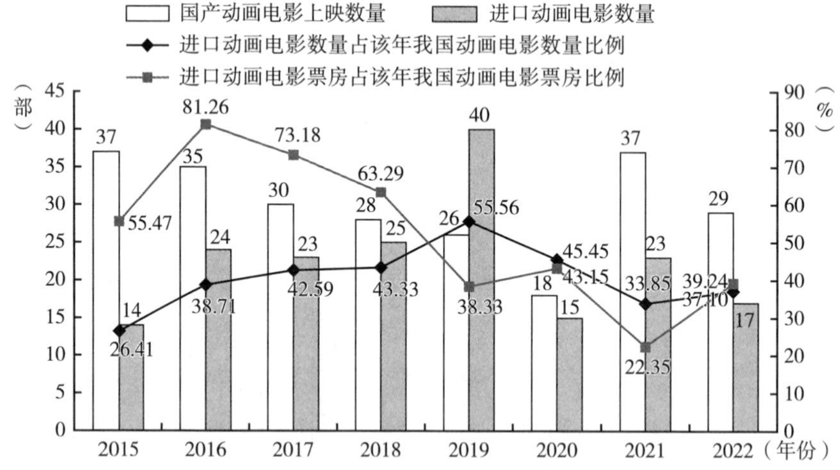

图 3　2015～2022 年我国国产动画电影上映数量、进口动画电影数量与票房及其占该年我国动画电影数量与票房的比重

资料来源：作者对灯塔专业版 App 公布的相关数据进行整理得到。

（三）出海业务日渐成熟，各方助力迎接出海爆发期

随着中国动漫产业的快速发展，国漫出海已不再是一个新的话题，尤其是从 2019 年开始，国漫处于出海上升期，其间陆续有《大圣归来》、《罗小黑战记》、《白蛇》系列、《刺客伍六七》等优秀国产动漫作品出海，获得国际认可。与此同时出海业务也愈加成熟，主要体现在内容和经营方面，国漫

在创作、营销、发行方面全面出海。

从内容方面看，坚持创作精品输出，在不断精进动画制作技术的同时强调中国元素，以独创的风格和题材向海外展示中国文化魅力，我国动漫作品创作逐渐探索出具有中国特色的美学风格，不再是简单模仿国外作品风格，例如，《白蛇：缘起》融入以极简的线条元素和黑白色调为典型特征的中国画的水墨风格；2023 年开年动画电影《深海》首度采用的粒子水墨画风加上精致的 3D 技术让海内外观众沉醉其中，并成功作为一部原创三维动画入围第 73 届柏林国际电影节。在创作方式上，近几年不断涌现出多部以中外合拍模式创作的优秀动漫作品，例如，2019 年，动画电影《白蛇：缘起》入围有“动画奥斯卡”之称的法国昂西国际动画电影节，2022 年，央视动漫选送的中葡合拍动画系列片《熊猫和卢塔》获评 2021 年度优秀国际传播作品，《新神榜：哪吒重生》《姜子牙》等中国国产动画分别于 2020 和 2021 年入围法国昂西国际动画电影节。同时这种创作模式也受到国家支持，2022 年 11 月 18 日，国家广播电视总局公布了《2021—2022 年度中外电视（网络视听）合拍项目作品名单》，其中共有《发明家创想乐园奇遇记》《小熊读书会》《呼叫超级土豆》3 部动漫作品入围，中外合拍的创作方式极大拓宽了中国动漫产业的国际视野，促进了对外文化交流，一定程度上减少了文化距离带来的影响，提高了出海作品的认可度。

从经营方面看，营销方和发行方不断进行海外布局，推动国际合作，借助网络平台拓展海外营销和发行渠道，扩大作品海外影响力。2022 年，快看在国漫发布会上宣布海外版 App 正式上线。快看已经与超过 100 家海外发行渠道方达成合作，并将 450 多部国漫作品输出海外，不少作品翻译成了 12 个主流语种，并覆盖了近 200 个国家和地区。哔哩哔哩漫画海外版平台出品的动画《天官赐福》选择上线国际头部视频平台 Funimation、Netflix 等，并进入 Netflix 东南亚多国的播放量前 10 名。爱奇艺出品动画《无敌鹿战队》通过爱奇艺国际版和海外发行的双线并进，在全球 160 多个国家和地区播出，以平台出海推动内容出海。创作方、平台方的不断进步以及国家政策的支持共同推动出海业务的成熟，助力迎接中国动漫作品出海爆发期。

（四）数字赋能动漫发展，或将迎来新的机遇

在国家引导文化数字化高质量发展、实施文化产业数字化战略的背景下，数字文化贸易领域加速创新、发展迅猛。自2021年开始，元宇宙概念火速出圈，以数字化虚拟形式赋予文化内容新的内涵和价值表现方式，对于动漫产业发展来说或许也是一个新的机遇，创新将赋能上游的内容生产、中游的内容传播及下游的衍生变现各环节。从元宇宙方面看，运用AIGC、区块链、数字虚拟等技术，能够为动漫内容的创造与创新注入新的活力。例如，可以将AIGC技术运用在漫画的创作中，如“真人变漫画”，用户只需上传照片，然后点击屏幕，几秒钟时间系统便可以自动生成动漫风格的图片。对创作者而言，元宇宙技术或许可以让动漫创作变得更高效从而使创作者将更多的精力投入机器无法替代的创意核心环节，缩短动漫作品制作周期。此外，元宇宙技术能给动漫消费者带来沉浸式的观漫体验。2022年11月4日，国内首部VR互动漫画《探灵VLOG》上线，通过VR头显，将漫画中原有的角色、道具、场景进行3D化处理，搭配增强的音效，使得沉浸感得到了大大增强。未来在元宇宙语境下，由3D处理和音效带来的全新视觉效果，通过手柄和全景视角加强的交互感以及新奇的漫画叙事方式都将赋予动漫产业更强的创造力和吸引力。

二　中国动漫产业对外贸易发展中面临的问题

（一）受众群体存在年龄壁垒，动漫作品“全龄化”发展道路受阻

近年来我国动漫企业在动漫作品的制作中越来越多地融入成人化元素，使得我国动漫作品的题材及类型更加多元化，“全龄化”发展趋势逐渐显现。但与此同时，部分中国动漫存在以夸张的表达和外在形式对日本和美国动漫元素的刻意模仿，导致作品中存在着暴力、阴暗、恐怖、恶搞、讽刺等元素，而这些元素则被认为对于心智还未成熟的儿童和青少年来说存在消极

影响。例如，2023 年 1 月上映的《中国奇谭》备受争议，甚至被家长举报画面惊悚吓坏小孩且对孩子的三观造成不良影响，但站在成年人的角度看，这部作品的制作效果很有中国味道，例如第二集《鹅鹅鹅》风格上继承了南北朝志怪小说和传统诗词书画中玄妙留白的特色，主题上又以套娃的形式完成对欲望的探讨，引起人们的深思和共鸣，是一部好作品。

（二）优质原创 IP 持续供给不足

随着国漫的崛起，中国动漫作品数量逐渐增加，但像《哪吒之魔童降世》《西游记之大圣归来》《斗罗大陆》等现象级国产动漫 IP 作品的出现频率并不高，且这些作品大多由神话故事或网络小说改编，真正具有创意的优质原创 IP 无法做到持续供给。造成该问题的原因主要有两点。

第一，高端创意人才缺乏，虽然国内开设动画专业的院校逐渐增加，但院校教学水平参差不齐，且人才培养体系和评价机制不完善导致基础人才过剩，高端原创人才不足，目前有像中国传媒大学、北京电影学院等优秀院校输送创意人才，但人才数量增长远远赶不上当前国漫发展的速度。第二，资本短期逐利性导致动漫企业的原创动力不足，剧本取材范围受限，文化资源开发深度不足。由于一部优秀的原创动画制作周期较长且成本高，可能出现耗费精力制作的作品不能很好地迎合观众审美的情况而造成投资风险，所以大多数企业选择直接从少数经典神话故事中选材，对其进行重新包装升级再推向市场，并没有把握故事内核及对文化内容进行深度理解和创新。取材单一及缺乏文化资源的深度开发会使得作品同质化严重，进而造成国内外观众审美疲劳，严重浪费文化资源，不利于中国文化出海、国漫出海。

（三）国际营销和运营体系有待完善，难以支持国漫规模化出海

尽管近年来陆续有视频平台布局海外，但覆盖的海外用户数量较少。受文化差异等因素影响，国漫作品在海外的营销传播效果欠佳，国产动漫作品的国际影响力和国际平台对国漫的购入需求尚不足以支持国漫规模化出海。目前中国动漫作品在海外的营销和运行体系还不算成熟，作品大多先由国内

市场验证，再进行外语配音及本地化译制，最终以整部作品形式出海。该出海方式下我国动漫作品无法进行季度投放和分集营销，加之国语配音导致作品的国际认可度低，影响作品的曝光度及讨论热度。与此同时，中国动漫产业在海外稳定且有效的营销渠道并不多，存在本地化市场推广和建设不充分等问题。

（四）元宇宙等新概念市场规范性不足，阻碍数字赋能之路

我国的元宇宙等新概念市场尚处于发展初期，存在着信息安全、金融化、投机炒作及知识产权保护等诸多方面的风险和问题。例如近些年来，在元宇宙等新概念市场发展过程中，存在一定的非法集资现象。有些活动往往以“元宇宙投资项目”“元宇宙链游”等名目吸收社会资金，集资方式存在一定的不合理之处。这对未来中国动漫产业整体的发展以及动漫产品的“走出去”都有较大的影响。中国有关部门要加大对元宇宙等新概念市场的规范化建设力度，为其赋能动漫产业对外贸易发展提供良好环境和制度。

三　促进中国动漫产业对外贸易发展相关建议

（一）建立并完善动漫分级制度

虽然我国动漫产业在“全龄化”发展道路上确实会面临年龄壁垒问题，但从长远看动漫作品的受众不应只是儿童或青少年，市场应该多元化发展，成人化作品的发展不应被“一刀切”的审核制扼杀在摇篮里。

为此，一方面，可以从作品选材创作出发，多制作一些适合各年龄段观众一起观看的高质量“合家欢”作品，尤其是可以考虑多制作一些科幻类题材作品，因为它对于青少年群体来说能够激发探索科学奥秘的好奇心、激发想象力，具有教育意义，并且能贴合成年人的成熟理性思维方式，以科幻的视角传达人类文明和善恶价值观等严肃主题的思考，带来视觉和心灵的震撼，一定程度上能够兼顾全年龄观众的审美需求。例如，近年来的《熊出

没》科幻系列“合家欢式”电影《重返地球》《伴我“熊芯”》都获得了不俗的票房和口碑。

另一方面，要加快建立并完善动漫分级制度。2023 年全国两会期间，全国政协委员蒋齐提交了《关于尽快建立我国动漫分级制度的提案》，建议借鉴国外分级制度，结合我国国情建立自己的动漫分级制度，可根据观看对象的类型对审核标准和媒体平台进行大致分级，将待审核动漫划分为各类适合不同年龄段观众观看的作品，而不只是简单地“禁播”或直接删减“不适宜”的内容。经审核监督后，不同类型、级别的作品只能投放在对应标准的媒体平台播放，例如，不适合儿童观看的动画作品，仅允许安排在儿童入睡后的深夜播出或指定平台播出并强调家长监督等，同时强调将分级制度纳入法律体系，从法律层面约束监督动漫产业。但制度的推行除政府监督审核外，还需各方的努力，例如：影视动漫创作者自觉遵守内容制作标准；播放平台严格限制播放的不同作品对应的观众年龄；家长积极配合监督，辨别适合孩子观看的作品。此制度的建立和完善可以让适合于各年龄段观众的各类优秀动漫作品均获得发展市场和空间，促进动漫产业真正实现“全龄化”发展。

（二）完善动漫人才培养体系，政策引导扶持原创动漫

高端创意人才培养需要政府、科研院所、企业、高校、行业协会等社会各方共同推进。为此，可通过整合多方资源，如通过产学研合作的方式为学生搭建培养平台。高校着力强调培养学生的创新思维能力，使学生积极参与国内外访学项目，鼓励教师和学生开阔视野；企业提供联合培养及实习基地，积极提供高含金量且能够锻炼学生创意和实践能力的项目；政府和行业协会积极发起如中国青年动画导演扶持计划等扶持计划，充分调动创意人才展现才华的积极性。社会各方合作完善培养体系，共同发掘有潜力的高端动漫创意人才。

此外，可以在政策上对多元化的优秀故事题材项目给以扶持，一定程度上解决企业原创作品制作成本高的难题，激发创作动力。例如，“‘原动力’

中国原创动漫出版扶持计划和中国高校动漫出版孵化计划”引导企业开拓取材的视野，对各地区有代表性的地方民族文化资源进行深度开发，甚至可以汲取世界范围其他国家的优秀文化资源进行中西文化融合，而不是仅围绕少数经典神话 IP 进行创作，重点是在横向多元开发更多优秀故事和人物形象的同时，纵向上深度理解其中的文化内涵。

（三）加强国际合作和本地化运营建设

完善国漫作品的海外营销体系。首先，可以通过与全球性流媒体平台或者当地电视台进行国际化合作拓展营销渠道。例如，Netflix、Funimation 等拥有遍及全球多个国家和地区的流媒体运营网络，国产动漫作品可以通过它们提高在海外的曝光度和知名度。其次，要做好作品出海的本地化运营建设。其一，作品配音译制本地化。积极联动当地知名的认可度高的配音演员，在保留作品本身的中国特色的基础上融合本地化特点，辅以高质量的外语配音，培养海外受众语音习惯。其二，平台本地化。利用当地用户最喜爱的社交媒体平台与动画观众直接建立联系，为作品的宣发奠定良好的受众基础。其三，宣发策略本地化。自觉研究发行当地文化、市场、用户、产业等方面特征，寻找合适有效的营销推广着力点和切入口，采取适合当地的宣发策略，例如，《白蛇：缘起》出海日本时就借助日本名为《白蛇传》的第一部长篇彩色动画电影进行宣传，该策略充分挖掘了作品的潜在受众，找到了作品的本地化落脚点。

（四）市场有效监管与逐步放开并行

市场受限会降低市场活力，不利于产业的发展。虽然监管是必要的，但只有有效的监管才有助于产业长足健康发展。所以市场放开的前提应该是先尽快完善市场的监管体系，同时选择适当的时机逐步地放开市场。在监管方面，首先是严格审查企业的专业资质，设立准入机制，这样能够避免低劣的作品进入市场造成溢价和炒作现象，损害消费者权益。其次是解决知识产权保护问题。利用区块链技术完善版权审查机制，对原作品的来源和授权情况进行严格审查，从而达到防范侵权及保障侵权后的维权的目的。同时通过授权协议具体约定、界定知识产权的归属，例如对产品购买者是否同时获得完整的著作权及二次创作权、原始创作者是否在二级市场具备著作权益等问题进行条款描述；利用区块链技术、智能合约编码自动实现权益分配，例如基于以太坊 EIP-2981 标准的智能合约可以将产品后续销售收入的一部分自动分配给原始创作者，使原始创作者能在二级市场上获得收益。最后还需要利用法律提供制度保障，尽快完善相关法律体系以便制度有效执行。知识产权问题的解决是二级市场逐步开放的必要条件。在监管得当的情况下寻找合适的时机逐步开放市场，是元宇宙产品发展及以数字技术赋能动漫的良策。

B.7

中国文化旅游服务贸易发展报告（2023）

王海文　王廷鹜*

摘　要： 在疫情反复的影响下，中国文化旅游服务贸易依然呈现出多方面的亮点和特色。2022年，北京冬奥会的成功举办激发了消费者对冰雪旅游服务的需求，深度体验型旅游方式兴起，同时在数字科技的加持下文化旅游数字化转型趋势明显，而国家文化出口基地对文化旅游的繁荣发展则起到了积极的推动作用。总体而言，中国文化旅游服务贸易在加大创新力度、增强消费意愿、促进文旅全方位深度融合以及提升应对突发事件能力等方面有待进一步发展。因此要坚持新发展理念的战略引领，加快建设文化旅游服务体系，激发文化旅游服务消费新需求，全方位加强文旅产业生态建设，大力推动中国文化旅游服务贸易的高质量发展。

关键词： 文化旅游　服务贸易　科技创新

2022年，新冠疫情散发贯穿全年，各地防控措施相继收紧，居民出游心态谨慎。党的二十大顺利召开，会议指出要以文塑旅、以旅彰文，推进文化

* 王海文，北京第二外国语学院教授，北京第二外国语学院经济学院副院长，首都国际服务贸易与文化贸易研究基地研究员、经济学院副院长，研究方向为国际文化贸易、国际服务贸易；王廷鹜，北京第二外国语学院经济学院2022级硕士研究生，研究方向为国际文化贸易、国际服务贸易。

和旅游深度融合发展，为中国文化旅游市场复苏指明了方向。全面分析 2022 年中国文化旅游服务贸易发展状况、问题，并提出对策，对于激发市场活力、促进产业发展，使中国文化旅游服务更好满足国内外消费者个性化、多样化需求，重构中国文旅市场，推进中国文化旅游服务贸易发展具有重要意义。

一　中国文化旅游服务贸易发展状况

（一）新冠疫情对中国文化旅游服务贸易影响突出

2022 年，中国文化旅游市场所面临的挑战更加严峻。从国际视角看，一方面，受疫情影响，我国出入境旅游在过去三年内一直在低位运行；另一方面，截至 2022 年 12 月 5 日，全球有 117 个国家取消与新冠疫情相关的入境限制，全球文化旅游市场加速回暖，在我国周边，越南、马来西亚、泰国、韩国等国家取消了与疫情防控相关的入境限制，日本、新加坡等国家也均允许疫苗接种者或核酸符合要求者免隔离入境。[①] 这些国家推出出入境宽松政策意在加速抢占国际文化旅游市场，这给中国文化旅游服务贸易发展带来一定压力。

从国内视角看，受疫情影响，2022 年，国内旅游总人次为 25.30 亿，比上年减少 7.20 亿，同比下降 22.2%（见图 1）。其中，城镇居民国内旅游人次为 19.28 亿，同比下降 17.7%；农村居民国内旅游人次为 6.01 亿，同比下降 33.5%。国内旅游收入（旅游总消费）为 2.04 万亿元，比上年减少 0.87 万亿元，同比下降 30.0%。其中，城镇居民出游消费为 1.69 万亿元，同比下降 28.6%；农村居民出游消费为 0.36 万亿元，同比下降 35.8%。[②]

2022 年 12 月，中国旅游研究院发布了《中国入境旅游发展年度报告（2022—2023）》（以下简称《报告》）。《报告》指出，受疫情影响，我国

---

① 刘祥艳：《〈中国入境旅游发展报告 2022-2023〉在京发布》，“中国旅游研究院”微信公众号，2022 年 12 月 28 日，https：//mp. weixin. qq. com/s/AYyX6NcpwDS4oFd0NhVIkA。

② 数据来源：文化和旅游部。

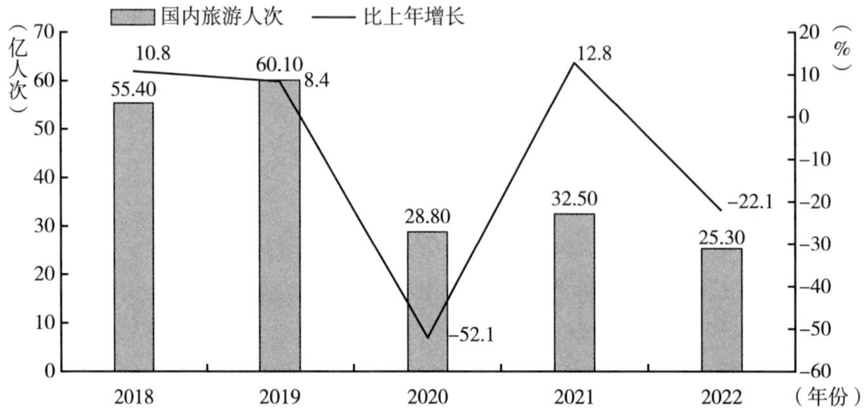

图 1　2018～2022 年国内旅游人次及其增长速度

资料来源：《2022 年国民经济和社会发展统计公报》。

入境旅游在过去近三年里低位运行；商务等事务性旅行是入境旅游市场的主力；伴随 2022 年下半年入境隔离、签证政策的进一步放宽，加之国际航班的持续恢复，2022 年入境旅游接待规模将超过 2000 万人次，有序恢复将是未来入境旅游发展的主基调。《报告》显示，国际旅游业恢复步伐加快，呈加速反弹趋势。2022 年 1～9 月，全球接待国际游客约 7 亿人次，恢复到 2019 年的 62%。《报告》指出，据 UNWTO（世界旅游组织）预测，2022 年全年国际旅游市场规模将恢复到 2019 年的 65%，国际旅游收入将恢复至 2019 年的 70%～80%。《报告》显示，在谷歌的搜索数据中，2022 年，海外对来华航班和住宿的搜索量较 2021 年同期有明显的回升，在国际旅游加速回暖的背景下，中国入境游客数量不断恢复，潜在旅游需求明显增加。

回顾 2022 年，中国国内旅游人次和收入数据都呈现下降态势，但随着年底防疫政策逐步优化，“新十条”“乙类乙管”等新政策的落实，中国文化旅游市场复苏态势明显，表现出了极强的韧性。

（二）冬奥会激发消费者对冰雪旅游服务需求

2022 年 2 月，第 24 届冬季奥林匹克运动会在北京成功举办，激发了人民群众对于冰雪运动的热情，开启了中国冰雪运动的新时代。根据中国旅游研究院相关统计数据，2021～2022 年冰雪季中国的冰雪旅游人次达到了 3.4 亿人次，冰雪旅游收入达到了 4740 亿元，2021～2022 年冰雪季我国冰雪旅游人次是 2016～2017 年冰雪季的 1.7 亿人次的 2 倍多。冰雪旅游收入从 2016～2017 年冰雪季的 2700 亿元增加到 2021～2022 年冰雪季的 4740 亿元，冰雪旅游实现了跨越式发展。[①]

中国冰雪旅游 2022 年的蓬勃发展，不仅扩大与提升了产业自身的体量和丰富程度，还带动了周边产业的发展。相关数据显示，2022 年 11 月中下旬，我国的诸多雪场迎来了“开板季”，仅一周内雪场周边的住宿订单环比增长就超过了八成。在旺盛的用户需求推动下，2022 年以来，全国雪场及周边新增超过 3500 家住宿类商户，包含了高星度假酒店、经济连锁酒店、公寓、民宿等不同类型。旅游业本身就是具有“吃住行游购娱”多方面的特点的综合性行业，中国冰雪旅游、冰雪运动需求的上升，势必会带动冰雪旅游目的地餐饮、住宿、商超、公交等相关生活服务业需求的上升，进而提高整座城市的接待能力和服务业水平。中国具有冰雪旅游、冰雪运动条件的城市加快布局冰雪产业及周边配套服务设施，以“冷运动”带动“热经济”，为中国文化旅游入境游、国内游的高质量发展注入了动力。

（三）深度体验型旅游方式兴起

在持续近三年的新冠疫情影响下，中国的文化旅游产业结构和大众旅游方式变化明显。回顾 2022 年，上半年全国多地发生聚集性疫情，人民群众无法开展远距离出行旅游，城市周边游、露营、野餐成为新兴的旅游方式。相关数据显示，抖音软件上有关“露营”的话题播放量超 234 亿次，小红书中有关“露营”的笔记有 424 万多条[②]，且消费者对全新沉浸场景式旅游

① 《〈中国冰雪旅游消费大数据报告（2023）〉：冰雪旅游引领冬季旅游新热潮》，“中国旅游研究院”微信公众号，2023 年 1 月 19 日，https：//mp.weixin.qq.com/s/PQNVUiCecF9qGykLibL5IQ。

② 蒋政：《“露营经济”火热 产业走向精品化品牌化》，《中国经营报》2023 年 3 月 20 日，第 3 版。

需求的增长，大大带动了关于帐篷、野餐垫、火锅烧烤食材等的“露营经济”全产业链的发展；下半年随着疫情防控“二十条”和“新十条”政策的颁布，中国文化旅游市场逐渐复苏，整个行业再现生机活力。博物馆旅游也十分流行，中国拥有众多博物馆，其中大部分都是免费对公众开放的。在这些博物馆里，游客可以了解到中国悠久的历史文化、科技发展成果和艺术精品等。随着数字化技术的发展，越来越多的博物馆开始探索虚拟展览和在线导览等新模式，为游客带来更加便捷和多样化的游览体验。不仅如此，越来越多的消费者开始体验非物质文化遗产旅游的魅力。福建省南靖县的土楼是闽南世居文化的代表，被联合国教科文组织评为世界文化遗产。消费者可以感受到土楼中独特的建筑风格、品尝当地美食和参加各种传统活动。深圳锦绣中华主题公园集成古建筑类、山水名胜类、民居民俗类景点，游客在一天内既可以领略中华锦绣河山与名胜古迹，又可以欣赏传统舞蹈、品味传统小吃。

从上述现象可以看出，体验型旅游的兴起对人民群众的文旅消费方式产生重要影响。文化传媒变革、自媒体的兴起等文化旅游的国际推广方式以及深度体验性旅游方式不断拓展。

（四）文化旅游数字化转型趋势明显

旅游业作为经济属性强、市场化程度高的行业，在数字化转型方面具有独特的优势。“食住行游购娱”等都已离不开数字技术，互联网和数字化深度融入了游客消费、企业生产和政府治理的过程之中。

在文化旅游服务的市场发展过程中，基于科技创新支撑的旅游服务和优质的文化旅游内容服务获得市场的广泛认可。中国旅游研究院（文化和旅游部数据中心）专项调查显示，超过90%的游客愿意在科技体验上花更多的预算和时间，69.3%的游客希望通过科技创新满足包括智能规划、安全监测、服务投诉等在内的公共服务的核心诉求。调查结果还显示，不同的游客群体对科技的需求各不相同：年轻游客群体重视具有时尚、新鲜感等特点的事物，追求最新科技创新产品的体验；老年游客群体则关注科技服务整体的价格，同时更偏爱利用科技创新服务提升整个文化旅游体验过程的安全、舒适和便利程度。[①] 可见，中国文化旅游服务贸易的数字化水平提升成为发展的必然选择。

（五）国家文化出口基地助力文化旅游发展

高质量发展是中国“十四五”时期服务贸易发展的关键词，根据《“十四五”服务贸易发展规划》，到 2035 年，服务贸易高质量发展格局将全面确立。2021 年，商务部、中宣部等联合印发《关于支持国家文化出口基地高质量发展若干措施的通知》，同年，我国认定了第二批 16 个国家文化出口基地，对推进文化出口基地建设、加强中国文化旅游服务贸易建设起到了积极的促进作用。

北京天竺综合保税区推出文物艺术品展览、线上拍卖新业态新模式；上海市徐汇区推动“文化、数字、科技”融合，引导中国动漫、网络龙头企业创造原创 IP，并在其中融入中华文化元素；四川省自贡国家文化出口基地实施“多业态+彩灯”服务模式，结合自身文化特点，开展彩灯文化国际展会、赛事，并与知名品牌融合发展；等等。以上创新案例展现出各文化出口基地因地制宜，利用当地特色文化，拓展国际化发展道路，促进文化旅游服务贸易创新发展的具体实践。

二　中国文化旅游服务贸易存在的问题与不足

（一）文化旅游行业创新力度亟须加大

经过三年疫情，中国文化旅游行业早已不再维持原来“非长距离不旅游”“非典型景点不旅游”“非留宿几日不旅游”模式下依靠传统资源和密

---

① 戴斌、唐晓云：《没有面向市场的科技创新，就没有现代旅游业》，中国旅游研究院官网，2022 年 8 月 25 日，http：//www. ctaweb. org. cn/cta/ztyj/202208/645dc6986b5946c6809c48faa7d52b40. shtml。

集劳动力的生产和消费方式，“反向旅游”“平替旅游”“宅度假”的旅游观念和“高端露营”“精致野餐”等旅游方式深刻改变了消费者的旅游行为。而在深入推进文化和旅游深度融合发展过程中，要把握好新时代中国文化旅游的理论内涵、价值取向、实践方式，利用新技术、发展新动能、创造新模式，让消费者在旅游中体验文化，使得文化和旅游相得益彰、相辅相成。科技创新便是文旅融合发展、挖掘新动能的重中之重。总体而言，在大变革、大发展背景下，中国文化旅游行业创新力度仍需提升，特别是要全面增强文化旅游各环节、各链条的创新动力和融合潜力，为文化旅游服务贸易高质量发展创造条件。

（二）文化旅游服务消费意愿需要增强

伴随国内疫情防控转段以及文化旅游服务消费全面复苏，文化旅游服务贸易总体呈现回暖态势。然而要看到目前疫情防控依然面临压力，文化旅游服务的消费意愿虽然增强，但是存在不确定性，特别是如何增强国外游客来华旅游消费的意愿、提供更高质量的文旅消费服务和便利化条件构成当前中国文化旅游服务贸易发展中的难点问题。一方面，仍然需要高度关注包括疫情在内的突发事件的影响；另一方面，在建设旅游强国的进程中，文化旅游供给侧改革、需求侧加强以及消费环境持续优化等都是促进文化旅游服务贸易繁荣发展的重要层面。不仅如此，培养高素质文旅消费者和从业者对于增强文化旅游服务消费意愿同样具有积极意义。当前对消费者以及相关人才的引导、培养等还需要进一步强化。

（三）文旅全方位深度融合有待加强

文化旅游产业链长，涉及方面多且复杂，因此在促进文旅融合以及推动文化旅游服务贸易繁荣发展的过程中，要更加重视对各方面、各种影响因素的全面分析，协调各部门和各利益主体，关注国内外环境的影响，由此才能更高效调动各方资源，更好实现全方位协同发展、创新发展。目前中国文化旅游在建立高质量服务体系以及产业生态方面存在不足，文旅深度融合仍然难以适应构建新发展格局、实现高质量发展的战略要求，需要进一步提升深度融合的广度、力度和创新性。

（四）应对突发事件的能力需要提升

由于产业链长，文化旅游经济带动效应明显，这是其重要的特点和优势，然而同时其所面临的风险和影响也更大。尤其是在文化和旅游融合过程中，市场不确定性更加突出；在经济全球化背景下，文化旅游受到国外市场的影响更加明显。持续三年的新冠疫情给中国文化旅游行业带来了重创。不仅是疫情，景区园林火灾、踩踏事故、食物中毒、体验型娱乐设施安全性差、迷路游客紧急救援准备不足等都是需要应对处理的问题。中国文化旅游服务贸易的高质量发展离不开应对突发事件能力的持续提升，在这一方面我国仍需努力。

三　促进中国文化旅游服务贸易发展的对策

（一）坚持新发展理念的战略引领

中国文化旅游服务贸易的高质量发展要求坚持贯彻新发展理念，积极构建新发展格局，在服务国家重大战略进程中实现自身跨越式发展。首先，要将创新摆在首位，以科技创新、服务创新、管理创新、市场创新等推进文化旅游服务贸易的改革发展，增强文化旅游服务贸易高质量创新动力。特别是加强数字科技在文化旅游服务贸易中的应用，拓展应用场景，提供更优质的线上旅行、星级酒店住宿、民宿、景区、主题公园、旅游购物、餐饮等方面服务，促进文旅企业数字化转型和发展。其次，要强化合力，在重大战略引领下，推动文化旅游各部门、各环节的高效协同发展，提升文化旅游服务贸易效率以及应对风险挑战的能力。最后，要在构建新发展格局中大力提升中国文化旅游服务贸易的开放水平，更充分利用两个市场、两种资源，创新文化旅游服务贸易提供方式，全面推动我国从传统旅游资源大国向文化旅游强国迈进。

（二）加快建设文化旅游服务体系

“十四五”时期是我国全面建成小康社会、实现第一个百年奋斗目标之后，乘势而上开启全面建设社会主义现代化国家新征程、向第二个百年奋斗目标进军的第一个五年，也是社会主义文化强国建设的关键时期，还是推进文化旅游深度融合的战略机遇期。2021～2022 年，《“十四五”文化和旅游发展规划》《“十四五”文化和旅游科技创新规划》《“十四五”旅游业发展规划》等一系列文件相继印发。其中《“十四五”旅游业发展规划》强调，要着力推动文化和旅游深度融合，着力完善现代旅游业体系，加快旅游强国建设，努力实现旅游业更高质量、更有效率、更加公平、更可持续、更为安全的发展。而《“十四五”文化和旅游发展规划》同样强调加快现代公共文化服务体系、现代文化产业体系、现代旅游业体系、现代文化和旅游市场体系、对外和对港澳台文化交流和旅游推广体系等体系建设。可见，在推动中国文化旅游服务贸易高质量发展的过程中，基于系统的观念推动建立高质量文化旅游服务体系势在必行。因此，首先，要从完善优化政策体系上下功夫，针对文化旅游服务贸易发展中的困难和问题，不仅在政策上加强引导和支持，而且形成重大战略引领下的高效政策服务保障体系；其次，要积极发挥数字科技在文化旅游服务体系建设中的作用，利用“数字化+监管”体系，优化营商环境、加大创新力度、回应社会关切、激发产业活力，做到包容审慎监管，不断提升中国文化旅游治理体系和治理能力现代化水平；最后，要优化文化旅游服务体系结构，积极促进文化旅游服务贸易与平台经济的融合，特别针对文化旅游服务贸易薄弱环节，推动在业态模式创新、服务品质保障、国际营销促进等方面的能力提升，形成覆盖全面、辐射广泛、支撑有力的服务体系布局。

（三）激发文化旅游服务消费新需求

新冠疫情对文化旅游服务消费认知和行为产生了重要影响。中国文化旅游服务贸易要紧随形势发展，不断以新理念、新思维指导实践，创新产品和服务，激发文化旅游服务消费新需求。例如文化和旅游部公布的 2022 年度文化和旅游最佳创新成果名单中，就有“建筑可阅读”——上海文旅融合创新实践。上海围绕当地特色文物保护单位、优秀历史建筑、保护建筑、地标建筑等，开展一系列活化利用、价值挖掘、宣传推广等活动，利用二维码搭建了游客与文化建筑背后故事沟通的桥梁。还有马蜂窝的“周末请上车”活动，利用年轻人对“周末新玩法”需求的增加，以及年轻人希望通过周末休闲娱乐来调节心情、平衡生活和工作压力的特点，打造了露营、探洞、飞盘、骑行等极具个性化的文旅产品，在满足年轻人旅行、社交需求的同时，也激发了当地文旅创新活力。

2023 年 2 月，文化和旅游部印发了《关于推动非物质文化遗产与旅游深度融合发展的通知》，强调推动非遗与旅游在更广范围、更深层次、更高水平上实现融合。一是可以挖掘非遗和天然风光的契合点，建立传统村落、历史文化名城等与非遗文化的联系。二是可以充分利用已有旅游资源，将非遗文化融入进去，例如，青州古城开展非遗常态化展演，鲁锦博物馆、吕剧博物馆等举办研学、观览活动等，将非遗文化“植入”博物馆和特色景区。三是将非遗文化和乡村旅游、红色旅游、冰雪旅游等新兴旅游方式相融合，通过举办“非遗文化节”“非遗美食节”等特色活动，发展非物质文化遗产旅游，达到深挖非遗资源并使其积极与现代化旅游相结合、打造具有中国特色的旅游服务的效果。

由上可见，中国文化旅游服务贸易的高质量发展不仅要从供给侧发力，也要高度关注具有极大潜力的需求侧的创新变革。首先，要做好整体规划，将消费需求引导和创新纳入产业贸易以及城市发展的各环节中，形成文旅供需同时发力、协同共进的发展态势。其次，要深入分析国内外文旅消费状况和发展趋势，特别是在推动中国文化旅游服务供给的过程中，全面了解和把握入境游市场消费群体的范围、特征和消费偏好变化，对经贸、文化、医养、研学等文旅资源进行系统性整合、开发，使其融入城市和区域生产、生活的各方面，使文旅消费与空间生产高度融合。最后，要讲好中国故事，积极协同外交、商务、文化等各部门，整体推介中国文旅服务，持续提升中国文化旅游服务贸易品牌影响力和国际竞争力。

（四）全方位加强文旅产业生态建设

文化旅游既紧连生产，又关乎生活，在延伸产业链、促进文旅融合、推动城市发展等过程中，其所产生的效应和影响更加多元广泛，而其自身也更需要在战略引领和顶层设计的指引下全方位、系统性推进建设。在建设文化强国和旅游强国、推动文化旅游服务贸易高质量发展的进程中，需要以系统性、创造性思维调动一切可以调动的资源和力量，全力加强文旅产业生态建设。首先，要始终以人的需求为导向，推动游客成为文化旅游产业生态建设最能动和最活跃的因素，深度发现、引导和创造新的文化旅游服务消费需求，打通文化旅游产业与其他产业的联系，通过前瞻规划、产业联动、文化再造、旅游支撑，为产业的深度融合奠定基础。其次，要高度重视数据要素和数字技术在文化旅游产业生态建设中的重要作用，促进数据要素的流动和作用发挥，推动数字技术在文旅产业生态建设中的广泛应用，由此建立起数字时代文旅产业生态建设的数字基础。最后，充分发挥平台对于文旅产业生态建设的支持作用，促进文旅产业与平台经济的融合，形成更加完善、高效的以平台为核心和纽带的产业生态链，打造文化旅游产业生态建设的平台基础。

参考文献

戴斌：《终结与重构——2022 年旅游经济回顾与 2023 年展望》，中国旅游研究院官网，2023 年 1 月 1 日，http：//www. ctaweb. org. cn/cta/ztyj/202301/246f2e9af16546dfb31e165b1253ef82. shtml。

孟妮：《国家文化出口基地再发 16 个创新案例》，《国际商报》2022 年 9 月 2 日。

B.8

中国艺术品对外贸易发展报告（2023）*

程相宾　卢沫萱　贺婧倩**

摘　要： 2022年，随着各方面因素的向好发展，艺术品市场进一步回暖，也迎来新的机遇。画廊、艺术馆展览、拍卖活动等举办数量进一步提升，艺术品成交额在前一年增长趋势的基础上继续平稳提升。在艺术品贸易方面，2022年我国艺术品贸易额保持稳定，中国在艺术品市场上也发挥出更大的潜能、扮演了大国角色，这很大程度上得益于疫情得到有效控制后的经济复苏以及国家宏观经济政策的实施与扶持。总体来看，艺术品对外贸易还存在如下问题：艺术品出口竞争力较弱、艺术品交易风险较大、艺术品贸易税率偏高以及信息技术对传统艺术品产业冲击较大等。对此，本报告提出推动艺术园区及企业创新发展模式、构建完善的艺术品交易风险防范体系、适当降低艺术品进出口税率以及注重艺术传承与知识产权保护等对策建议。

关键词： 艺术品市场　拍卖市场　艺术品进出口

一　艺术品产业经济环境与宏观政策

2022年我国经济总体持续平稳向好发展，文化企业营业收入较前一年

---

* 本报告为2021年北京市社会科学基金决策咨询项目（21JCC031）的阶段性成果。

** 程相宾，北京第二外国语学院经济学院副教授，硕士生导师，中国服务贸易研究院研究员，研究方向为文化贸易；卢沫萱，北京第二外国语学院经济学院贸易经济专业本科生，研究方向为文化贸易；贺婧倩，北京第二外国语学院经济学院国际商务专业硕士研究生，研究方向为文化贸易。

也有所上升。根据国家统计局数据，2022 年国内生产总值达 121 万亿元，人均国内生产总值 85698 元，按不变价格计算，比上年增长 3.0%。同时，2022 年文化产业稳健发展，根据对全国 6.9 万家规模以上文化及相关产业企业（以下简称“文化企业”）的调查，文化企业实现营业收入 121805 亿元，按可比口径计算，比上年增长 0.9%。根据国家统计局数据，随着疫情防控政策的优化，文化产业呈现高速恢复趋势，国家文化产业相关制度进一步完善，文化产品质量进一步提升，文化消费潜能进一步激发，文化产业发展规模进一步扩大。在艺术品贸易方面，2022 年我国艺术品贸易额保持稳定，中国艺术品持续在国际市场上占据重要地位。

艺术品市场虽因疫情经历了一年左右的低迷时期，但已在 2022 年逐步恢复生机。2021 年，为迎接建党百年的伟大时刻，全国各革命博物馆、纪念馆、党史馆推出了众多革命文物主题陈列展览，为提升文化自信提供了强大精神动力。在此基础上，2022 年，红色主题艺术品相关展览等得到快速发展。2023 年，国家文物局发布了《革命文物主题陈列展览导则（试行）》，其为革命文物主题陈列展览指明了方向，使各革命场馆在利用革命文物举办陈列展览时更加有章可循、有规可依；有利于通过持续推出高质量革命文物主题陈列展览，大力弘扬革命精神，传承红色基因，赓续红色血脉，不断推动革命纪念馆高质量发展，为新时代红色文化传播再立新功、再添新绩。

2022 年不仅有红色主题艺术品展览的蓬勃发展，艺术品的数字化技术也更加成熟，丰富了艺术品产业的发展业态和模式。艺术品的数字化包括两个方面，一方面是对原有的经典艺术作品进行数字化转化，另一方面则是运用数字化技术手段进行当代艺术创作。2022 年数字艺术品市场发展趋于平稳，多家公司布局数字艺术品板块，并将相关技术应用到多个行业及领域，推动数字艺术品市场大众化发展。值得注意的是，更多的监管力量加入了数字艺术品市场，此举有利于进一步规范数字艺术品市场的各项交易以及推动行业的良性发展，促进科技和艺术融合与中国式现代化形成共振，从而实现政治、社会、经济等多方面的效益。

总体来看，2022 年是落实“十四五”规划的关键之年，是北京冬奥会、冬残奥会举办之年，是党的二十大召开之年，也是我国踏上全面建设社会主义现代化国家新征程、向第二个百年奋斗目标进军的重要一年。在疫情形势逐渐趋于平稳的这一年里，国内宏观经济保持稳定增长，艺术品市场进一步恢复生命力，数字电商数量与规模继续增加，中国艺术品市场整体向好发展。但面临错综复杂、瞬息万变的国内外经济政治环境，还需及时总结经验，寻找艺术品市场新的创新点并进一步拉动艺术品的消费需求，并借助我国对于艺术品市场的扶持政策，在新业态构建下推动艺术品市场的转型突破与完善。

二　中国艺术品产业概况

与 2021 年相比，2022 年中国总体经济呈上行趋势，画廊、艺术馆的展览与拍卖活动等有序开展，而艺术品市场交易情况也逐步好转。政府和企业并未放松对于疫情的警惕，企业根据疫情防控政策随时调整经营策略。同时，艺术品市场对于数字技术的应用方兴未艾，线上拍卖、线上展览、线上直播等新颖的艺术品交易形式仍在继续发展，并为艺术品市场注入源源不断的新鲜能量。总体而言，2022 年的艺术品市场已逐渐恢复其生命力并达成新的突破，与此同时，在风云变化的国际贸易环境下，艺术品市场也面临着新的机遇与挑战。

（一）一级市场

2022 年，在新冠疫情的影响下我国艺术品市场仍存在不确定性，但国际跨境艺术品贸易已逐步恢复。2021 年，全球艺术品和古董进口增长了 41%，出口增长了 38%，2022 年上半年较 2021 年同期实现两位数增长。在一级市场方面，国内大多数画廊在 2022 年上半年遭遇了销售瓶颈。据雅昌艺术网统计，有 76.92%的画廊上半年销售业绩不及 2021 年同期，19.23%的画廊销售业绩与 2021 年同期基本相当，仅有 3.85%的画廊销售业绩好于 2021 年同期（见图 1）。因此，众多艺术品经营机构积极探索线上线下相结合展览的方式以及全新的数字化运营模式，尝试在线上突破销售瓶颈。在线上艺术品市场销售端，超过半数的画廊选择与艺典网拍、易拍全球等第三方线上销售平台开展合作，也有不少画廊已经通过微店、微信小程序、网络直播等方式开发了自己的线上销售平台。

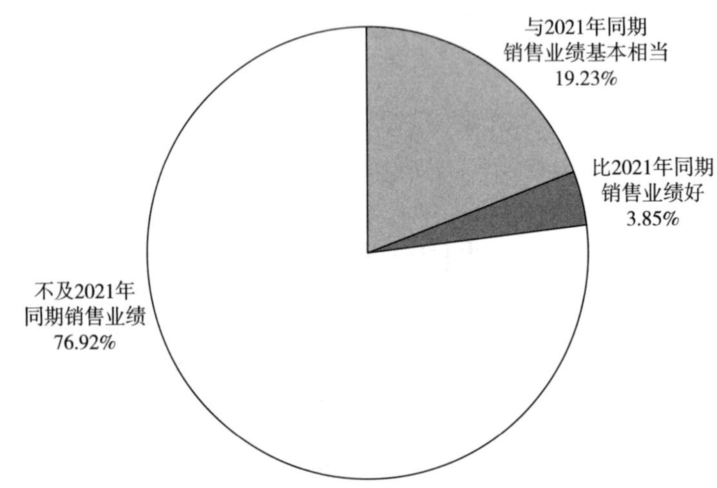

图 1　2022 年上半年画廊销售业绩与 2021 年同期对比

资料来源：雅昌艺术网，https：//artron. net/。

2022 年下半年，虽然相当数量的艺术展会与画廊受到疫情的冲击与影响，但也有不少机构与画廊取得了较好的业绩。上海第九届西岸艺术与设计博览会汇聚来自 19 个国家的逾百家顶尖画廊与机构参展，呈现绘画、雕塑、摄影、装置、设计及数字艺术等多种媒介的精彩创作，成交额十分亮眼。值得关注的是，此次博览会推出了 WESTBUND ONLINE 线上展览单元，联结多家画廊，打造了线上展厅。此外，虽然艺术博览会的开展受到了一些不可抗力因素的限制，2022 年仍有多个展览分别在北京、上海、南京、深圳等地区开展，为艺术品一级市场的恢复做出了重要贡献。另外值得关注的是，2022 年，线上和线下相结合的展览形式得到全方位开发与呈现，苏州工业园区首届“云上市民文化节”线下活动联合了德基美术馆、宝龙美术馆、成都市当代艺术馆等八大国内美术馆举办联合展览，而线上展览精选推出国际顶尖艺术机构游览项目，如邀请市民云上游览比利时皇家美术馆，受到了参展观众的高度认可。

（二）二级市场

据雅昌艺术研究院《中国艺术品拍卖市场调查报告（2022 特刊）》，2022 年春拍艺术品的投资回报表现稳健，平均年化收益率为 2.03%，与去年秋拍基本持平，主要得益于国际拍卖行的销售业绩良好。佳士得、苏富比和富艺斯全球总销售额比 2021 年同期增长了 21%，比 2019 年增长了近 1/4。现场拍卖和在线拍卖之间的关系也发生了实质性变化，虽然在线拍卖于 2020 年新冠疫情较为严重期间占据主导地位，占该年上半年销售额的 70% 以上，但到 2022 年，这一比例已降至更平衡的 48%。[①] 2022 年，艺术品总体成交规模趋于稳定，国内艺术品市场基本回暖。拍卖行广泛采用网络竞价方式进行拍卖，中国嘉德、北京保利、北京荣宝等国内知名拍卖行在拍卖中广泛采用线上和线下同步竞拍的方式，一方面满足了受疫情影响无法出席拍卖会的竞拍者的需求，一方面进一步扩大了受众数量，使得普通民众在家可以一览拍卖会实时状况。经过线上线下同步竞拍的不断发展，线上竞拍者成交单价不断刷新纪录，成交率不断提高。

从 2010~2021 年的 12 家国内知名艺术品相关公司艺术品拍卖成交额来看，艺术品拍卖成交额总体呈先下降后波动上升的趋势（见图 2）。我国艺术品拍卖成交额在 2011 年达到一个顶峰之后有所回落，伴随数字科技的不断发展，各种新兴产业的涌现为艺术品产业注入了新的生命力，随后几年里我国艺术品拍卖成交额无较大波动。2020 年突发疫情导致了艺术品拍卖成交额小幅下降，但随着疫情防控政策的稳步推进以及相关产业政策的扶植，很快我国艺术品拍卖成交额开始逐渐回升。

据北京市文物局发布的《北京文物艺术品交易指数 2022 年半年度报

---

① 《中国艺术品拍卖市场调查报告（2022 特刊）》，雅昌指数网，2022 年 10 月 13 日，https：//amma. artron. net/reportDetail. php？ id=108。

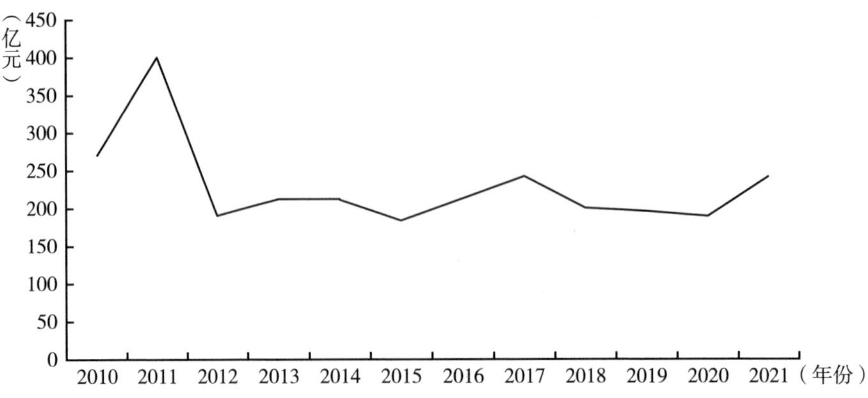

图 2　2010~2021 年 12 家国内知名艺术品相关公司艺术品拍卖成交额

资料来源：雅昌艺术监测中心。

告》统计，2022 年上半年，北京地区文物艺术品成交量和成交额分别占中国大陆地区总成交量和总成交额的 52.71%和 62.77%，分别占全球市场总成交量和总成交额的 23.72%和 35.3%。同时，在北京文物艺术品市场，瓷玉杂项板块仍以量取胜，成交量延续了之前的攀升态势，同比增长 1.48 倍，占市场成交量的 61.12%。① 中国书画、中国油画及当代艺术、收藏品、珠宝尚品等四个板块成交量、成交额同比虽有不同程度回落，但下跌幅度收窄。除此之外，2022 年线上拍卖平台不断发展，除春拍、秋拍两期大型线下拍卖以外，我国拍卖行全年都在线上平台进行不同规模的拍卖。其中，2022 年上半年北京线上市场表现亮眼，呈现集约型增长，133 家拍卖企业中有 90 家举办了 1464 场线上拍卖，线上拍卖成交量同比增加 75.10%，占市场总量的 32.20%；线上成交额同比增长 112%，占市场交易总额的 10.18%，线上拍卖成为拍卖市场的重要组成部分。②

① 《北京市文物局发布北京文物艺术品交易指数 2022 年半年度报告》，北京市人民政府官网，2022 年 9 月 28 日，https://www.beijing.gov.cn/renwen/sy/whkb/202209/t20220928_2824978.html。

② 《北京市文物局发布北京文物艺术品交易指数 2022 年半年度报告》，北京市人民政府官网，2022 年 9 月 28 日，https://www.beijing.gov.cn/renwen/sy/whkb/202209/t20220928_2824978.html。

三　中国艺术品贸易市场概况

2022 年我国艺术品贸易市场进出口额共计约 39.3 亿美元。其中进口额约为 22.3 亿美元，与 2021 年基本持平；出口额约为 16.9 亿美元，较 2021 年下跌 31.0%。根据中国海关总署统计数据，从 2019~2022 年的艺术品贸易额来看，我国艺术品贸易额整体呈上升趋势，在 2021 年回升尤其明显，其得益于疫情防控政策的精准执行以及国际经济大环境的复苏，也反映了我国疫情防控形势的稳定以及艺术品市场发展的恢复。

（一）进口概况

根据中国海关总署统计数据，2022 年我国艺术品进口总额与上一年相比变化不大。从各月进口额来看，在 8 月达到低谷，之后由于防疫政策的优化调整，我国艺术品进口额有所增加，在 12 月达到顶峰，该月进口额高达 7.76 亿美元（见图 3）。纵观全年数据，我国艺术品进口额前三季度整体波动较小，行业贸易情况较稳定，第四季度是艺术品进口的旺季，艺术品进口额超过前三季度总和。

根据中国海关总署统计数据，2022 年我国艺术品进口国家及地区中进口额排名前 3 的分别为中国香港、美国和德国，在 2021 年排名第一的美国退居第二名；另外，2021 年退出前三名的德国在 2022 年又重返前三名，这也证明了德国艺术品市场正处于稳定与复苏阶段（见图 4）。美国、法国、德国以及英国均为艺术品市场大国，具有丰富的艺术品资源，也是我国主要的艺术品贸易伙伴。值得注意的是，通过对比 2020 年和 2022 年我国艺术品进口额数据可以看出，因疫情而受到打击的艺术品市场已经重新回归正轨，而通过对比 2021 年和 2022 年我国艺术品进口额数据可以看出，世界艺术品市场正在进入新的蓬勃发展阶段，而中国也在以更加开放的姿态引入更加多元的艺术品资源。

根据中国海关总署统计数据，2022 年我国各类型艺术品进口额差异进

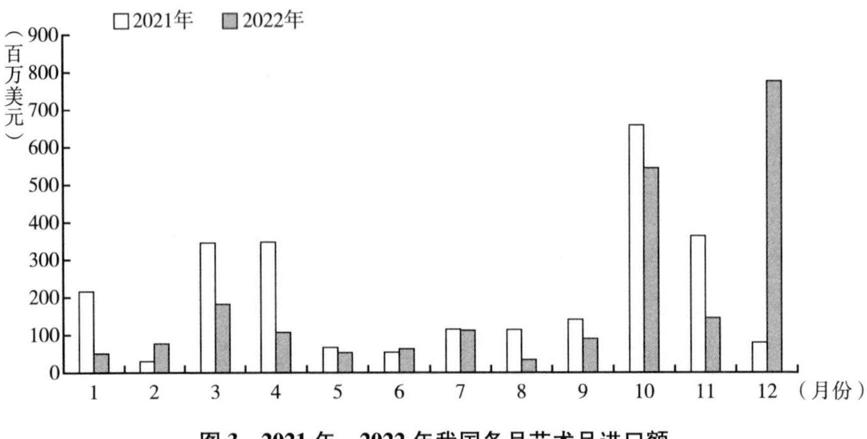

图 3 2021 年、2022 年我国各月艺术品进口额

资料来源：中国海关总署。

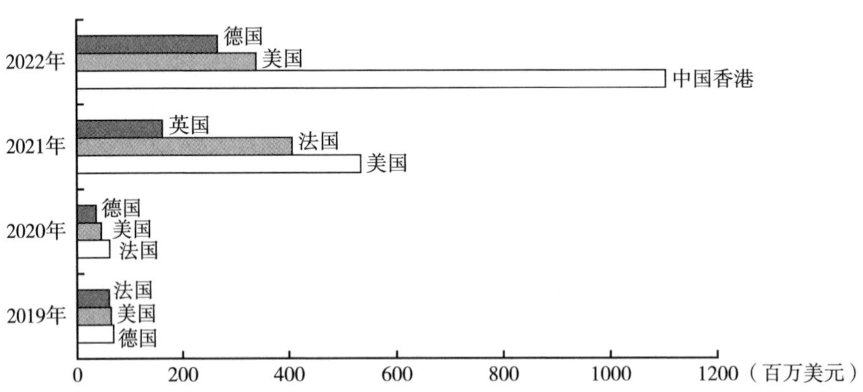

图 4 2019~2022 年我国艺术品进口国家及地区（进口额前 3 名）

资料来源：中国海关总署。

一步扩大。进口结构分布情况基本为：油画、粉画及其他手绘画占比 90.19%，雕版画、印制画、石印画的原本占比 0.18%，各种材料制的雕塑品原件占比 8.77%，使用过或未使用过的邮票、印花税票等占比 0.71%，其他艺术品占比 0.15%。根据中国海关总署统计数据，由于油画、粉画及其他手绘画在各大媒体的传播度近几年不断上升，此类艺术品的受众面也不断扩大，进一步刺激了油画、粉画及其他手绘画的进口。相反，用料相对复杂的雕版画、印制画、石印画以及雕塑品原件的进口额较 2021 年有所下降。

根据中国海关总署统计数据，2022 年我国艺术品进口额处于前 10 名的地区如表 1 所示。上海市的进口额虽较上年有所下降，但其进口额保持排名第一，反映了上海市作为经济中心在中国艺术品贸易方面的领先地位。另外，北京市和福建省的进口额也呈负增长趋势。此外，广东省、河南省以及山东省的艺术品进口额以较高的速度增长，共同原因是当地自贸区建设有利于进口贸易的发展，同时也得益于当地相关政策的帮扶以及疫情防控措施优化后经济复苏的大环境。值得关注的是，浙江省和天津市分别以 838%和 165%的同比增长率进入 2022 年艺术品进口额前 10 名地区的行列。由此可见，两地分别发挥了其沿海和自贸区的地理和政策优势，成为扩大中国艺术品进口贸易的新兴力量。总体而言，我国艺术品进口贸易正处于受到疫情打击后趋于稳定的过程中，未来发展前景可观。

表 1　2022 年我国艺术品进口额前 10 名地区

排名	地区	进口额（万美元）	同比年增长率（%）	排名变动
1	上海市	106961	-33	—
2	广东省	76639	428	↑1
3	重庆市	14517	8	↑1
4	北京市	13412	-72	↓2
5	河南省	5319	150	↑4
6	福建省	3741	-30	↓1
7	江苏省	2695	16	↑1
8	浙江省	2317	838	↑5
9	山东省	2124	190	↑1
10	天津市	732	165	↑2

资料来源：中国海关总署。

（二）出口概况

根据中国海关总署统计数据，我国 2022 年艺术品出口额为 16.9 亿美元，相比 2021 年的 25.4 亿美元总体下降了 33%。与艺术品进口额有所不同，2022 年第一季度的艺术品出口额远超 2021 年同期，艺术品出口的整体趋势向好，这也进一步证明了我国的“走出去”战略得到了较好的实施。2022 年 4 月起我国艺术品各月出口额与 2021 年同期相比均偏低（除 6 月），最低仅有 1700 万美元（见图 5），反映了国内疫情形势复杂变化导致的艺术品出口市场缩小。

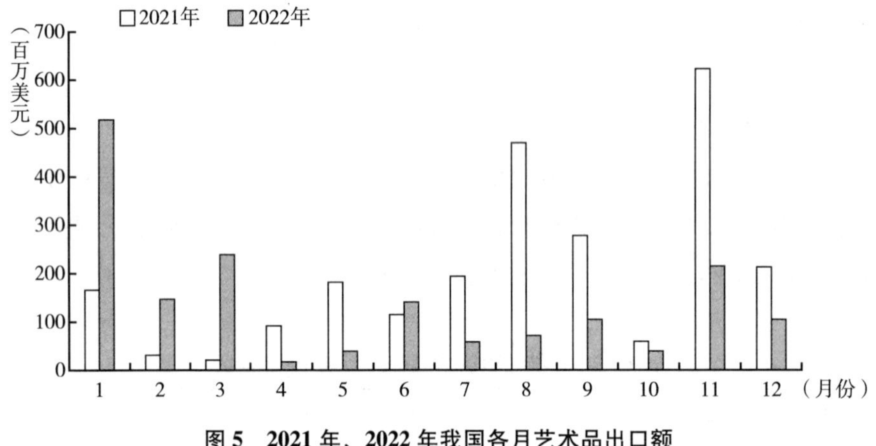

图 5　2021 年、2022 年我国各月艺术品出口额

资料来源：中国海关总署。

根据中国海关总署统计数据，2022 年我国艺术品出口国家及地区中排名前 3 的是中国香港、意大利、美国。从 2019~2022 年的艺术品出口额来看，香港地区是我国出口艺术品的重要市场之一，很大程度上为我国艺术品出口贸易做出了贡献，是连接我国艺术品市场与外国艺术品市场的一条重要纽带。2021~2022 年，意大利、法国、荷兰进入中国艺术品出口额排名前 3 的出口目的地行列，体现出中欧艺术品贸易规模正在逐步增长（见图 6）。同时值得关注的是，对比 2019 年与 2020 年的数据，2021 年与 2022 年我国艺术品出口额出现爆发式增长且逐渐趋于稳定，这印证了虽然新冠疫情对中国乃至世界的艺术品贸易造成了打击，但艺术品出口贸易已逐渐走出疫情的影响，预计未来艺术品出口额还将持续增长。

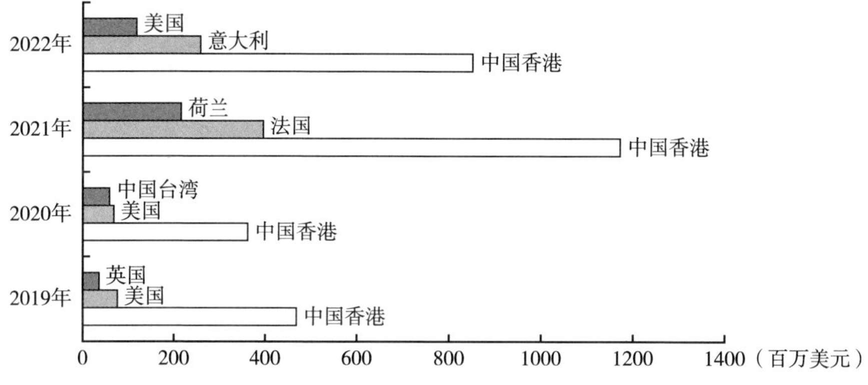

图 6　2019~2022 年我国艺术品出口国家及地区（出口额前 3 名）

资料来源：中国海关总署。

根据中国海关总署统计数据，同进口额形势相似，我国 2022 年各类艺术品出口额差距较大。出口结构分布情况为：油画、粉画及其他手绘画占比最高，为 92.89%，雕版画、印制画、石印画的原本占比为 0.14%，各种材料制的雕塑品原件占比为 6.97%。中国海关总署统计数据显示，油画、粉画及其他手绘画的出口额占比最高，由此说明国内外对于此类艺术品的关注度、接受度都较高。虽然国内外艺术品买家收藏偏好各有侧重，但从国内外艺术形式与潮流来看，各类艺术品中绘画作品与雕塑类作品普遍更受欢迎。值得关注的是，雕版画、印制画以及石印画的原本的出口额占比也极低，一方面是因为此类艺术品的流行度较低，另一方面是因为此类艺术品的形式较为特殊，不易长期保存且因为不是原作而升值空间较低。

根据中国海关总署统计数据，2022 年我国艺术品出口额前 10 名地区如表 2 所示。上海市和北京市作为我国的经济和政治中心，2022 年艺术品出口额有所下降，且北京市在出口额前 10 名地区中位次有所下降，被重庆市超越。同时，广东省作为沿海较发达地区的出口优势也被重庆市取代，这体现了近年来重庆市自贸区建设及中欧班列的开通取得的成效。福建省艺术品出口额也获得了较高的增长速度，使其成为紧跟在广东省之后的艺术品出口大省。此外，江西省、湖北省艺术品出口额增长41%和24%，均提升了4个位次，证明其在2022年做出的努力很有可能使这些地区成为艺术品出口贸易革新的推动者。总体而言，我国艺术品出口贸易正处于趋于稳定的调整中，各省分别发力，不断推动我国艺术品出口贸易稳步增长。

表2　2022年我国艺术品出口额前10名地区

排名	地区	出口额(万美元)	同比增长率(%)	排名变动
1	上海市	116088	-29	—
2	重庆市	18421	80	↑2
3	北京市	13066	-59	↓1
4	广东省	4613	-64	↓1
5	福建省	4402	146	↑5
6	河南省	4057	-24	↓1
7	江西省	2252	41	↑4
8	湖北省	1747	24	↑4
9	江苏省	1291	-59	↓2
10	浙江省	1268	-39	↓1

资料来源：中国海关总署。

四　艺术品对外贸易存在的问题

（一）艺术品出口竞争力较弱

根据中国海关总署统计数据，2022年我国艺术品出口额仅为16.9亿美元，与2021年相比明显下降，这也从数据上直观地反映出我国艺术品出口竞争力较弱的现状。与其他出口商品相比，艺术品具有较强的文化属性，艺术品市场上没有一套统一的估值体系，这导致了我国艺术品的价值难以被国外消费者接受，这在一定程度上降低了我国艺术品在出口方面的竞争力。同时，艺术品不是日用品商品，其消费者的数量小于其他出口商品，因此艺术品出口的数量难以在短时间内扩大。除此之外，艺术品市场环境发展虽不断向好，但由于疫情的影响，许多艺术园区、画廊、拍卖行等承办的活动数量有所减少，而上述载体都是推动世界艺术品贸易发展与向大众传递艺术信息的重要力量，其承办活动的减少也使得艺术品出口受到了一定的影响。

（二）艺术品交易存在较大风险

当前，我国艺术品交易缺少风险管理的机制和手段，加之艺术品市场信息披露尚不充分，信息的可靠性差，因而市场风险比较突出。由于艺术品交易的信息不对称，许多消费者的交易过程并不安全、可靠，而艺术品的估值体系目前并不完善，且相关的法律法规政策还不足以针对所有由信息不对称导致的风险提供交易保护，故消费者的权益无法得到彻底的保障。另外，艺术品的鉴定、溯源是一项专业且复杂的工作，除了需要有专门的人才和知识，还需各种现代鉴定理论和技术的支持。目前已有的技术并不能完全确保艺术品鉴定的准确，而盗版艺术品贸易会很大程度上打击世界范围内艺术品贸易的发展，为艺术品贸易的发展带来较大风险与挑战。

（三）艺术品贸易税率偏高

经国务院批准后，2022 年起我国对历史在 100 年以上的油画等艺术品实行零关税政策，这对艺术品贸易来说是一个利好消息。但综合来看，历史在 100 年以上的艺术品在艺术品进口贸易额中所占比例约为 10%，仅对历史在 100 年以上的艺术品进口关税做出调整，对整体进口贸易的影响仍然偏小。而其他类别的艺术品的最高进口最惠国税率达 6%，再加上 13%的增值税等，艺术品进口税率接近 20%，这严重阻碍了艺术品进口贸易发展。受长期以来我国“鼓励出口、限制进口”的贸易政策影响，尽管对某些艺术品实行零关税政策，但我国的艺术品进口关税总体仍然过高，导致我国的艺术品贸易额在全球仅占 1%左右。此外，虽然 2018 年我国实行了增值税改革，艺术品增值税税率由 17%下降至 16%，在 2019 年又下调至 13%，但对比其他发达国家的艺术品增值税，我国艺术品进口环节增值税仍然偏高。受高关税与高增值税的综合影响，我国艺术品贸易仍处于较低水平，海外文物也很难回流，这在很大程度上阻碍了中国艺术品国际化的发展。

（四）信息技术对传统艺术品产业冲击较大

互联网时代信息传播的渠道越来越广泛和多样化，艺术品承载着国家文化的话语权和软实力，具有很强的社会价值。数字艺术产业只有不断创新，打造有影响力的数字 IP，对传统艺术品产业进行创造性转化、创新性发展，才能获得持续发展的动力，实现高质量发展。然而，一方面，互联网上的艺术品质量良莠不齐，以次充好牟取暴利的现象时有发生，从而影响了艺术品的合理价格；另一方面，许多数字艺术品不断哄抬价格进行炒作，而此行为会打击艺术品市场的发展势头，也会给艺术品交易诚信机制构建带来挑战。同时，一些不符合时代精神的艺术品极容易通过网络传播，艺术家被侵权的形式也越来越多样，艺术品市场的管理难度越来越大。此外，我国对于艺术品知识产权的保护还不到位，信息技术的发展虽推动了艺术品市场的多元化发展，但是也冲击了艺术品市场的价格体系，给艺术品市场的发展带来了挑战。

五　促进艺术品对外贸易发展的对策建议

（一）推动艺术园区及企业创新发展模式

2022 年，我国的艺术园区、画廊、拍卖行不断创新思路，从多个方面入手解决艺术品核心竞争力弱的问题。各地艺术园区可以充分挖掘当地的文化元素和潜力，增强艺术与商业的结合。艺术园区可以不断吸纳优秀文化企业，策划新颖且易被大众接受的主题活动，促进大众对于艺术的理解，加强企业间的商业合作与经验交流，构建更牢固的消费基础。此外，可以利用数字化技术，通过线上与线下相结合的方式，加强艺术品宣传与推广，激发艺术品市场的活力。对于企业来说，应明确艺术品贸易的基本思路以及定位，不断拓宽国际化视野，并使之内化成为企业文化，通过开展更多的国际化合作并充分运用线上电商平台进行艺术品的对外贸易，提高艺术品的出口竞争力。

（二）构建完善的艺术品交易风险防范体系

构建一个完善的艺术品交易风险防范体系和监管系统，对艺术品领域的鉴定评估、产品管理以及市场准入、退出机制等做出统一的规定，逐步建立一个公平、公正、统一、规范的行业标准，艺术品市场才能实现稳健发展并增添活力。通过营造尊重创新、鼓励创新、保护创新的良好法制和市场环境，早日实现文化艺术产业的健康发展和价值转化。建立艺术品征信系统，一旦在艺术品贸易过程中发现失信行为，应严格限制此次贸易中失信主体今后的交易权利，并对其进行一定金额的罚款或其他形式、同等程度的处罚。此外，建立中国艺术品市场信息库，解决艺术品市场上的信息不对称问题，通过大数据做好对艺术代理机构、艺术家、艺术金融机构等对象的数据采集、信用管理，为落实信用评分和信用报告制度做好准备工作。

（三）降低艺术品进出口税率

目前大多数国家的艺术品进口综合税率均低于我国。美国、英国、瑞士等艺术品贸易大国对艺术品的进口多采取零关税政策，加上增值税后的综合税率也低于我国。这些国家在艺术品税收方面的优惠政策吸引了大量收藏家在这些国家进行艺术品贸易，这使得当地艺术品市场繁荣发展。因此，我国应借鉴艺术品贸易强国发展经验，进一步降低我国艺术品进口关税，尤其是对进口贸易额占比较大的艺术品类别，可以考虑采用零关税进口政策，使全世界优秀艺术品加速进入国内市场，让我国成为全球艺术品的交易中心。除此之外，艺术品进口环节还涉及增值税、消费税等，这些税种的综合税率也应进一步降低。同时，优化艺术品进口保税和出口退税等措施，鼓励中小艺术品企业从事艺术品贸易，不断壮大国内艺术品市场交易主体队伍。

（四）注重艺术传承与知识产权保护

在信息技术高速发展的大环境下，良好的营商环境有利于艺术品的创作以及艺术品对外贸易的发展。要围绕“文化+”理念，大力发展文化创意、民俗手工艺、艺术创作等产业，将文化资源优势转化为艺术品产业优势。我国拥有悠久的文化历史和深厚的文化底蕴，相关艺术园区、画廊、拍卖行、企业应不断增强文化传承意识，使中国优秀的传统艺术得到创造性转化，为中国艺术品打上特色鲜明且具有创造力的民族标签，不断树立中国艺术品在世界市场中的口碑。此外，不断加强艺术品在数字领域的知识产权保护，进一步完善相关法律法规和市场政策，加强对于侵权行为的处理力度，为设计者和艺术品提供更有力的保护，创造一个有利于艺术品创作的营商环境，为艺术品市场繁荣发展奠定基础。鼓励艺术品经营主体开发具有自主知识产权的产品，通过扶持优秀艺术品的创作、加强艺术领域科技创新等举措来进一步提升知识产权的数量和质量，深化文化艺术领域的知识产权国际合作，服务我国文化“走出去”战略。

参考文献

黄隽、李越欣：《艺术品市场的学术研究脉络与发展》，《美术研究》2022 年第 3 期。

吴雨婷：《浅析中国文物艺术品线上拍卖现状及前景》，《艺术市场》2022 年第 9 期。

B.9

中国创意设计对外贸易发展报告（2023）*

刘 霞　李 芮　李亚玮**

摘　要： 创意设计产业是推动国民经济增长的重要驱动力，积极发展创意设计产业对于推进文化振兴、实现建成文化强国的目标具有重大意义。近年来，中国创意设计产业的对外贸易规模快速扩张，长期保持着贸易顺差的状态，且创意设计服务营业收入总体上呈增长态势，在文化及相关产业企业营业收入中所占比重也有所提升。与此同时，中国创意设计产业仍面临着数字化背景下知识产权保护困难、创意设计产业人才匮乏、创意设计产业链尚不完善、与金融资本融合不足等挑战。基于以上问题，本报告从加强知识产权保护、改善人才培养方式、延长创意设计产业链、拓宽投融资渠道等方面提出相应的对策建议。

关键词： 创意设计　对外贸易　数字化

随着经济全球化的深入发展，中国对外文化贸易稳步发展，贸易规模持续增长，贸易结构不断优化。商务部数据显示，2021 年中国文化产

* 本报告为北京市教育科学“十四五”规划项目“首都高校教育科技成果转化效率提升的路径研究”（AGDB22201）的阶段性研究成果。

** 刘霞，北京第二外国语学院经济学院副教授，首都国际服务贸易与文化贸易研究基地研究员，研究方向为国际文化贸易、创新与贸易；李芮，北京第二外国语学院经济学院硕士研究生，研究方向为创意经济与国际文化贸易；李亚玮，北京第二外国语学院经济学院硕士研究生，研究方向为创意经济与国际文化贸易。

品进出口额约为 1558.1 亿美元，同比增长了 43.4%，文化服务进出口额为 442.2 亿美元，同比增长 24.3%。[①]面对百年未有之大变局，创意设计产业已经成为 21 世纪世界经济中最具发展前景、最具生机与活力的产业之一，并日益成为一支促进国家经济发展的生力军。“十四五”时期是中国文化产业大有可为的重要战略机遇期，而创意设计产业作为重要的新兴产业，在中国文化产业的转型升级中发挥着至关重要的作用。为此，近年来中国政府出台了一系列政策，为创意设计产业提供了广阔的发展平台和充足的机遇。2021 年 6 月，文化和旅游部印发《“十四五”文化产业发展规划》，明确指出要促进创意设计与现代生产生活和消费需求对接，发挥创意设计对国民经济相关产业的赋能作用。2022 年 7 月，商务部等 27 部门发布《关于推进对外文化贸易高质量发展的意见》，提出要发挥文化文物单位资源优势，加大文化创意产品开发力度，扩大文化创意产品出口，推动将文化元素嵌入创意设计环节，提高出口产品和服务的文化内涵。可见，创意设计产业正在成为国家文化产业发展新的刺激增长点，对中国实施创新驱动战略、实现建成文化强国的目标具有非常重要的作用。

一　中国创意设计对外贸易发展概况

伴随着知识经济的深入发展，创意设计产业正日益成为世界各国增强自身国际竞争力的重要着力点。创意设计产业的核心是原创力，其所涉及的广告、建筑、文物、工艺品设计、时装设计、电影、互动休闲软件、音乐、表演艺术、出版、软件、电视广播、游戏与网络游戏，以及动漫、手机移动业务、网络视频无不十分依赖新的创意和设计。[②] 创意设计产业作为文化创意产业的重要组成部分，直接影响到我国文化产品和服务的对外贸易发展状

① 汪文正：《中国对外文化贸易总额去年首次突破 2000 亿美元——文化产品闪亮“出海”》，《人民日报》（海外版）2022 年 8 月 2 日，第 6 版。

② 金元浦：《论创意经济》，《福建论坛》（人文社会科学版）2014 年第 2 期，第 62~70 页。

况，其重要性不言而喻。本报告将基于中国创意设计产品对外贸易总体概况以及中国创意设计服务的营业收入情况对中国创意设计产业所处的地位和未来发展趋势进行分析。

（一）中国创意设计产品对外贸易的总体概况

根据联合国贸易和发展会议（UNCTAD）公布的数据，从贸易总量上看，2005～2021 年中国创意设计产品的进出口总额从 2005 年的 409.96 亿美元逐步增加到 2021 年的 1802.37 亿美元，年均增长率达 9.70%，其具体发展趋势如图 1 所示。中国创意设计产品进出口总额在 2005～2021 年这 17 年间虽然有时出现下降，但整体上呈现增长的趋势。其中，2005～2008 年，中国创意设计产品进出口总额呈现逐年小幅增长的稳定趋势，年均增长率达 13.04%。而 2009 年进出口总额较往年有所回落，主要原因可归结为受 2008 年全球金融危机的影响，全球市场发生波动，各国对创意设计产品的需求也受到了一定程度的影响。2009～2014 年，随着次贷危机的影响逐步削弱和“一带一路”倡议实施，中国创意设计产品进出口总额出现了一次快速增长，由 2009 年的 545.61 亿美元快速增长到 2014 年的 1572.69 亿美元，年均增长率高达 23.58%。而在 2014～2016 年，创意设计产品进出口总额第二次出现了下降的趋势，并且下降幅度较大，这与当时低迷的世界经济形势密切相关。2017～2019 年创意设计产品对外贸易有所恢复，而受全球疫情冲击的影响，2020 年中国创意设计产品进出口总额出现了第三次下降。中国作为率先从疫情中复工复产的国家，2021 年创意设计产品进出口总额出现爆发式增长，达到了自 2005 年以来的最高点。

就中国创意设计产品的出口贸易而言，2005～2008 年，中国创意设计产品出口总额从 397.04 亿美元稳步增加到 569.12 亿美元，年均增长率约为 12.75%，而 2009 年，中国创意设计产品出口总额出现小幅下降。随着次贷危机的影响弱化，贸易额逐步得到恢复。2009～2014 年，中国创意设计产品出口总额呈现快速增长的趋势，且在 2014 年达到最大值，约为 1514.60 亿

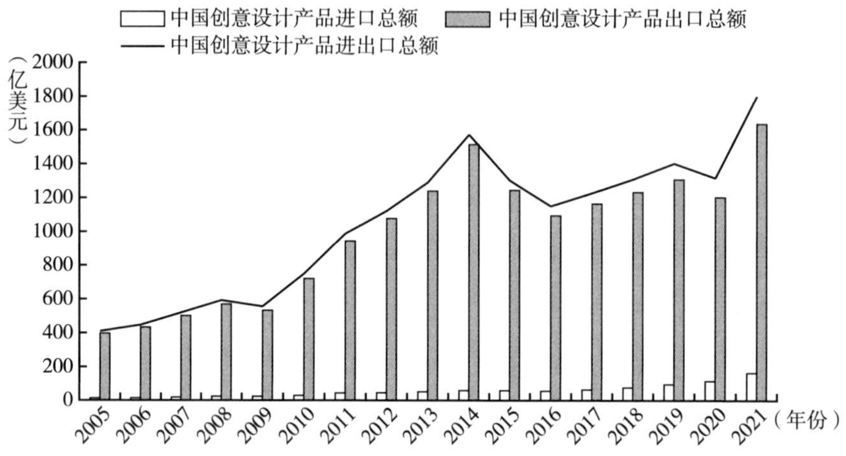

图1　2005~2021年中国创意设计产品对外贸易额

资料来源：联合国贸易和发展会议报告。

美元，年均增长率约为23.22%。同进出口总额表现一致，2014~2016年中国创意设计产品出口总额第二次出现了下降趋势。随着世界经济的复苏，各国对中国创意设计产品的需求相继恢复，2016~2019年出口总额呈现出平稳增长的发展态势，年均增长率约为6.11%。尽管受全球疫情蔓延的影响，2020年出口总额有所回落，但是2021年中国创意设计产品出口贸易同样获得了迅速恢复和发展。

而对于中国创意设计产品的进口贸易，从整体上看，2005~2021年中国创意设计产品进口总额始终保持着较为稳定的缓慢增长趋势。虽然2008年全球金融危机以及2020年全球疫情暴发给国际经济形势带来了冲击，使中国创意设计产品进出口总额出现了一定幅度的下降，但是创意设计产品的进口总额仍保持平稳增长的发展态势。

此外，综合分析中国创意设计产品进出口状况可知，2005~2021年中国创意设计产品的对外贸易始终处于贸易顺差状态。2005~2008年，顺差额由384.11亿美元逐年稳步增加到546.03亿美元。尽管2009年、2015~2016年及2020年出现了三次回落，但均能获得迅速恢复。不难看出，以上变化与中国创意设计产品出口总额的发展趋势基本保持一致。

（二）中国创意设计服务营业收入规模总体呈增长态势

根据国家统计局公布的数据，中国规模以上创意设计服务营业收入总体上呈现出上升趋势。2018~2021年，中国规模以上创意设计服务营业收入逐年增加且增速不断加快，从2018年的12024亿元增加到2021年的20024亿元，年均增长率为13.60%。尽管2022年营业收入出现了小幅度的回落，相比2021年减少了2.69%，但总体看来，中国创意设计服务的发展前景较为可观。

从中国规模以上创意设计服务营业收入在文化及相关产业企业营业收入中所占比重来看，二者大体上保持了相对一致的变化趋势，2019年第二季度至2021年第四季度，创意设计服务营业收入占比总体呈增长趋势，随后2022年又出现小幅下降，占比大致介于15.5%和16%之间（见图2）。2022年，中国创意设计服务营业收入在文化及相关产业企业营业收入中所占比重已进入前三名，成为继内容创作生产、文化消费终端生产后的又一重要收入来源。

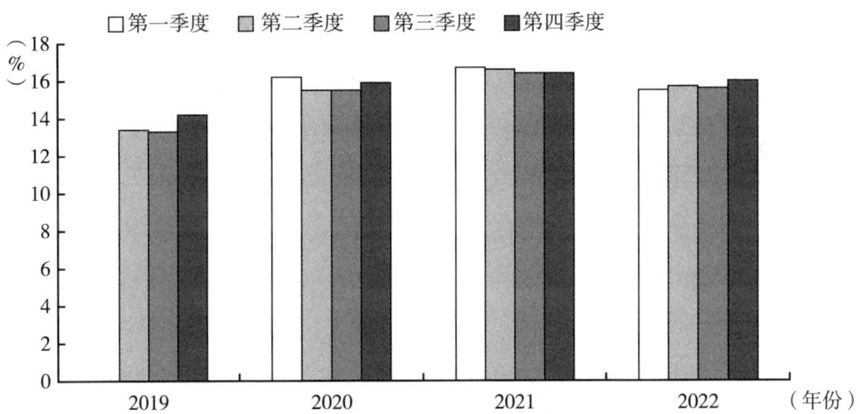

图2　2019~2022年各季度中国规模以上创意设计服务营业收入在文化及相关产业企业营业收入中所占比重

注：未包括2019年第一季度数据。

资料来源：国家统计局。

（三）创意设计与相关产业融合深度持续加强

近年来，随着国内各行业的发展日益成熟，传统行业之间的界限逐渐被打破，并呈现出交互融合的发展趋势。在此背景下，中国创意设计产业也取得长足的发展。其中，创意设计服务已贯穿于经济社会生活的各行各业，并呈现出与旅游、技术、农业、体育、制造等行业联合发展的态势。2022 年 12 月，由中国国际贸易促进委员会发起并主办的第 13 届“中国国际创意设计推广周”在海南顺利举办，活动以创意设计为主，集中展览创意家居、工艺美术品、文化旅游创意设计产品、创意农产品等国内外创意设计成果，这为未来海南自由贸易港产业的发展探索了新的方向。

在万物互联互通的现代社会，数字经济的发展为传统行业注入了强大的发展活力。在信息技术的强力驱动下，线上平台的产生和发展为不同行业进行交流与沟通提供了新的渠道，降低了各类企业的运营成本。在数字化的驱动下，传统的制造业、旅游业、金融业等产业也正在与传统的文化产业不断融合，最终促进文化产业的高质量发展。① 例如，2022 年 12 月，四川成文交数字出版产品平台宣布将发布名为《安逸游中国之成都行》的数字出版产品，这款产品既涵盖了不少呆萌可爱的熊猫图片与视频，还包括了熊猫知识问答、时事资讯、专家著作等数字内容。另外，购买数字产品的用户还可以享受到个性化定制服务，即可以买到印有个人身份标识的实物文创产品，其兼具收藏和使用价值。这种销售模式在促进数字文创产品发展的同时，实际上也带动了实体制造业的转型升级。可见，“互联网+”正在为创意设计与其他产业的融合发展搭建更为广阔的平台，为创意设计产业构建新的发展体系。

二　中国创意设计对外贸易发展面临的挑战

互联网的日益普及促进了创意设计产品的广泛传播，大众化、多样化的

① 韩松、王洺硕：《数字经济、研发创新与文化产业高质量发展》，《山东大学学报》（哲学社会科学版）2022 年第 3 期，第 25~37 页。

创意设计产品被快速生产与消费，为民众生活和国民经济带来不少益处。但是与世界上许多发达国家相比，中国的创意设计产业仍处于初级阶段，创意设计对外贸易发展仍然面临以下挑战。

（一）创意设计产品的创新不足，数字化加大产权保护难度

创意设计产业的核心价值在于创造力，需要突出与激发个体差异性和创造力。而相比许多发达国家，中国创意设计产业在创新创造方面的能力则有所欠缺，主要表现为创意设计产品的内容和形式较为单一，国内创意设计抄袭问题日益突出，市场上同质化产品较多，国际竞争力不足。原创者的权利无法得到应有的尊重和保护，不利于激发个体的创新活力。为了加强对知识产权的保护，中国已经颁布《中华人民共和国专利法》《中华人民共和国商标法》《中华人民共和国著作权法》等法律，但对于内涵和外延极其丰富的智力成果和人类无限的创造力来讲，现行的法律体系仍不完善。中国在知识产权保护方面存在着有法不依、违法不究的情况，现有的法律条文不能完全与司法实践相适应，加上社会公众知识产权保护意识较为淡薄，维权措施不够充足，导致中国知识产权保护工作进程缓慢，一定程度上打消了设计者的创造积极性。

随着 5G、人工智能、大数据等技术的广泛应用，文化产品的复制、抄袭变得更加容易，侵权行为以更为隐蔽的形式进行，这给创意设计产业的知识产权保护工作带来了巨大挑战，甚至阻碍了整个行业的正常运行，给中国创意设计产业的对外贸易活动带来了严重影响。上海作为中国设计之都，在创意设计产业蓬勃发展的同时，与创意设计产业相关的知识产权案件也层出不穷。2019~2021 年，上海市普陀区人民法院受理文化创意产业知识产权案件共计 4902 件，占全部知识产权案件的 37%。[①] 其中涉及数字技术和产业融合等新模式的案件数量显著增加，网络侵权案件频繁发生。这些案件通

① 《聚焦文创产业知识产权保护 上海普陀法院发布白皮书》，搜狐网，2022 年 4 月 28 日，https：//www. sohu. com/a/542160194_ 120823584。

常涉及知识产权的授权、转让、许可、侵权等各类法律关系，反映出目前中国创意设计产业在知识产权保护方面的问题，尤其是在知识产权的授权和使用方面，很多创意设计者维权困难。可见，保护知识产权仍然是中国未来发展创意设计产业的工作重点，只有从根本上保护好创作者的合法权益，才能鼓励更多的创新想法落地生根，促进中国创意设计对外贸易的繁荣发展。

（二）创意设计产业人才匮乏，人才培养机制有待健全

当前中国的创意设计产业正处于起步阶段，创意人才短缺正成为阻碍中国创意经济发展的一大难题。虽然我国设置文化产业本科专业的高校已经从2014年的9所增加到2021年的190所，为创意设计产业发展提供了大量人才，但是在现实生活中，我国创意设计产业各领域仍然面临着较为严重的人才结构性短缺问题。第一，原创型人才不足。原创能力是创意设计产业的核心竞争力，企业的创造性缺失会导致原创性作品减少，进而影响创意产品的市场竞争力。第二，管理型人才不足。创意设计产业的创新性、高附加值性等特征使之区别于传统产业部门，创意人员在工作中具有较强的独立性，工作过程难以受到监督，传统产业的管理模式无法真正适用。第三，经营型人才不足。创意设计产业不单单需要创意或灵感的提出，更重要的是通过文化资源利用和整合，将创新想法转化为创意作品，并实现“产业化”和“市场化”，这对从业人员提出了更高的要求。第四，复合型人才缺乏。2021年，为了了解苏州市数字文化企业发展现状，苏州市统计局在全市范围内以动漫游戏、网络文学、网络视频、数字艺术、创意设计、数字出版等产业的60家数字文化企业为调查对象开展问卷调查。结果显示，认为复合型人才缺失的企业占比最高，达到38.3%，并且将近一半的企业表示人才是关乎文化产业发展前途的决定性因素。创意设计产业作为跨行业、跨学科、跨专业的复合型产业，要求工作人员不但要有深厚的文化素养，熟悉各国文化习俗和语言，而且要掌握将创意想法转化为成果的实践能力。因此，发掘优秀创意人才、解决人才结构性短缺的问题是未来创意设计产业健康发展的关键。

（三）文化资源的创造性转化力度不够，创意设计产业链尚不完善

创意设计的产业链主要由创意转化、产品和服务设计、产品和服务生产以及市场营销等环节组成，这些环节之间存在着紧密的联系，各个环节通过整合与优化，形成一个相互联系和相互作用的系统结构，从而使原创性想法规模化、产业化，最终产生经济效益。然而，当前中国许多创意设计企业未能与上下游取得很好的联系并实现整合，优质创意设计资源有待开发利用，创意灵感无法实现产业转化。一般来讲，创意灵感主要来自原创者个人，但创意设计产品的落地开花则非常依赖外部的资金支持，因而形成了一种由投资方提出产品需求、创意设计者按照要求进行相应的创意设计的模式。在这种情况下，创意设计者一直处于被动地位，无法依靠自己的力量将创意成功转化为产品，文创产品的质量可能会大打折扣。同时，中国对创意设计产业的扶持力度不足，许多创意项目难以真正实现实现产业化发展。[①] 由此看来，为了更好地发挥创意设计在文化产业发展中的作用，应尽快延伸和拓展创意设计产业链条。

（四）创意设计产业与金融资本融合不足，创意设计产业融资渠道有限

中国文化产业起步晚，发展尚未成熟，迫切需要金融资本的支持。同样，只有具备了金融保障，创意设计产业以及创意设计对外贸易才能进入更高层次的发展阶段。《2021 年金融机构贷款投向统计报告》显示，2021 年末，金融机构人民币各项贷款余额为 192.69 万亿元，文化产业共获贷款余额占总贷款余额比例较低。[②] 可见，当前中国包括创意设计产业在内的文化产业的融资难问题仍较为突出，产业发展需求与资金支持不足之间的矛盾依

① 李心悦：《“互联网+”下文化创意设计产业发展策略探究》，《互联网周刊》2022 年第 18 期，第 66~68 页。

② 《央行：2021 年末金融机构人民币各项贷款余额 192.69 万亿元 同比增长 11.6%》，搜狐网，2022 年 2 月 7 日，https：//www.sohu.com/a/521118631_ 323087。

然存在。而融资难问题的根源主要在以下三个方面：创意设计产业自身特性、政府政策支持力度、融资渠道。

首先，从创意设计产业自身特性来看，创意设计产业属于轻资产型产业，需要较高的创新投入，但在当前阶段，中国创意设计产业的自主创新能力较弱，行业技术发展水平不高，缺乏核心竞争力，尚未形成完善的创意设计体系。因此，在这种情况下，创意设计产业很难通过传统的银行融资渠道获得资金支持。此外，创意设计企业多为中小型企业，资产规模较小、抵押物有限、信用等级偏低，难以达到银行贷款要求。而目前银行贷款仍然是产业最主要的融资渠道，政府发挥重要的投融资引导作用，社会和外国资本参与较少。其次，政府相关政策支持力度不足也是造成融资困境的重要因素。部分地方政府对创意设计产业缺乏重视，使得这些地区的相关中小型企业缺乏足够的资金支持，而民间资本缺乏进入创意设计市场的合法渠道。最后，在融资的渠道上，商业银行还没有推出专门面向创意设计产业的金融产品，创意设计产业融资主要依赖商业银行贷款这一种途径，私募基金形式等还没有完全发展成熟。

三　中国创意设计对外贸易发展的对策建议

文化产业是中国“十四五”时期的朝阳产业，在促进国家经济发展层面发挥着重大作用，而创意设计产业作为文化产业不可缺少的一部分，其作用同样不可忽视。只有很好地解决创意设计产业发展过程中面临的难题，才能使创意设计产业更好地服务于中国文化的“走出去”战略。

（一）加强知识产权保护，激发创意设计主体的创造活力

保护知识产权对发展创意设计产业的重要性不言而喻，创意设计产业的侵权问题如果得不到有效解决，将会严重打击原创者的创造积极性。只有全社会共同参与知识产权的保护工作，我们才能创造更多有价值的创造性产品，最终形成以知识产权为支撑的核心竞争力。为了做好创意设计产品的知识产权保护工作，首先，需要增强创意设计企业对知识产权的保护意识，在

企业内部设置专门的知识产权保护人员，向企业员工普及保护知识产权的重要性，健全与知识产权相关的保护机制。其次，应该适当发挥政府机关的引导作用，向创意设计企业广泛宣传法律法规，帮助企业牢固树立知识产权保护的意识。同时，需要不断完善现有法律制度体系和保护体系，结合创意设计产业知识产权保护的重点和难点，采取更有针对性的保护措施。最后，有必要对广大群众进行知识产权保护宣传教育，增强整个社会的知识产权保护意识，为创意设计产业的发展营造良好氛围，激发广大市场主体的创新活力。

（二）注重高素质创意人才培养，组建专业的人才队伍

创意人才是实现文化产业长远发展的力量源泉，创意人才的培育正成为世界各国普遍关注的重点。当前中国创意人才数量少、结构失衡等问题不利于推动文化产业转型升级，因此，加强创意人才培育对推动文化产业发展、推进文化强国建设具有重要的现实意义。就创意人才数量不足的现状而言，为了更好地吸引人才聚集，除了提供政策方面的优惠，我们还可以针对创意人才的工作和生活需求，打造集创意创业功能与居住、商务功能于一体的产业聚集孵化空间。中国作为世界人口大国，拥有丰富的人力资源和巨大的人才开发潜力，通过寻找挖掘全国各地的优秀创意人才，可以在增加创意人才总量上取得进展。

针对创意人才结构性问题，一方面，可以从企业内部人员的培训教育着手。企业应当借鉴外国创意人才培养模式，通过邀请海内外专家学者举办讲座等形式，引导员工转变经营和管理思维模式，促进企业员工自身发展，使其能力满足当前社会创意设计产业发展对人才的要求。另一方面，建立与高校合作的培养模式，充分发挥高等院校在创意人才培养方面的作用。学校应当充分考虑当前中国创意人才匮乏的现状与市场需求，在专业课程设置、教师配备、教学实践等方面开展有针对性的教学活动，进而优化产业人才队伍，为创意设计产业发展输送更多的优秀人才。①

① 王君瑶：《新媒体时代下文化创意产业面临的挑战及发展策略探索》，《文化产业》2022 年第 18 期，第 141~143 页。

（三）加强文化资源的创造性转化，延长创意设计的产业链和价值链

现阶段，我国创意设计产业主体主要由少数大中型企业和众多小微企业组成，由于主体力量相当薄弱，文化资源的有效利用率并不高。通过企业合作和集群的发展，形成完整的创意设计产业链，是推动创意设计产业高质量发展的有效途径。[①] 因此，要实现创意设计产业的集群发展和进一步完善创意设计产业链，就必须建立完善的创意设计产业组织形式。集聚发展的各类企业通过加强优秀文化资源的整合以及创造性转化，可以推动产业链纵向延伸，打造完整的产业链条。因此，中国需要加大力度培育产业链中游企业的发展能力，将其打造成创意设计产业发展的生力军，不断提升其在国际市场上的竞争力。而与其他产业不同的是，创意设计产业本身具有很强的综合性，同多个产业存在天然的耦合关系。一方面，传统文化产业可以借助高新技术培育新业态新模式，增强自身的发展活力。另一方面，要充分认识到创意设计产业综合性强的特征，借助旅游、农业、体育等产业的特色，推动创意设计产业与其他产业联合发展，为文化资源的传输搭建更为广阔的平台。

（四）拓宽投融资渠道，完善创意设计对外贸易的投融资机制

我国创意设计产业的发展尚处于起步阶段，发展潜力巨大，迫切需要足够的资金支持。而推动创意设计产业“走出去”单纯依靠政府投资是无法实现的，还需要借助民间资本和外部资本的力量。为此，必须推动现代金融体系创新，加强创意设计产业与金融业深度合作，构建多元化、多渠道、多层次的创意设计产业投融资体系。为了帮助我国创意设计产业培育新发展优势、增强国际竞争力，未来可以从以下几个方面着手。第一，鼓励商业银行实施改革与创新。银行可以根据文化市场需求和创意产业的特性推出特色信贷产品，提高信贷投放的有效性。第二，鼓励从事进出口业务的大型创意设

① 周锦、夏仿禹：《数字经济下传统艺术的文化产业价值链创新研究》，《艺术百家》2022 年第 1 期，第 56~62 页。

计企业发行债券，适当扩大债权融资规模，降低融资成本。第三，重视数字技术的力量，推动“创意设计+金融+科技”融合发展。利用互联网平台大力开拓线上市场，探索创意设计与市场需求相契合的金融模式，以开放的心态不断健全创意设计产业的全球化资本运作体系。

专 题 篇

Special Research Reports

B.10
“数字劳动”：数字创意产业下的非标准就业

李嘉珊　张筱聆*

摘　要： 数字创意产业作为数字化时代中数字技术与文化创意相融合而形成的产业，在各国经济发展中的地位正在逐步提升。然而，每一次的技术进步与发展都会带来新的问题，对就业市场造成一定程度的冲击，数字创意产业也不例外。数字创意产业在为社会创造了“隐形”就业岗位的同时，也给传统产业的岗位带来了冲击，产生了数字经济视角下的“数字劳动”非标准就业新形态。与此同时，非标准就业对于数字创意产业的从业者、劳动力市场以及社会产生更为深远广泛的影响，数字创意产业的就业规模将逐步扩大，就业结构将持续优化，就业模式将更加灵活，就业质量也将不断提升。因此，要进一步优化政策环境及社会市场环境，

* 李嘉珊，北京第二外国语学院教授，首都国际服务贸易与文化贸易研究基地首席专家，研究方向为国际文化贸易、国际服务贸易；张筱聆，中国服务贸易研究院科研助理，匈牙利肖普朗大学国际经济商务专业硕士，研究方向为国际文化贸易。

推动产业转型升级，对企业加大扶持与规范力度，推动数字创意产业就业高质量发展。

关键词： 数字创意产业　数字劳动　非标准就业

工业经济时代到创意经济时代的转变是当前经济社会正经历着的变革。创意经济已经成为当前经济发展的重要引擎。同时，随着计算机、移动互联网、超高速网络通信等技术的普及，数字技术不断向众多领域渗透、与众多领域融合。创意产业和数字技术的结合，带来了数字创意产业的兴起和发展。作为数字经济重要的一部分，数字创意产业显示出了巨大的就业拉动潜力。然而，每一次的技术进步与发展都会带来新的问题，尤其是在第六次技术革命中，人工智能的广泛应用已经开始导致劳动力人口面临失业危机以及岗位定位模糊的风险。因此，数字创意产业发展与就业问题是我们必须面对和回答的重要问题。

一　概念及现状

（一）数字创意产业

2016 年 12 月，国务院印发《“十三五”国家战略性新兴产业发展规划》，指出数字创意产业是数字技术同文化创意、设计服务深度融合而形成的，促进优质产品与服务有效供给的智力密集型产业，并从国家战略层面上正式下发数字创意产业发展规划。数字创意产业概念的提出时间不长，国内外对这一概念还没有形成统一的认识，特别是不同国家往往针对各国自身创意产业的发展特色制定出不一致的数字创意产业分类方法。

数字创意产业是以知识文化为基础、充分利用现代通信和网络技术、采用数字化生产经营方式的经济活动。数字创意产业基于现有的文化资源，利用现代数字信息与通信技术，发挥人的技艺才能优势和精神创造力，将数字化、网络化与文化价值生产活动结合起来①，是广泛渗透于经济社会各个领域的新业态形式②。数字创意产业由内容与科技交互融合而产生，以创意为核心、以数字技术为依托③，以文化创意为轴心、以科技创新为脉络，是国家经济和城市发展的强劲驱动力，也是经济竞争力与文化软实力共生的新场域④。

结合各个学者以及机构对数字创意产业的阐述，可以将数字创意产业定义为现代信息技术与文化创意产业逐渐融合而产生的一种新经济形态，是以丰富的创意内容和独特的设计服务为核心，利用数字技术进行创作、生产、传播和服务，引领新供给、新消费的高速成长的新型创意产业。

（二）就业、失业与非标准就业

在数字创意产业的视角下对就业问题进行的分析，主要涉及就业、失业以及非标准就业这三个概念。

就业是指在法定年龄内的具有劳动能力和渴望以劳动获取收入的人在社会中所从事的为获取报酬或经营收入而展开的活动。随着社会的发展和经济全球化进程的加快，越来越多国家的劳动力开始由稳定就业转为灵活性就业，其就业形式包括劳务派遣、临时工、非全日制就业等，劳动力市场的规制有所放宽，雇佣市场灵活性逐渐增加，就业市场逐步适应在全球化中新的社会分工与需求。

失业有广义视角和狭义视角之分。广义失业指的是生产资料和劳动者分离的一种状态，劳动者缺乏生产潜能和主观能动性，会造成社会资源浪费，

① 夏光富、刘应海：《数字创意产业的特征分析》，《当代传播》2010年第3期，第70~71页。

② 范恒山：《加快发展数字创意产业 培育壮大新动能》，《宏观经济管理》2017年第10期，第9~11页。

③ 《2018数字创意产业年中盘点丨数字创意产业向着“十万亿”的“小目标”奋勇向前》，搜狐网，2018年7月31日，https://www.sohu.com/a/244447807_182272。

④ 解学芳、李琳：《全球数字创意产业集聚的城市图谱与中国创新路径研究》，《同济大学学报》（社会科学版）2020年第5期，第36~51页。

并给社会经济发展带来负面的影响。狭义失业是指劳动者本身具备劳动能力和自主就业意愿，且处于适龄阶段，但是由于种种原因未获得或者失去了可以换取收入的工作机会的社会现象。

一般来说，非标准就业指的是在“标准雇佣关系”这一范围之外的工作。其中的“标准雇佣关系”指全日制、无固定期限、构成双方从属雇佣关系一部分的工作。在某些情况下，研究人员还会将标准雇佣关系定义为在家以外的地方开展的工作。当采用这一定义时，更多工作会被归类为非标准就业，包括基于电子办公和其他形式的远程办公的工作。目前主要有四种非标准就业类型：非全日制工作、临时性就业、临时介绍所工作和其他多方雇佣关系、隐蔽性雇佣关系和依赖性自雇就业。①

（三）数字经济的就业与失业属性

关于数字化，有许多研究对其可能的未来影响做出了评估，其中流传最广的预测是：数字化的普及会对人类的工作构成威胁。一方面，数字化确实会使某些现有的岗位消失，因为很多工作未来可以由机器人和智能机器完成，就业市场也会因此发生剧烈动荡；然而，另一方面，数字化也给就业市场带来了新的机遇，如数字化在新兴行业中创造出了更多的新岗位，就业市场状况最终也可能比之前更好。

从就业属性来看，数字创意产业是数字经济极其重要的一个部分，它有强调创意性、具备引领性、低消耗、可持续的鲜明特点和转方式、调结构、促消费、拉动就业的独特作用。数字创意工作者以互联网为基础、以各种数字创意硬件和软件为实现工具进行创作。生产工具的革新大幅降低了创意工作者进行创新创业的难度，也为社会创造了大量基于数字平台的“隐形”就业岗位，一批依托于数字环境的新型创意人才脱颖而出。

而从失业的角度分析，虽然数字经济带来了新兴就业，但数字经济是否会

① 《非标准就业渐成市场主流 高校毕业生就业要转变“固定工”观念》，“中国青年报”百家号，2020 年 8 月 4 日，https://baijiahao.baidu.com/s?id=1674073289613220826&wfr=spider&for=pc。

对传统经济造成致命的冲击？在数字经济时代，人们是不是更容易失业了？数字技术开始广泛融入各行各业，深度改变了传统行业的商业逻辑和运营模式。传统行业的商业逻辑更多的是基于单边市场视角，利用市场产品信息不对称，从消费者那里赚取差价。而电商利用低廉的价格优势吸引了众多用户流量，从而赚取红利，在电商崛起之时，很多传统行业实体门店都遭受了重大冲击，从此一蹶不振。可见，数字经济同时也带来了摩擦性、结构性失业等风险。

（四）数字创意产业就业新形态——“数字劳动”

在虚拟文化空间中，互联网开发共享的理念正在全面影响着社会的发展步伐，网民力量飞速崛起，个性化时代的来临使得每个网民都可以成为文化生产活动的主体，创意创新人才在当前产业经济尤其是数字创意产业发展中的作用越来越重要。[①]

数字创意产业在发展的同时也带来了“数字劳动”一词，“数字劳动”由“非物质劳动”一词演化而来，早期用来表示原本的用户知识性消费在平台资本运作下转变为生产性活动的过程。数字创意产业在发展中也催生了一系列就业新形态，如以知识创造和软件开发为代表的专业化数字劳动，主要包括由具备一定技术知识的人员进行的与技术性相关的编程、软件开发等有偿互联网专业劳动；为数字媒介公司生产利润却无酬劳的在线用户的数字劳动，包括无偿的以受众和粉丝为代表的数字劳动、游戏玩工；以“线上+线下”为主要模式的如自助结账等无偿数字劳动；等等。这些劳动总体呈现出“非物质化劳动”的特征。

“数字劳动”是在数字技术、智能化等快速发展基础上产生的新的生产方式与就业形态，在一定程度上它打破了传统劳动方式的时空限制，使得劳动者在时间与地点上更加灵活。[②] 但与此同时，“数字劳动”的出现令职业

① 陈波、陈立豪：《虚拟文化空间下数字文化产业模式创新研究》，《中国海洋大学学报》（社会科学版）2020 年第 1 期，第 105~112 页。

② 任桂萍：《马克思劳动价值论视域下对“数字劳动”的解读》，《经济研究导刊》2022 年第 19 期，第 1~3 页。

技能所有者与专业化劳工间的界限被模糊，工作与闲暇、办公室与家庭之间的界限也被消解，同时数字劳工成为“无酬劳工”的趋势明显，为迎合资本降低生产成本的需求，劳动者承担了本属于企业的风险。实际上“数字劳动”工作者面临着更多的困境，如创作者对于自己创作的作品难以维护所有权、酬劳微薄、工作压力大等。此外，他们因为政府的管制而不得不时刻进行自我审查，这使他们长期处于不安全和孤立的工作环境之中。①

二　非标准就业对数字创意产业从业者、劳动力市场及社会的影响

（一）对数字创意产业从业者的影响

非标准就业，特别是其传统形式，如非全日制和临时就业，对数字创意产业从业者来说利弊兼具。非标准就业可以为从业者提供进入劳动力市场并获得工作经验的机会，并为被被迫离开劳动力市场的传统创意工作者提供重新进入劳动力市场的机会。非标准就业中的临时就业，包括临时工作介绍所介绍的就业机会，可以提供发展数字技能的机会，帮助传统创意工作者适应数字时代的劳动力市场，扩大其社会和专业网络。

然而，也要看到这种工作形式的弊端。首先是工资，非标准就业的数字创意产业从业者的收入通常与标准就业从业者的收入有所差异，非标准就业从业者与标准就业从业者相比更容易被罚工资或者奖金。企业可能会有意采用非标准雇佣形式获取辅助劳动力，故意降低工资。其次是工作时间，相比标准就业的数字创意产业从业者来说，非标准就业从业者往往工作不稳定且工资低，而且通常遇到与工作时间相关的三个问题：一是工作时间过长，加班更多，工作强度过大以及在当前岗位超时工作；二是不得不同时进行多项

① 姚建华、徐偲骕：《全球数字劳工研究与中国语境：批判性的述评》，《湖南师范大学社会科学学报》2019 年第 5 期，第 141～149 页。

工作，这可能会导致总体上工作时间更长；三是工作时间不规律，不可预测，工作时间或工作日程反常。最后，非标准就业的数字创意产业从业者通常缺乏足够的社会保障，这一现象是由于法定条款将非标准就业的从业者排除在社会保障的权利之外，或从业者因为工作任期短、收入过低或工作小时数不足而没有权限获取社会保障。总的来说，只要这种就业形式是数字创意产业从业者选择的结果，而且工作质量好，非标准就业就可以促进改善就业，帮助实现工作与生活的平衡，提高整体工作绩效和生活满意度。

（二）对数字创意产业劳动力市场的影响

非标准就业的各种形式的发展趋势以及各国具体实例表明，在很大程度上，非标准就业的增长是由管理劳动力市场的法规和其他机构的变化驱动的。标准就业者和非标准就业者的共存可能导致数字创意产业劳动力市场分割或二元化，使得其中一方（“临时工”或“较少受保护的边缘从业者”）面临工作条件差和弱势就业的情况，而另一部分则通过正式雇佣合同获得更有利的工作条件和就业保障，即使两部分工人都有相同的工作类型。二元劳动力市场的一个关键特征是从一个经济部门向另一个经济部门转移存在阻碍。

劳动力市场分割也意味着在失业和收入保障方面，标准就业者和非标准就业者之间存在风险的不平等。在经济调整方面，非标准就业者和雇主之间也存在着风险分担的不平等，因为经济调整成本不成比例，在调整中会牺牲二元化劳动力市场的其中一个部分。因此，分割的劳动力市场的就业和失业率波动很大。反过来，不稳定的劳动力市场会增加公共预算的波动，因为劳动力在处于就业状态的公共预算贡献者和申请失业援助的个人之间的切换较频繁。因此，决策者面临的主要任务是尽量减少各种劳动力市场参与者在微观和宏观层面上分担风险不平等的不利后果。此外，非标准就业的广泛使用可以明确影响新技术使用、劳动力迁移效率、劳动生产率以及总体生产力和经济增长等方面。临时就业者对总体生产力增长的贡献尚有疑问，从三个方面可以确定生产力与临时就业者比例之间存在负相关关系，包括临时就业者比正式员工接受培训更少，导致企业特定技能逐渐削弱；严重的解雇威胁和较低的合同续约可能性，会引起临时就业者积极性和工作认真程度降低；由于员工忠诚度下降，企业对技术专利泄漏产生担忧，工人创新力减少，针对提升生产力技术的投资减少。

（三）更广泛的社会影响

非标准就业也可能导致各种社会后果，包括消费模式扭曲、生活方式改变等。非标准就业的两个关键方面——就业不稳定和报酬较低，对从业者的消费和社交模式产生了严重影响。研究表明，对于临时就业者来说，获得信贷和住房更为困难，因为银行和房东通常更喜欢工作和收入稳定规律的人。有类似的证据表明，意大利和西班牙以及美国的临时就业者不太可能购置房屋或积累财富。很容易看出，隐蔽性自雇就业者和非自愿非全日制就业者也处于类似的情况中，临时就业者和仅在互联网平台获取收入的众包从业者也难以获得住房和信贷。一些研究表明，自置居所可以积极促进社区参与，丰富社区社会资本。这意味着非标准就业的进一步扩张及其引起的自置居所率降低可能对社会总体造成不利影响。有临时合同的工作人员难以过渡到长期工作，也报告称不得不拖延结婚和组建家庭的时间，直到找到稳定的就业机会。

在韩国，就业困难和毕业生难以过渡到稳定工作是婚姻模式改变的原因，这种改变包括延期结婚和延迟生育。在西班牙和意大利，工人工作不稳定，加上福利水平低，已经导致生育率下降。此外在西班牙，基于临时合同受雇的妇女在生孩子后更有可能过渡到自雇就业。因此，随着临时就业蓬勃发展，欧洲生育率已经很低的国家生育率可能会进一步降低。受雇于提供住宿地点的临时介绍所介绍的雇主的从业者在这方面极易遭受影响。由于住房通常仅为从业者提供，而不是为从业者的家庭提供，那些有家庭的从业者就会与亲人分开，而没有家庭的人可能难以建立人际关系。“宿舍劳动制度”这一制度下，临时介绍所从业者被迫在宿舍周围构建自己的生活，在这些地点内形成自己的小型社会和文化。他们逐渐失去了他们工作之外的社会联系。对于农民工来说，他们将会与家乡失去联系，同时难以融入主流社会。这些社会中的小型社会不断增加，其长期影响有待评估。

三　数字创意产业的就业趋势

数字创意产业是我国数字经济的重要组成部分，已成为我国文化创意产业发展的核心领域，其在拉动就业方面显示出了巨大的潜力。数字创意产业从业者从事的主要是以与数字技术相关的影视娱乐、动漫游戏、数字出版、新媒体等为核心的文创行业。目前数字创意产业的就业市场结构亟待完善，人才供不应求，随着对数字创意人才的大力培养，未来我国数字创意产业的就业趋势会呈现出新的特点。

（一）数字创意产业就业规模逐步扩大

数字经济快速发展以来，受积极的就业政策推动，数字创意产业异军突起，其就业吸附力持续增强，就业规模不断扩大。依据国家统计局的调查数据，文化产业吸纳就业能力持续增强，截止到 2018 年末，我国文化产业从业人员达 2789.3 万人，其中文化法人单位从业人员达 2055.8 万人，占全国二、三产业法人单位从业人员的 5.4%；文化个体经营户从业人员达 733.5 万人，占全国个体经营户从业人员的 4.9%。与 2013 年相比，文化就业总量增长了 30.8%，其中文化法人单位从业人员增长 16.8%，文化个体经营户从业人员增长近 1 倍。在文化法人单位从业人员中，文化服务业从业人员超过 1213.7 万人，占比达到 59.0%。①

（二）数字创意产业就业结构持续优化

近年来，动漫游戏等与数字技术密切相关的新兴行业如雨后春笋般涌现，

---

① 《文化产业实现规模效益双提升——第四次全国经济普查系列报告之五》，国家统计局官网，2019 年 12 月 5 日，http://www.stats.gov.cn/xxgk/sjfb/zxfb2020/201912/t20191205_1767558.html。

成为数字创意产业中最热门的行业，使数字创意产业就业结构持续优化。动漫游戏等新兴行业飞速发展，并与影视、VR、AR等产业紧密结合，不断推动动漫游戏市场的优化升级。而现在国内动漫游戏人才缺口仍然很大，虽然线上线下随处可见针对动漫游戏人才的重金招聘信息，但却少有合格者。未来随着数字创意产业人才市场结构的调整，将会有越来越多的高级动漫游戏人才，预计未来3~5年内，我国动漫游戏人才将会更加多元化，游戏美术设计师、游戏造型设计师、动画设计师、4D多媒体设计师等岗位发展空间广阔，将成为令人羡慕的金领职位。现在的动漫游戏行业在国内产业中占的比重越来越大，而且动漫游戏行业需要的人才数量也是越来越多，这对于动漫游戏人才来说不失为一个良机，未来动漫游戏行业就业人数将会迅速增长。

（三）数字创意产业就业模式更加灵活

平台经济、共享经济、“众筹”、“众包”、“众创”等数字经济新模式新业态快速涌现，极大地改变了传统创意产业人才的就业形式。一方面，全网络平台背景下劳动力供需双方能够更加方便、直接、高效地建立连接，大大提高了灵活用工的经济性，致使许多新型灵活就业模式以及数字化的灵活就业市场出现，大量劳动力开始接受自主创业、自由职业、兼职就业、项目用工等新的就业模式。另一方面，数字技术和网络平台的融合打破了传统组织边界，创意生产者可以更加方便地获取市场、研发、生产等方面资源，降低了创作个体进入经济循环的壁垒，就业形式也就变得更加多样。今后数字创意产业人才的灵活就业将成为一种重要的常态化就业形式，互联网企业和平台经济模式将不断释放出更多灵活用工的需求。此外，在数字技术的支持下，未来的数字创意工作主要基于项目需要开展，采用在线协作的方式解决问题，也就需要更加灵活的线上线下相结合的工作模式。

（四）数字创意产业就业质量不断提升

数字化时代下，数字创意产业的就业质量不断提升，主要体现在两方面。首先，数字创意产业从业者的收入不断提升。这是由于随着信息技术发展的更新迭代，对创意生产者的数字技术技能要求也会越来越高。传统经济下，创意产品的生产主要依赖于手工的创作，而随着数字技术的成熟，创意产品的生产越来越多地采用虚拟化或虚实结合的方式实现。目前计算机绘图几乎成为创意工作者进行艺术设计的主要手段；数字音乐创作者利用智能软件，可以即时听到创作效果，并随时校对修改，因此从业者需要成为社会急需的掌握最新数字技术的人才，成为紧缺型人才后，工资水平自然大幅提升。其次，数字创意产业从业者职业满意度不断提高，原因在于数字创意产业工作机会多、行业发展快，且工作模式灵活，深受就业人员的青睐。创意工作者，包括数字创意工作者往往充满激情但又非常理性，他们从事的是自己喜爱的工作，所以能够全力以赴，即便每天大量工作也会乐此不疲。

（五）数字创意产业就业需求进一步多元化

人们有追求个性化的天性，个性化需求突出了不同个人的体验感和参与感，更直接地展示了消费者的个性和价值。传统经济中，满足个性化需求的创意产品与服务只有少数人能够享用。在数字生态中，柔性生产、3D 打印、智能服务等将逐渐走进这个社会每一个领域和角落，创意工作者利用这些数字技术可以使客户更多个性化的需求被满足。客户更多的个性化需求催生了更多的岗位，导致了数字创意产业就业需求进一步多元化。同时，数字创意工作者未来可以以极低的成本收集、分析不同客户的资料和需求，通过灵活柔性的生产系统分别为不同客户进行大规模量身定制。创意产品或服务的多样性强与到达范围广不再是矛盾的，国外汽车和服务行业提供了许多成功的例子。

四　有效推动数字创意产业就业

（一）优化高质量发展数字创意产业就业政策环境

国家、各地方应进一步出台数字创意产业就业发展规划和利好政策，制定相应的促进指导目录，并将数字创意产业就业纳入支持重点，例如定期发布数字创意产业就业岗位手册等，对企业的研发投入、IP开发和运营、人才培训、海外市场开拓、海外维权等项目给予资金支持，探索建立鼓励企业应用新技术、开展数字化转型升级的财税财政机制，探索建立财政资金与金融政策相结合的多元化支持体系。加快完善争议解决机制，支持实力较强的仲裁机构探索设立数字仲裁院，做好法治保障。

同时，各经济主体应全面落实《中华人民共和国网络安全法》规定，加强对跨境数据流动的安全性评估，鼓励企业建立数据安全和风险内控管理体系，保障数据依法有序自由流动。我国应综合运用居住证积分、居转户和直接落户等梯度化人才引进政策，积极引进数字创意产业发展所需的各类优秀人才，对国际型高端人才在住房、子女就学等配套服务方面给予保障。建立数字创意产业多元化人才培育和孵化机制，通过政府购买等形式集聚社会资源，举办数字创意产业各方面的专业培训班，搭建数字贸易人才培养中心，探索设立数字创意产业相关专业性院校，加快形成一平台多专业化机构的培训体系。

（二）营造良好的社会市场环境

国家政策在人才的培育中发挥了重大的作用，只有使公民在政策中能够感受到对人才培育的引导、对各类人的福利保障、对社会平等的重视，才能让公民对国家的未来产生信心，才能吸引更多的人才。中国目前的人才培育与就业环境中与发达国家相比在一些地方仍旧存在顽固的偏见，譬如对于高职学习不重视、对高学历人才过分关注。此外，新兴的数字创意产业中，劳动力工作时长普遍偏高，计算机令人们避免了每天固定的单位与家之间两点一线的通勤，而是可以选择在家通过电脑进行在线工作。然而这种便利的工作环境又导致了人们无时无刻不在加班，这种现象在如今的就业环境中其实很常见。

因此，为了提升人们的满足感，增加更多的体面工作，还需营造良好的社会环境以及就业环境。国家应通过完善数字化相关法律政策、进一步明确规定工作时长、建立更好的社会福利保障系统、在就业中提供更为全面的支持服务等搭建健全的就业体系，同时应转变人们的思想，使人们提升对技术的重视程度而不仅仅是追求高学历。只有拥有了良好的社会环境，人们才不会对一些岗位人群产生固有的偏见进而避免选择相应的岗位，而较好的福利系统也会留住高水平的专业型人才，同时帮助引进更多的优秀人才。

（三）推动产业转型升级，推进数字就业平台建设

随着数字创意产业逐渐转型升级，在未来应努力促进形成“数字创意+”新型业态。在“互联网+”的基础上，把数字创意产业融合理念落实到位。将数字创意与电商、社交媒体、教育、旅游、农业、科技等领域融合，培育更多新产品、新服务和新业态。普及并深化数字创意在电子商务、社交网络、虚拟现实购物、粉丝经济、在线教育等领域的应用，催生更多的数字创意产业就业岗位及可能性。同时，加强基础设施建设规划的落实，将信息通信基础设施规划纳入规划体系，城市规划、建设、交通、绿化等管理部门与通信部门共同推进信息通信基础设施建设。加快推进城市新一代信息通信基础设施建设，着力开展 5G 网络规模部署和试商用，推进 5G、物联网、IPv6 等应用部署，支持基础电信企业实施网络架构升级，促进网络智能化改造，全面提升基础支撑能力和服务质量。探索建设国际通信出入口局的国际互联网数据专用通道，优化网络构架，减少跳转层级，积极推动建设快速响应的国际通信服务设施。在此基础之上，建成全方位一体化的数字创意产业就业服务平台，加大服务保障力度。汇聚政产学研各方资源，为企业、从业人员等提供就业法律咨询、分析与建议等技术支持和专业化服务。同时也要在平台中形成数字就业社会监管体系，加大对各大网络平台的监管力度，定期对平台进行资格审核，对不合格者应施以惩罚并要求严肃整顿。另外，政府应加强对大型数字创意企业的监管、对中小型企业的引导和规范，提高企业的运营素质，尽量避免出现损害就业者与企业利益的社会乱象。

（四）加强数字创意企业扶持力度，规范化数字创意企业管理

对于数字创意产业来说，最小的功能性单位是企业，首先要对“数字

创意企业”进行概念界定，形成相应的分类统计标准。将数字创意企业的生存和扩张摆在最基本的位置，特别是要关注中小型企业的生存和运营情况，重视对这些企业的扶持工作。对数字创意企业的扶持可以包括：在数字创意企业的财务方面，通过降低企业资金流动压力来扩大它们的生存空间，如加大政府补贴力度、减轻企业税收负担、给予企业出口补贴、降低企业上市门槛、提高企业贷款额度等；在数字创意企业的市场竞争方面，通过改善市场竞争环境来创造更多盈利可能，如提高对大型企业的运营要求以适当打破它们的垄断格局、降低对内和对外投资门槛以扩大市场内需、为初创企业提供政策优惠等；在数字创意企业的业务方面，通过创造更多业务的方式为企业提供更多可盈利点，如利用公开招标将部分国家项目分给数字创意企业完成、举办对外合作项目对接市场以促成项目合作等。

目前我们处在数字化的时代，数字经济的到来对传统产业链造成了颠覆性的影响，好处是使得生产效率更高，人们更加专注于创造性的工作，新型岗位不断出现，数字化基础需求之外的高层次需求变得更加容易满足，但这给人造成一种错觉，即高水平的人才和技能才是社会继续进步的核心。然而事实上基础型人才才是一个国家的根本，很难想象这些当下被忽视的基础型人才在人类历史的进程中为社会做出了多大贡献，又留下了多少的文化资源与遗产。此外，对高级人才的过度需求会造成工资的两极分化和劳动力社会福利的下降。总而言之，这些影响都是数字技术带来的消极的影响，对经济的繁荣毫无助力，而造成这些现象的是在数字时代对人才价值的错误评估。因此，在未来的发展中，正确评估人才的价值并培训适合社会需求的人才才是社会发展的关键。为此，各国政府、企业、社会组织以及专业院校都要充分发挥其作用，在人才培养上做出贡献，以推动经济的繁荣发展。因为正如过去的几次技术革命一样，虽然对劳动力市场有冲击，但数字化也是有潜力创造出更好的工作，推动人们更好地掌握技能、实现自我价值，推动社会发展并帮助建立更加美好的未来世界的。

B.11

数字化赋能推动北京老字号国际化发展*

李洪波**

摘　要： 北京老字号资源极为丰富，行业分布广泛，既与民众生活息息相关，又承载着丰富的历史文化内涵。北京老字号一直在积极拓展国际化发展路径，同仁堂、全聚德等代表性企业国际化成绩斐然，其他老字号也通过积极参与国家外事外交活动，服务国际性政治、经济、文化盛会，扩大了国际影响力，并通过与旅游业的深度融合，提高了国际化程度。但是，北京老字号整体仍然存在着国际化程度低的问题，并且呈现出发展不均衡的特点，不同类型企业国际化水平差异较大，进一步国际化面临发展瓶颈。进入数字时代后，消费呈现出个性化、体验化等新的突出特点，需要以数字化赋能老字号发展，利用移动互联网、大数据等信息技术使老字号品牌焕发活力，为其国际化提供新的推动力，开拓新的路径。

关键词： 老字号　国际化　数字化赋能

2006年，商务部实施“振兴老字号工程”，并正式开展“中华老字号”认定工作，对于“中华老字号”的定义是：历史悠久，拥有世代传承的产品、技艺或服务，具有鲜明的中华民族传统文化背景和深厚的文化底蕴，取

---

* 本报告为北京市社科基金决策咨询项目《新时代北京老字号价值功能的挖掘、传承与创新研究》（项目编号：21JCB013）的阶段性成果。

** 李洪波，文学博士，北京第二外国语学院教授，硕士生导师，首都国际服务贸易与文化贸易研究基地研究员，研究方向为中国古典文献学、古代文学、北京历史文化等。

得社会广泛认同，形成良好信誉的品牌。此后，各省（区、市）地方政府也陆续出台了对本地老字号企业的认定规则。

基于深厚的历史积淀，北京的国家级、市级老字号数量极为庞大。2006 年、2011 年，商务部两次共认定全国“中华老字号”企业 1128 家，北京市共有 117 家，仅次于上海市的 180 家。截至 2022 年 9 月，北京共认定了七批 223 家市级老字号企业。这些老字号企业，主要分布在食品加工、餐饮服务、文化艺术服务、零售服务、医药、服装服饰及其他行业。其中食品加工行业著名的有天福号、六必居、王致和等，餐饮服务行业著名的有全聚德、东来顺、馄饨侯等，文化艺术服务行业著名的有荣宝斋、一得阁、戴月轩、北京工美集团、北京珐琅厂等，零售服务行业著名的有王府井百货东安市场、西单商场等，医药行业著名的有同仁堂、鹤年堂等，服装服饰行业著名的有瑞蚨祥、内联升、步瀛斋、盛锡福等，其他行业著名的有王麻子、吴裕泰、张一元等。可见北京老字号资源极为丰富，行业分布广泛，既与民众生活息息相关，又承载着丰富的历史文化内涵，在国内外影响深远。

一　北京老字号的国际化进程及其困境

（一）老字号积极推进国际化经营的路径探索

北京老字号有着丰富的历史底蕴和文化内涵，是中国优秀传统文化的具体体现，也是首都和国家的文化符号，老字号的国际化，既是自身业务开拓发展的必由之路，也成为国家形象和中华文化对外传播的重要桥梁。改革开放以来，随着中国对外开放层次与水平的提升，国际化成为著名老字号对外投资、经营的重要方向。

著名中医药老字号同仁堂集团作为北京老字号国际化的领军者，经过三十年的国际化发展，截至 2023 年 4 月，已经在境外 28 个国家和地区开设了超过 150 家零售终端，在超过 100 个国家和地区注册了同仁堂商标[①]，推动同仁堂集团的品牌走向世界，逐步实现了从“北京的同仁堂”“中国的同仁堂”向“世界的同仁堂”的跨越。

著名餐饮老字号全聚德确立了规模化、现代化、连锁化的国际化经营道路，经历了“走出去”、“走进去”和“走上去”三个发展阶段，通过特许经营模式，分别在日本、缅甸、加拿大、澳大利亚、法国等国家设立了多家特许经营店。历史最为悠久的便宜坊集团，则探索了先向我国台湾、香港等国际化程度较高的中华文化深度影响区域“走过去”，再谋求向更广大的国际区域“走出去”的品牌国际化新路径，借助台湾、香港地区具有国际化视野的合作伙伴的力量，推进国际化战略，也取得较明显的成效。

北京老字号在国际化的过程中，始终突出中华优秀传统文化的传承与弘扬，将其与产品推广、商业经营紧密结合，取得良好的商业经营效益与文化传播效应。比如同仁堂集团在境外设立的零售终端、中医诊所、养生中心、医疗中心等，既是经济实体又是文化载体，人们在此不仅可以体验中式健康服务，还能学习太极拳、八段锦等中国传统养生方法，这些机构成为传播中医文化的重要窗口。另外对于如吴裕泰、张一元等茶叶品牌和荣宝斋等文化品牌而言，传统文化弘扬与传播都是其国际化的重要特色。

（二）老字号通过外事外交活动参与对外文化交流，扩大国际影响力

新中国成立以来，在国家外事外交活动中，作为中国传统文化代表的北京著名老字号大都参与了非常重要的接待工作。比如荣宝斋，早在 20 世纪 60 年代初期就被外交部等部门确定为外事活动中外宾参观的重点场所之一。根据其官网介绍，荣宝斋接待过越南、新加坡、日本、法国、以色列等国家元首。据全聚德官网记载，截至 2020 年，全聚德集团也已累计接待了世界 200 多位元首和政要。内联升布鞋在国外享有盛誉，主要原因也在于内联升在外事活

① 《同仁堂国药再获“2023 乌镇健康大会 VIP 战略合作企业”》，新华网，2023 年 4 月 13 日，http：//www. xinhuanet. com/money/20230413/b706da8325bb46e0add7f561e46dfee0/c. html。

动中的积极参与，比如朝鲜、澳大利亚等国家的元首，都曾是内联升的主顾。

老字号还是外事外交活动中国礼的重要提供者。20 世纪 50 年代以来，荣宝斋多次承办毛泽东主席、周恩来总理所用国礼，例如，《北京荣宝斋新记诗笺谱》被赠送给捷克电影代表团成员。北京珐琅厂的景泰蓝工艺品，也长期作为国礼被赠送给外宾，2015 年 9 月，联合国举行成立 70 周年系列峰会，中国赠送巨型景泰蓝“和平尊”；2017 年 1 月，联合国在日内瓦召开“共商共筑人类命运共同体”高级别会议，中国赠送“盛世欢歌”景泰蓝瓶。2014 年 APEC 会议上，北京工美集团制作的景泰蓝瓶“四海升平”被作为国礼赠送给与会外国领导人，北京花丝厂以花丝镶嵌技艺制作的“月季”胸针与“繁花”手包也被作为国礼赠送给外国来宾。老字号的名人字画和景泰蓝、花丝镶嵌手工艺品等国礼既富有中华文化底蕴，又承载美好寓意，使老字号通过外事外交活动获得了国际声誉。

（三）老字号服务国际性政治、经济、文化盛会，促进民间文化的国际交流

2008 年北京奥运会、2022 年北京冬奥会以及“一带一路”国际合作高峰论坛、中非论坛、世博会、进博会、服贸会等国际性政治、经济、体育、文化盛会中，北京老字号都深度参与国际交流，传播中华传统文化。2008 年北京奥运会期间，吴裕泰独家提供袋泡茶，并在奥运媒体村建立“中国茶艺室”，让世界各国的运动员一品中国茶，推广茶文化。2010 年，吴裕泰作为上海世博会茶叶类特许生产商及零售商，再次将中国茶推向世界舞台，给世界认识和了解中国茶文化的机会。全聚德多次服务北京奥运会、冬奥会、亚运会等体育赛事以及“一带一路”国际合作高峰论坛和中非合作论坛等国际重大活动，负责美食供应，既弘扬和传播了中国特色饮食文化，也扩大了企业的国际影响力。

（四）老字号与旅游行业深度结合，提高国际化程度

党的二十大报告明确提出：“坚持以文塑旅、以旅彰文，推进文化和旅

游深度融合发展。”这为文旅产业高质量融合发展指明了方向。作为国内重要的旅游城市，在新冠疫情之前，北京每年至少要接待几亿人次的游客，其中入境游客在400万人次左右，讲好北京故事，让国外游客在短暂的时间内了解北京、爱上北京，离不开老字号品牌的参与，推动文化和旅游在更广范围、更深层次、更高水平上进行深度融合，也是老字号国际化的重要途径。

第一，老字号已成为北京旅游中的重要内容。比如，全聚德已成为北京烤鸭的亮丽名片，国外游客到北京，一定要吃北京烤鸭，当然首选全聚德。此外，前门大栅栏地区、后海地区老字号云集，也是国外游客的重要旅游目的地，北京老字号国际化，要充分利用入境游市场复苏所带来的机会。第二，老字号经营融入旅游企业，能够充分发挥老字号的文化属性和旅游企业的旅游属性的作用，通过文旅融合，达到相辅相成的效果。比如首旅集团旗下老字号有全聚德、东来顺、王府井百货东安市场等，这种组合一方面能够增强旅游企业的经营活力，另一方面也有助于通过集团化运营，推进老字号国际化的进程。

（五）北京老字号国际化发展面临的困境与契机

北京老字号国际化呈现出丰富多样的发展路径，但仍然存在着整体国际化程度低的问题，并且呈现出发展不均衡的特点，不同类型企业国际化水平差异较大。

部分企业国际化战略布局早，国际化程度高、成效显著。比如同仁堂、全聚德、吴裕泰等，凭借悠久的历史和世代相传的声誉，改革开放之始即尝试开展国际市场业务，并形成了商业推广、文化传播相结合的国际化新路径。但部分消费型老字号企业，如瑞蚨祥、天福号、王致和、都一处、一条龙等，企业经营规模较小，产品地方特色鲜明，消费受众较为固定，国际化难度较大，虽然多有努力，但国际化效果尚有不足。

近几年，在全球化退潮的大趋势下，老字号的国际化方式与路径遇到难以解决的问题，国际化推进困难重重。老字号需要迅速适应国际竞争环境，包括质量标准和消费环境的变化以及不同于国内的消费心理与消费文化。比如，吴裕泰、张一元等茶叶老字号的国际化面临许多困难，中国食品、农产品标准尚未与国际接轨，欧盟、美国、日本等国对茶叶农残限量的规定，都成为老字号茶叶出口的障碍；另外，东西方茶叶消费习惯、茶文化有很大差异，中国老字号传承的茶文化，向国外宣传推介不够，西方接受中国茶还需要一个较长的过程。

但是，北京老字号国际化的观念在不断转变与更新，并体现出拓展国际化路径的积极性主动性。新冠疫情之后，北京老字号也面临着重启国际化的难得契机。近年来，北京老字号企业集体亮相进博会、北京服贸会，推进国际化战略。原有的国际化程度比较高的老字号，如同仁堂、全聚德等持续推进国际化，张一元也已在美国、德国、澳大利亚等十余个国家和地区完成了品牌注册，积极在海外城市发展加盟连锁店。一些此前国际市场开拓意识并不强烈的老字号，也积极迈出可喜的一步。在 2021 年国际服务贸易论坛上，内联升、瑞蚨祥与北京第二外国语学院形成国际化传播战略合作伙伴关系，助力老字号的国际化和品牌海外传播。“内联升与北京第二外国语学院一起，参加了英国伦敦的圣诞快闪，将中国的老字号带到了英国的高端商业街上。”① 这充分体现出这些历史悠久的老字号进行国际化的强烈意识与积极态势。

二　数字化如何赋能老字号国际发展

进入数字时代后，消费呈现出个性化、体验化等新的突出特点，移动互联网、大数据等信息技术赋能老字号发展，为老字号品牌焕发活力提供了新的机遇，也为其国际化提供了新的推动力，开拓了新的路径。

（一）老字号数字化转型需要政策支持

老字号做好数字化转型、推动国际化发展，需要国家及地方政策的保护和支持、相关制度的完善和规范以及数字环境的优化和赋能。

---

① 《老字号创新“出圈”，文创+跨界“圈粉”新消费群体》，“新京报”百家号，2022 年 8 月 30 日，https://baijiahao.baidu.com/s?id=1742547360259938247&wfr=spider&for=pc。

近年来，国家战略层面积极推动老字号数字化转型、国际化发展。商务部会同文化和旅游部等相关部门深入实施中华老字号保护工程，陆续出台相关指导意见，积极推进老字号的数字化发展。2022 年 3 月，《商务部等 8 部门关于促进老字号创新发展的意见》正式印发，明确提出要“推动老字号走出国门”，按照市场化原则，引导符合条件的代表性领域老字号企业开展服务贸易，推动老字号优质服务走向国际市场，并指出激发老字号创新活力的路径之一就是引导老字号企业将传统经营方式与大数据、云计算等现代信息技术相结合，升级营销模式，发展新业态、新模式，营造消费新场景。对于这一路径，在 2023 年 1 月商务部、文化和旅游部、国家文物局联合印发的《关于加强老字号与历史文化资源联动促进品牌消费的通知》中有更加明确的提法：“推动老字号企业数字化转型，运用大数据、云计算等现代信息技术升级营销模式，营造消费新场景。”

在此基础上，北京市陆续出台相关文件、实施相应政策支持北京老字号数字化转型，其中中共北京市委办公厅、北京市人民政府办公厅印发的《北京培育建设国际消费中心城市实施方案（2021—2025 年）》，在培育消费品牌矩阵方面，特别提出要推动老字号守正创新发展、推动老字号企业加速数字化转型。同时，北京市相关部门还通过北京服贸会等大型展会活动为老字号提供数字化转型的渠道。2021 年以来的北京服贸会，每年都有数十家老字号参加，数字化、国际化都是其重要展示内容。近年来，商务部积极组织开展“老字号嘉年华”活动，汇聚各大电商平台，助力老字号产品网络销售。2023 年 3 月，抖音生活服务主办的“老字号嘉年华”活动，通过搭建老字号时光走廊与传统技艺焕新展区，展示老字号历史照片、特色装置与非遗系列文创产品，助力老字号数字化转型。国家和北京市的政策支持与引导，对于老字号的数字化转型颇有助益。目前出现的问题是，不同行业、不同体量、不同发展模式的老字号企业，数字化、国际化发展的重心、重点有所不同，需要进行分类指导、细化引导。科技化程度高、生产规模大的消费型企业，与以手工技艺为主的中小企业，其数字化、国际化的具体方向、实施路径有很大差异，需要突出自身特色，才能真正实现数字化赋能推动国际化发展。

（二）老字号应积极通过数字化方式推动国际传播

中华文化的深厚内涵、中华传统技艺的精妙，在北京老字号中都有丰富的体现，想要通过新的媒介传播手段，使老字号为更广大的国内外受众所了解接受，进而推动其国际化，需要充分探索融媒体传播的创新方式与路径。

1. 创新使用短视频与社交平台，拓宽老字号国际传播新路径

研究证明，在融媒体时代，视频内容网站/App 和社交平台网站/App 是外国民众获取北京、中国相关信息的主要方式之一。通过抖音、B 站，尤其是 TikTok（抖音国际版）、Twitter（推特）、Facebook（脸书）、Instagram、Youtube 等有影响力的国际社交平台，构建多元账号参与的社交媒体传播体系，明确长期活跃在旅游、美食等不同垂直细分领域内的民间博主账号特色优势，可以提升老字号文化传播的广度与深度。培育“网红”特别是“外国网红”，释放他们的创作活力与热情，对于宣传推广老字号文化技艺、非物质文化遗产，能产生更好的传播效果。尤其值得重视的是，此类传播方式更能够吸引作为网络原住民的年轻一代，对于老字号的国际传播及未来发展更有意义。

举例来说，2020 年 6 月，新西兰惠灵顿中国文化中心在北京市文化和旅游局支持下，通过自媒体平台推出《云・游中国》栏目，配合英文解说介绍老北京文化与历史，在 Facebook（脸书）、Youtube、TikTok 等海外民众习惯使用的社交媒体平台上产生影响。2022 年春节期间，北京第二外国语学院与中国网合作拍摄《非遗过大年》系列短视频节目，对北京景泰蓝工艺、同仁堂手工泛制水丸技艺、龙顺成京作硬木家具制造技艺等老字号非物质文化遗产进行介绍，以留学生的视角发现不一样的中国，发现不一样的中国文化，发现不一样的老字号，国际传播的效果非常突出。根据中国网的统计，节目第一季全网推送各平台总播放量超过 800 万次，国内外 500 家主流媒体转发量超过 3000 次，触达用户超过 3 亿人次。[①] 其他成功的案例也有

---

① 《关注！北二外联合国家级媒体，打造宝藏节目，已在海内外同步发布》，《北京日报》“北京号”客户端，2022 年 8 月 18 日，http：//ie. bjd. com. cn/bjrbbeijinghao/contentShare/5eb223c7e4b077c45c616a5d/AP62fe026ce4b07333817372a4. html。

很多，足以说明在融媒体时代，老字号国际化过程中的对外传播，对传播者、传播方法、传播形式都提出了新的要求，也为其提供了无限的可能。

2. 运用虚拟现实技术，拓展老字号国际传播新空间

2021 年被视为“元宇宙”元年，已有一些博物馆开始尝试利用虚拟现实技术、元宇宙技术更好地向海内外受众展示中国文物、传播中华文化。2021 年 12 月 24 日，由四川博物院、三星堆博物馆和金沙遗址博物馆馆藏文物共同构建的全沉浸交互式数字文博展厅“神与人的世界——四川古蜀文明特展”面向全球受众开放，5 天内就有 13 个国家超过 70 家主流媒体持续报道与关注。2022 年 12 月，敦煌研究院与腾讯联合打造的“数字敦煌·开放素材库”面对全世界公众开放，引发关注。

商务部等 8 部门联合印发的《关于促进老字号创新发展的意见》，明确提到要加强老字号文化资源的挖掘整理，建设“老字号数字博物馆”，其目的是活化老字号文化资源、展示与弘扬老字号非物质文化遗产。以便宜坊为例，目前其拥有多达 10 个非物质文化遗产项目，其数据与内容足以支撑其进行数字博物馆建设，博物馆中既可以现场演示、体验非物质文化遗产的技艺，还可以充分运用 VR 虚拟现实等技术还原焖炉烤鸭的制作技艺，或者对名人逸事、传统场景进行还原呈现，展示老字号的历史与文化。未来可以在北京老字号集中的中轴线、大栅栏、后海等区域，运用前沿数字技术打造“元宇宙”虚拟游览体验平台，除了助推北京中轴线申遗宣传，还可以让国外受众在线上沉浸式体验老字号核心文化精髓。

3. 积极利用数字化平台助力老字号国际化发展

近年来，在政府支持、引导下，老字号企业借助 5G、大数据、云计算、人工智能等新技术，实现智能化制造、数字化管理运营，大大推动了老字号的创新发展，使老字号焕发出新的活力。

（1）老字号企业正在加快数字化转型

2021 年商务部流通产业促进中心发布的《老字号数字化转型与创新发展报告》提到，国家推进 5G 网络、数据中心等新基建为老字号企业数字化转型提供基础支撑，进一步降低了老字号企业的数字化转型成本。同时，淘

宝、京东等大型电商平台发挥自身在技术、供应链、物流、金融等方面的优势，为老字号企业提供便捷的数字化服务。① 这使得老字号企业能够紧抓消费升级的发展机遇，加快数字化转型，建设特色化的消费服务体系。比如稻香村着力打造全渠道管理运营平台，打通营销系统与后端系统，实现商品信息、库存信息和订单信息同步，有效提升了渠道的管理运营能力和效率。隆庆祥建立完整的用户画像档案，通过大数据深度解读用户需求，精细化用户群组分类，打通数字化营销-销售-服务闭环，重新激活用户价值。全聚德、东来顺等多家老字号企业与美团达成数字化发展协议，全方位提升了线上运营能力。

（2）电商平台助力老字号实现数字化营销转型升级

老字号企业利用天猫、京东、拼多多等电商平台的海量客户群体样本，依托庞大的消费数据，可以充分调研用户行为特征、口味偏好，做出消费趋势预测，为开发新品、迭代升级提供大数据支持，不断丰富产品品类，同时可以深入挖掘不同区域用户的需求，针对特殊节日、假日进行延展性营销，助力品牌实现线上销售增长。根据商务部统计数据，2021 年“双 11”期间 220 家中华老字号电商平台销售额翻番，菜百、王麻子、瑞蚨祥、全聚德等北京老字号销售额同比增幅分别高达 362%、258%、200%和 167%。② 2022 年天猫“618”期间，全国有 214 家老字号的销售额同比增长超过 100%，其中北京老字号交易额同比增长 20.3%。③ 可见，老字号通过电商平台拓展营销渠道、开拓市场空间已成为共识，且取得了突出的成效。

（3）直播电商成为老字号营销创新的新方向和品牌消费的新模式

据统计，近年来在各大平台直播的中华老字号有近 350 家，2022 年直

① 《跨界联动 推动老字号绽放新活力》，“中国经济网”百家号，2022 年 5 月 5 日，https://baijiahao.baidu.com/s?id=1731948053355463251&wfr=spider&for=pc。

② 《200 余家老字号天猫双十一销售额翻倍，菜百同比增长 362%》，新京报官网，2021 年 11 月 12 日，https://www.bjnews.com.cn/detail/163667695914858.html。

③ 《214 家老字号天猫 618 销售额增速同比超过 100%，上海和北京老字号销售快速恢复》，“扬子晚报”百家号，2022 年 6 月 22 日，https://baijiahao.baidu.com/s?id=1736342411957791531&wfr=spider&for=pc。

播场次超过 5 万场，成交额超 35 亿元，较 2019 年增长超 5 倍。[①] 北京老字号企业中，菜百建立菜百股份直播基地，形成自播矩阵与达人矩阵并举格局，2021 年线上销售额占比超过 10%；内联升 2020 年设立直播团队，用两年多完成各类直播 2000 多场，直播销售额占比在 30%以上。[②] 老字号企业还纷纷利用公众号、微博、抖音、小红书等新媒体平台进行推广。巨量引擎城市研究院数据显示，截至 2023 年 3 月，在抖音平台，老字号相关视频播放量突破 4 亿次，相关话题播放量达 8.8 亿次，“中华老字号”餐饮商家在抖音打卡 5.8 万次，相关达人数量超过 3.7 万人。[③] 可见，利用各种新媒体平台进行在线直播已经成为老字号创新营销模式的主要突破口，也爆发出惊人的影响力。

（4）数字化如何真正赋能老字号国际化发展

综上所述，数字化转型、电商平台、直播模式能够最大限度消除空间与区域局限，实现实体产业与数字经济的深度融合，对于老字号国际化发展能够起到积极的促进作用。但是目前淘宝、京东、拼多多等电商平台主要针对国内市场，如何将如火如荼的在线营销和直播营销拓展到国际市场，将是老字号国际化的一个新课题。

首先，拓展国外市场需要进一步有效利用国际化电商平台。这既有赖于老字号与现有国外跨境电商如亚马逊、ebay 等进一步增强合作意识、开拓合作思路，将老字号在国内电商平台营销模式的成功经验复制更新到国际电商平台，也对目前国内跨境电商向国外推介老字号品牌、助力老字号企业发展的能力提出了更高的要求。

其次，有条件的老字号企业可以通过自建跨境销售平台来实现国际化运营。比如同仁堂在 2016 年就上线了跨境电商平台“同仁堂国际”，将中药

① 冯其予：《多部门联合印发〈中华老字号示范创建管理办法〉——培育壮大一批“百年老店”》，《经济日报》2023 年 2 月 2 日，第 3 版。

② 《中华老字号掀起“新国潮”》，《经济日报》2023 年 3 月 31 日，第 11 版。

③ 《共探数字化转型之道“老字号嘉年华”启动》，“青瞳视角”百家号，2023 年 4 月 2 日，https：//baijiahao. baidu. com/s? id=1762073015356593111&wfr=spider& for=pc。

及植物健康产品与服务直接提供给全球消费者，这一自营平台覆盖美国、加拿大、英国、爱尔兰、新加坡等七个国家，既销售自有品牌产品，也销售国内其他制药品牌的产品，并成为中医药文化传播的重要窗口。虽然自建平台前期投入大，但优势在于有更好的品牌公信力，并且有专业化的延展性服务，这些优势都是通用性的第三方平台所不具备的。

最后，老字号企业通过数字化转型开拓国际化市场，需要积极更新经营理念，与国际接轨，吸纳培养国际化人才参与国际竞争，否则理念与人才方面的不足将成为老字号国际化的最大掣肘。

B.12

云展览发展现状与未来展望*

任祎卓　王子民**

摘　要： 我国会展业在2020~2022年新冠疫情的持续影响下受创严重，国际会展举办困难，众多博物馆、艺术馆面临关闭，发展线上云展览成为会展企业维持生存的重要出路，云展览模式迅速发展。本报告对比了云展览中混合展览与虚拟展览两种类型以及在线视听展览、实景三维展览和三维虚拟展览三种模式的不同发展情况，得出云展览目前还无法替代线下展览但具有较大发展潜力的基本结论，并分析了云展览下展品的交易情况变化。此外，通过米奥兰特国际会展与谷歌艺术与文化平台的案例分析总结云展览的实践经验，据此提出云展览技术与应用存在着技术与展览业态不匹配、参观体验存在缺失、系统的平台化应用不足、技术门槛较高导致人才稀缺的问题，并提出以下对策与展望：转变传统会展思维，强化数字线上展览的特色优势；增强云展览的互动属性，重构虚拟空间互动模式；适应数字时代，培养云展览专业人才。

关键词： 云展览　会展业　数字化

---

* 本报告为北京第二外国语学院校级科研专项“中国式现代化背景下服务贸易高质量发展研究”（KYZX23A027）、北京第二外国语学院新教工科研启航计划“数字经济背景下我国服务贸易的绿色发展研究”（KYQH23A009）、北京第二外国语学院研究生科学研究项目“数字技术对金融服务贸易高质量发展的影响研究”的阶段性研究成果。

** 任祎卓，北京第二外国语学院中国服务贸易研究院副教授，首都国际服务贸易与文化贸易研究基地研究员，主要研究方向为数字经济、服务贸易与文化贸易等；王子民，北京第二外国语学院中国服务贸易研究院2022级硕士研究生，主要研究方向为国际服务贸易与文化贸易。

2022 年是新冠疫情常态化防控的第三年，三年间多波疫情使得会展企业的线下经营和贸易往来受到严峻且持续的挑战。会展业在文化产业中的国际化程度相对较高，尤其是对于高水平的大型国际展会与作为重要跨境旅游地标的大型博物馆而言，其国际化经营与国际服务提供在疫情期间受到的多重影响更加显著。就中国主办境外展会的情况来看，2019 年中国境外自办展数量达 137 场，而 2020 年和 2021 年仅有 2 场和 14 场。中国国际贸易促进委员会数据显示，2020 年已取得审批、因境外展览取消而未实施的展览项目有近 1700 个，受损面积近 90 万平方米，约 6 万家企业赴境外参展受阻。展览规模也显著减小，2021 年展览平均面积为 0. 17 万米^2/场，同比减少 0. 67 万米^2/场，降幅为 79. 76%。①

云展览是一种基于网络技术实现的虚拟展览，可以通过互联网进行观展。云展览的出现，可以帮助观众在不受时间和地点限制的情况下参观各种展览，同时也为艺术家和文化机构提供了更多的展示和推广机会。线上云展览的探索与实践成为相关产业摆脱疫情对文化贸易影响、发展数字文化贸易新模式的重要机遇。2022 年 5 月，国务院办公厅发布了《关于推动外贸保稳提质的意见》，提出促进企业利用线上渠道扩大贸易成交，加快展览数字化、智能建设，加强与跨境电子商务平台的联动，积极应用 VR（虚拟现实）、AR（增强现实）、大数据等技术，优化“云端展厅”、虚拟展台等新型展览模式，智能对接供采，便利企业成交。随着我国取得疫情防控的重大决定性胜利，会展业发展也进入了后疫情时代，云展览发展形势由被迫转向主动。

云展览作为技术概念在线上会展业的各种业态，包括会议、贸易展会、博物馆与艺术馆展览等中均有应用，并根据不同的经营目的与特征，发展出差异化云展览技术应用。面对后疫情时代新形势下主办方、专业观众和参展商的诉求变革，需要以云展览等会展商业模式的创新持续提升会

① 《2021 年度中国展览数据统计报告》，中国会展经济研究会网站，2022 年 5 月 25 日，http：//www. cces2006. org/index. php/Home/Index/detail/id/15380。

展品牌号召力，增强抗风险能力。作为会展业中迅速发展的新兴技术业态，研究云展览的发展状况与存在问题对推进相关产业的未来发展具有深刻的意义。

一 云展览的发展状况

（一）云展览的不同模式的发展情况

目前云展览的应用形式由美国活动产业理事会（EIC）根据其线上化程度分为混合展览（hybrid trade show/events）和虚拟展览（virtual trade show）两类：混合展览是线下展会与线上互动相结合的展览方式，该类展览以线下内容为基础，以线上内容作为扩展与补充，是最主要的云展览应用形式；而虚拟展览的内容完全基于数字虚拟平台，不再具有线下实体场馆、展品陈列、参展商摊位等会展要素。

对于两种不同模式，境内展会与境外展会企业的选择倾向存在一定差异。据中国会展经济研究会不完全统计，2021 年中国举办境内线上展会共 714 场，其中混合展览共 623 场，占比 87.25%，虚拟展览共 91 场，占比 12.75%；从趋势上看，2021 年混合展览相比 2020 年增加 114 场，同比增长约 22.40%，而虚拟展览减少 28 场，同比减少 23.53%。[①] 由此可以看出，虚拟展览在会展业中地位仍是应对疫情等突发事件所采取的应急措施，疫情进入常态化防控阶段后会展业对虚拟展览的依赖度显著下降，这也表明了虚拟展览的技术、业态仍不成熟，在会展行业中的认可度较低，无法与混合展览、线下展会相竞争。

2021 年 9 月中国商业文化研究会国际会展与营销专业委员会发布的《外展业现状调查报告》显示，在疫情影响下，42%的外展企业选择转型线

① 《2021 年度中国展览数据统计报告》，中国会展经济研究会网站，2022 年 5 月 25 日，http：//www. cces2006. org/index. php/Home/Index/detail/id/15380。

上展模式，不到5%的企业选择了线下线上双线展览模式。[①] 这反映了在疫情下线下线上双线展览模式无法破解我国国际会展企业线下办展的困境，而虚拟展览打破时空限制的特点，对于国际参展商和参会人员更加友好，在国际化会展的发展中，虚拟展览具有较好的前景。

根据UFI（全球展览业协会）数据，2022年全球展览业平均收入已达到2019年的73%。UFI预计，2023年上半年，全球展览市场的收入可达到2019年的75%~87%。[②] 从UFI的样本数据看，海外参展商对参加展会依然保持积极态度，整体参会意愿与疫情前基本持平。这意味着全球展览业的进一步恢复，会展服务进出口依然具有较大潜力。在线上线下展会融合交互发展的趋势下，云展览在会展业依然具有较大发展空间。

（二）云展览内容分化发展情况

根据展出内容，云展览可分为在线视听展览、实景三维展览和三维虚拟展览三种模式。[③] 在线视听展览主要是通过图片、文字、视频拍摄等形式上传展览介绍、展品情况等相关信息，其与参展人员、观众的互动性一般较弱，主要作用是通过文字推送、短视频、网页展示等形式的互联网信息发布扩展展览的宣传渠道。2022年抖音发布的《博物馆数据报告》显示，截至2022年5月，国家三级以上博物馆抖音覆盖率为98.64%；2021年，抖音平台博物馆相关直播观看人次同比增长281%，博物馆相关抖音短视频数量全年同比增长70%，点赞量超过12亿次，播放量超过394亿次，相当于全国博物馆一年接待观众人次的72倍。[④] 在线视听展览通过互联网宣传渠道能

---

① 《疫情加速会展行业出清，疫后加速复苏但面临新的发展挑战》，立鼎产业研究网，2023年4月25日，http://www.leadingir.com/hotspot/view/3742.html。

② UFI, *UFI Global Exhibition Barometer*, 29th edition, last modified July 9, 2022, https://www.ufi.org/wp-content/uploads/2022/07/29th_UFI_Global_Barometer_july_2022.pdf.

③ 黄洋：《博物馆“云展览”的传播模式与构建路径》，《中国博物馆》2020年第3期。

④ 郭彦伟：《抖音发布2022博物馆数据报告 过去一年文博内容获赞超12亿次》，“海外网”百家号，2022年5月18日，https://baijiahao.baidu.com/s?id=1733267745429813775&wfr=spider&for=pc。

够迅速扩大展览受众，实现宣传效果的有效提升。

实景三维展览则是通过对展馆实景的全景拍摄，完整细致地在线上还原线下场地，制作虚拟空间，为线上参观的观众带来身临其境的体验，并提供互动界面，以实现场景转换、展品详情介绍、评论分享等不同程度的线上互动。这种模式是目前博物馆业主要采取的云展览模式，中国国家博物馆、故宫博物院、美国华盛顿特区国家自然历史博物馆、法国卢浮宫、大英博物馆、英国国家美术馆、荷兰阿姆斯特丹梵高博物馆等诸多大型博物馆均提供实景三维展览服务。实景三维展览不仅是线下展览的复制，而且具有其独特的意义，其打破了博物馆展期的时间限制，使往期主题展览均能够得到保留，对增强博物馆的文化教育功能起到重要作用。同时对于商业博物馆来说，持续可利用的文物展览能够丰富博物馆的商业模式。

而三维虚拟展览无须举办线下展览，是只基于主题内容形成的在线展览。与实景三维展览类似，三维虚拟展览缺乏展览的社交性，但其优势在于展览完全基于虚拟空间搭建，在策展与布展形式上较为灵活，且不涉及文物、艺术品的实体流动，开展博物馆、艺术馆间的国际合作较为便利。三维虚拟展览的组织策展与传统线下展览具有较大差别，内容不再局限于展品陈列，而是拓展至数字技术与艺术品结合的二次创作。近年国外业界对该类型展览探索较为深入，由谷歌开发的在线数字展览 App——Google Arts & Culture、法国“Micro-Folies”（微型乐园）数字博物馆网络等已开办大量三维虚拟展览，充分利用所整合文物资源，实现艺术、文化与历史的现代化创新展示。

（三）云展览的交易价值情况

在博物馆业，云展览的应用能够丰富国际博物馆展览策展方式、提升展品的贸易价值，传统博物馆交流将展品租赁给其他国家地区博物馆进行短期展览或开展合作研究、教育、展览项目时需要来回运输展品实体，文物进出口税费等给博物馆带来额外成本，文物的不可复制性使运输折损风险难以承受，在较大程度上阻碍了博物馆的国际交流。而通过数字版权贸易，能够在将实体运输成本与风险降到最低的同时，提高文物管理的安全性，能够一定程度上促进博物馆展品贸易价值提升。

而会展展览情况则有所不同，其部分展品本身为贸易商品，需要现场出售，营销是展览重要一环，云展览特别是虚拟展览缺少实体的情况使得展品推销的可信度有一定程度下降，可能会使会展展品贸易价值受到负面影响。

二　国内外云展览实践案例分析

（一）米奥兰特国际会展

《2021 年度中国展览数据统计报告》展示了 2021 年中国境外线上展主承办企业情况。杭州的米奥兰特国际会展（以下简称“米奥会展”）全年共举办 363 场境外线上展（见图 1），成为我国主承办境外线上展数量国内第一的会展企业，且数量远超排名前五的后四家会展企业，同时也成为境外自办展总数国内第一的企业。

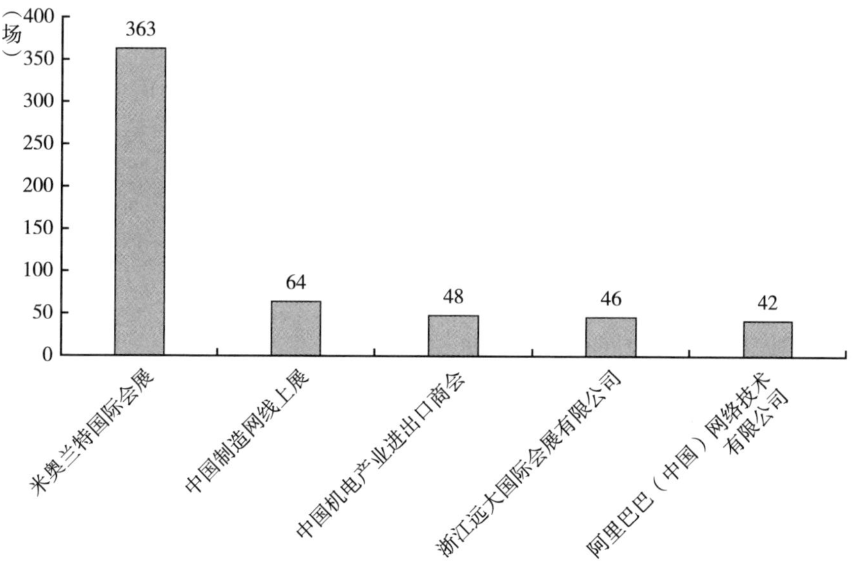

图 1　2021 年中国境外线上展主承办数量前五名企业举办境外线上展数量情况

资料来源：中国会展经济研究会。

米奥会展主要经营境外会展的策划、发起、组织、推广等运营服务，聚焦中国制造出海与“一带一路”新兴市场会展。在会展内容上聚焦制造业出海，主推的核心自办展品牌“Homelife”和“Machinex”分别针对国内家居与工业机械类行业专题展览，截至 2022 年已成为国内得到 UFI 认证数量最多的两个会展品牌。

米奥会展主要商业模式为自办展与直销模式结合。其全面把控会展项目的策划与发起、会展实施、招商招展，形成整套的会展呈现方案，实现自主品牌会展的建设、推广。2019 年，米奥会展自办展业务营收占比已达 90%，毛利润占比达 92%；品牌直销境外业务营收占比提升至 75%。[①]

米奥会展线上云展览布局主要产品包括“网展贸 Max”与“网展贸 Meta”。“网展贸 Max”于 2020 年推出，是米奥会展打造的自主产权、自主品牌、独立运营、布局全球的数字展览品牌。该品牌通过建立云展览模块化系统，提供平台化的在线数字资讯、云展示、云撮合、大数据服务、云商洽五位一体的一站式服务，以期复现线下展会的高效获客功能。2020 年，“网展贸 Max”平台承办中国国际贸易促进委员会主办的全球首场大型国际性在线数字展览——中国-拉美（墨西哥）国际贸易数字展览会及其他 14 场数字展览。2021 年，“网展贸 Max”平台承办 RCEP 成员国国际贸易数字展览会，为中国企业与 RCEP 地区的买家提供沟通交流及开展经贸投资合作的平台，吸引了各领域约 2000 家企业参展，20000 余名来自 RCEP 成员国的各行业专业采购商在线参观洽谈，意向成交总额达 858 万美元。[②]

2021 年，米奥会展推出“网展贸 Meta”，建立“双线双展”模式，为线上线下展览融合提供数字化整合方案。线上功能包括搭建数字化海外展厅，提供在线展览、选购服务，展会期间线上展览与线下实体展会同时举办，线上线下买家均能与卖家通过线上即时商洽了解产品。展后提供展会延

---

① 《2022 年米奥会展研究报告 国内海外自办展龙头，聚焦中国制造出海》，未来智库网，2022 年 11 月 1 日，https：//www. vzkoo. com/read/20221101b2c1673600fd9865d15ca679. html。

② 《RCEP 成员国国际贸易数字展览会在京开幕》，中国服务贸易指南网，2021 年 7 月 29 日，http：//tradeinservices. mofcom. gov. cn/article/news/gnxw/202107/118323. html。

时客户对接服务，通过二次运营服务帮助展商获得更多采购意向相匹配的买家客户。2021 年，在境外举办的“双线双展”展会中，由米奥会展及其控股子公司举办的展览数量已超过 50%。①

（二）谷歌艺术与文化（Google Arts & Culture）平台

2015 年 11 月，谷歌的在线数字展览 App——Google Arts & Culture（以下简称 GA & C）上线，与来自全球各地的 2000 多家博物馆、美术馆和其他文化机构进行合作，收录超过 20 万张原创艺术作品的高分辨率数字图像、700 万件存档文物、1800 多幅采用街景技术拍摄的博物馆照片以及由专家精心策划的 3000 多场在线展览。② 以阿姆斯特丹国立博物馆（Rijksmuseum Amsterdam）发布的油画著作《夜巡》主题展览为例，通过 Art Camera 摄制的超高分辨率（10 亿像素级）艺术品图像能够为策展人提供放大画作每一个细节位置的可能，极大增强了艺术品的可视性。策展人能够根据展示、教育需求重点展示画作的作画细节与文化内涵，丰富了展览的文化教育功能。同时平台也为全球各地艺术家提供文化与艺术策展实验，探索文化元素与数字技术的结合。该平台还提供虚拟旅游服务、教育资源和互动展览。

目前用户不仅可以通过 GA & C 在线欣赏到不同国家的博物馆建筑与藏品，随着平台的多次迭代升级，GA & C 逐步成为由 VR、AR、3D 扫描、AI 等技术加持的在线文化共享平台，用户还能够成为策展人与创作者。在该平台上，任何用户都能够在故事编辑器（Story Editor）中通过预设模板策展布展，并将成果上传至云端内容管理器及公开发布至 GA & C 平台或以视频形式发布于 YouTube 视频网站。

作为一个非商业性的计划，GA & C 平台不能用于任何商业活动，也不能用作筹款平台，但 GA & C 平台案例在数字博物馆的未来发展方向选择中

---

① 《2021 年度中国展览数据统计报告》，中国会展经济研究会网站，2022 年 5 月 25 日，http：//www. cces2006. org/index. php/Home/Index/detail/id/15380。

② 《关于 Google 艺术与文化》，谷歌用户中心，2015 年 11 月，https：//support. google. com/culturalinstitute/partners/answer/4395223？ hl＝zh-Hans。

能够起到重要的启示作用，作为数字经济模式中处于核心地位的平台模式依托谷歌的互联网巨头地位所建立的合作模式，该类云展览平台内含的发展潜力与商业价值对其他营利性的云展览业态有着较高的借鉴价值。

三 云展览技术与应用存在的问题

（一）云展览技术与展览业态不匹配

对各会展举办城市而言，发展会展业的意义不仅在于获得场馆租赁费、展位费、搭建费等直接收入，更在于借由会展业的联动优势，利用其产业自身关联效应间接带动会展服务配套产业，包括交通、通信、酒店、餐饮、旅游、零售、广告、印刷、装饰、物流货运等周边产业共同发展，同时利用会展平台推进国内国外经贸交流，吸引资金、技术，拉动经济发展。

而云展览虽然能够在一定程度上发挥线下展览的部分作用，但传统产业链以展览公司和展览场馆为核心，使二者与产业链其他部分协同发展的联动优势却难以在线上复现。这一方面导致云展览对线下展览的替代反而使城市经济的发展受到影响，且这一影响无法通过云展览在技术层面的优化消除，这会较大程度地限制未来云展览的发展；另一方面造成云展览技术发展动力减弱，实际上由于两者作用的替代性较弱而互补性较强，现有云展览业态只能作为线下展览的补充而非具有竞争力的替代品，云展览的地位因为线下市场的开放逐渐边缘化，这不利于云展览技术长期发展。

（二）云展览的参观体验存在缺失

展览具有社交性与可视性两个方面的内容，即展览的游览过程并不需要观众完整观看与完全理解，展览的讲解、氛围与互动等社交要素组成了重要的游览体验部分，甚至一定程度上压倒了展览的展品可视性本身。

会展公司和博物馆对云展览的互动性发掘程度普遍较低，尤其是实景三维展览和三维虚拟展览，通常进入线上展厅后只能由观众个人自行点击跳转，其他互动类型较少，缺乏人机交互，体验较为枯燥，展览的社交属性弱化，实际上观众的游览体验感可能不如互动性强的部分在线视听展览。这也是缺失社交要素的实景三维展览即使在可视性上强于在线视听展览，在观众实际的认可程度上也与在线视听展览相差较大的重要原因。互动性的弱化减少了观众表达、交流的欲望和乐趣，使得参观过程中产生的消费冲动减弱，展览成交量极有可能受到影响。在国际化展览中，受跨语言、跨文化环境影响，在云展览社交属性受到削弱的情况中，策展人匹配海外不同国家用户的需求的措施需要预先纳入系统，使得布展成本有较大上升。

同时，除展览品与社交属性外，展览中的墙壁、地毯的材质、颜色，展览厅中的光线甚至气味，展览品之间实际的大小与尺寸规格差距，全部都是构建观众对展览认知的关键框架结构，这种构建功能是线上彼此之间割裂的单幅展览品或虚拟观展体验所不具备的。此外，版权、技术层面的不成熟，也对线上展览的体验产生一些限制。

（三）云展览系统的平台化应用不足

目前云展览线上传播的主要模式是博物馆或策展企业搭建的线上平台提供进入端口供参观者使用，这一模式能够打破对参与者的时间空间限制，但实际情况中，单一小规模平台受众面仍然较小，难以充分利用互联网平台网络外部性效应，因此并未降低大众参与者的搜寻成本，这一点在国际展会与境外旅游展会中更加突出。

由于互联网传播的流量集中于互联网企业主导的少数生态化互联网平台，云展览平台在流量获取上始终存在效率不足的问题，且会展业内部各企业存在较强竞争关系，形成行业整体平台具有一定困难。与可以利用线下内容和宣传渠道的“双线双展”混合模式不同，虚拟展览受到平台流量限制的影响较为直接且程度较深，这进一步导致云展览独立发展的能力减弱。

（四）云展览技术门槛较高，人才稀缺

云展厅制作需要高水平的数字技能和内容创作能力，不仅需要将实物展

品数字化，更要通过互动体验、声光影像等手段营造沉浸式氛围以及提供多样化的数字服务。这就对从业人员提出全新的要求，需要展览设计者转型为数字内容的制作者与体验构建者，需要技术人才打好展览的数字基底。

而目前会展业人才本身较为缺乏，数字技术人才更为稀缺。数字经济时代到来，使得各行各业对数字技术人才的需求极大增加。受疫情下行业萎缩影响，会展业对数字内容创作人才的吸引力不足，使得云展览更多依赖向数字企业的外包，外包的主要问题在于外包企业对展览形式与内容不熟悉，搭建云展览的设计方案只能依靠会展公司提供，而会展公司只具备传统线下展览策划能力，最终形成的策展安排很难充分发挥云展览模式的优势。

四　云展览发展的对策与展望

（一）转变传统会展思维，强化数字线上展览的特色优势

由于线上展览从内容形式到传播渠道的逻辑都与线下有着较大差异，会展企业发展云展览需要转变思路，重视强化数字互联网环境下云展览的特色优势。线下展览扩大规模、增加参展商范围、联动更多产业的外在生长模式在云展览环境下很难发挥作用，企业需要重视云展览表现出的特征鲜明的互联网逻辑。一方面是线上服务的数据驱动特点，互联网环境下云展览的应用能够较大程度方便展商、观众的数据收集，可以通过进一步分析处理展会参与者的行为数据，得到如展会相关信息的咨询优先度、展览形式与展品内容偏好、受欢迎参展企业画像等大数据分析结果，帮助会展企业提供更优质的策展方案，帮助参展商更好匹配需求；另一方面是与线上产业的广泛联动，云展览业态与各互联网产业存在密切联系，如云展览传播需要依赖融媒体平台、展品线上交易需要与支付交易平台的绑定合作等。

开展与互联网企业的深度合作，借助其技术优势，为线上展览提供技术服务支撑。目前华为、腾讯、京东等数字企业巨头都在开展自己的线上会展服务支持业务，但规模较小，需要与会展企业合作建设集互联网技术优势与

合理会展策略于一体的数字展会品牌，不断扩张平台影响力，充分利用互联网平台的网络外部性，实现云展览的平台经济效应。

博物馆或数字企业搭建的数字在线展览平台除了对自有文物、艺术品资源进行数字化整合，还需要广泛开展合作，与伙伴博物馆签署协议以推动展品规模扩大，探索超越线下展览思维模式和合作办展工作范式的线上展览新模式。

（二）增强云展览的互动属性，重构虚拟空间互动模式

提升云展览平台的互动能力需要展会设计人员从云展览的展览特点出发，在于三维虚拟空间中强化展览的叙事能力的同时关注到观众的互动体验，这部分体验也可以借用不断完善的技术手段来提升，例如插入类似ChatGPT的自然语言处理模型构建的聊天程序，利用人工智能的实时讲解与对话增强云展览的体验功能。用聊天程序代替重复性较高、较为程式化的人工讲解，既能够最大限度适配云展览突破时空限制随时随地进行的特点，也能够较好地完成讲解与对话任务。此外，海外办展所遇到的语言问题也能够通过聊天程序内嵌的翻译系统得到解决。

同时，讲解的自由化能够使观展的节奏把握权彻底回到观众手中。观众可以自由选择想看、想听、想深入了解的展品，自由选择了解的深度与广度、互动的形式与内容。这要求策展人减少刻意处理低质量展品的策略性行为，更多回归展品本身，通过高质量展品的全方位展示吸引观众。

此外，互动模式的多样性需要策展人进行深入的挖掘，基于数字平台能够兼容的各类数字互动应用，策展人可以进行多种互动形式的尝试，以互动小游戏、问答小程序、AI辅助二次创作等形式拉近观众与展品的距离。

（三）适应数字时代，培养云展览专业人才

线上展会除了需要有懂行业的销售人员和专家，还需要有线上运营的高技能人才，形成包括数字营销、大数据、数据运营、商业智能、数字化咨询等方面人才的与信息化、数字化相匹配的人才结构。高校需要将会展专业人

才培养及时与数字时代背景相结合，使学生树立数字化意识，掌握数字化科技知识，从人才培养开始转变传统会展固有的思维模式，为会展业开拓新模式注入新鲜血液。数字化人才的引入将是未来会展业实现产业数字化的重要基础。

同时，高校与企业应当积极利用云展览从策展布展到数据收集都可以通过编程训练完成因而成本较低的特点，开展实践导向新教学，培养实践导向的数字时代会展新人才。此外，还应注意使学生提升道德水平、增强法律意识和服务意识，这样才能推动当代会展人才职业素养的全面提高。

会展业是现代服务业的重要组成部分，“人”在会展服务中起着关键的作用。会展业人才归根结底是服务业人才，需要更好培养学生的服务意识。良好的沟通协调能力和共情能力能充分体现会展业从业人员的专业性。无论是线上服务还是线下服务，完善服务细节，才能为客户带来更优质的体验，促进会展业的发展。

参考文献

黄洁、刘伟丽、梁薇、姚歆：《新时代背景下我国现代会展业数字化转型路径及对策》，《商业经济研究》2023 年第 1 期。

吕睿：《重构话语秩序：博物馆线上展览的创新机制》，《中国博物馆》2022 年第 2 期。

毛若寒、李吉光：《博物馆云展览的生成与生长——关于浙江省博物馆“丽人行”展览实践的思考》，《艺术评论》2022 年第 9 期。

孟凡新：《产业数字化视角下推动会展服务业转型发展的策略探讨》，《时代经贸》2021 年第 10 期。

徐进毅：《艺术博物馆的数字化及其多维建构》，《中国博物馆》2022 年第 6 期。

B.13
文化贸易企业数字化转型的动力、瓶颈与策略*

李 萍　赵紫弦**

摘　要： 本报告充分考虑文化贸易企业相较于其他企业的特性，结合文化贸易企业数字化转型问题分析框架挖掘文化贸易企业数字化转型的动力，剖析其转型过程中存在的瓶颈，最后结合企业数字化转型实际提出针对性的优化策略。研究发现，文化贸易企业由于疫情催化、行业竞争形势改变、数据工具更新迭代、需求结构改变、组织管理提质增效、价值提升等原因迫切需要数字化转型，但其在转型过程中遭遇了外部环境复杂导致的风险大、融资难、技术开发难以及企业自身对数字的认识存在误区、组织结构混乱、人才缺乏、版权难以得到保护等瓶颈，可以通过市场内部化、借力供应链金融、组织扁平化、进行校企合作等方式推动文化贸易企业数字化转型。

关键词： 文化贸易企业　数字化转型　高质量发展

引　言

国际文化贸易是国际文化产品与文化服务输入和输出的贸易方式，也是

* 本报告得到北京第二外国语学院科研专项项目“双循环新发展格局下生活性服务业高质量发展研究”（KYZX21A007）的资助。

** 李萍，北京第二外国语学院经济学院讲师，研究方向为国际贸易理论与政策、中国经济发展问题；赵紫弦，北京第二外国语学院经济学院国际商务专业硕士研究生，研究方向为国际贸易、会展经济。

一个国家争取获得国际话语权、定价权和控制权的重要领域之一。[①] 文化贸易企业作为文化贸易的主体则需通过提升内容质量、创新服务模式、提升相关技术水平承担起“讲好中国故事”的重担。2022 年 7 月，商务部等 27 部门联合发布的《关于推进对外文化贸易高质量发展的意见》指出，要提升文化贸易数字化水平，创新发展数字内容加工等业务，支持文化领域平台企业做大做强，支撑中小企业在技术、内容及模式上进行创新。这对我国文化贸易企业数字化转型提质增效以及实现数字文化贸易高质量发展提出了更高水平、更高层次的要求。

文化企业高质量发展与国际影响力的形成需要经历发展壮大、“走出去”并不断推进数字化的过程，文化企业也随着贸易业务的增多和数字化程度的提高从文化企业成长为文化贸易企业，再成为数字文化贸易企业。2018~2020 年，我国规模以上文化企业数量及营业收入呈现逐年增长态势（见图 1）。

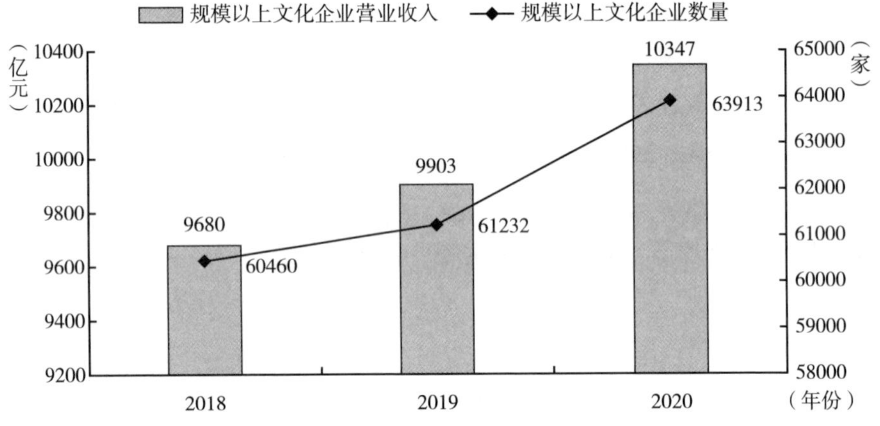

图 1　2018~2020 年我国规模以上文化企业数量及营业收入

资料来源：国家统计局。

① 花建：《国家对外文化贸易基地十年建设研究（2011—2021）》，《学习与探索》2021 年第 10 期，第 137 页。

随着我国国民文化自信的进一步提升，文化“走出去”成为近年来的热点话题，文化企业的国际化也成了文化企业打造竞争优势的重要发展方向。王海文、陈安娜分别针对文化企业“走出去”的现状及瓶颈进行深度剖析，并提出借力金融杠杆、丰富营销渠道、打造文化品牌等相关应对措施。[①] 崔波以企业国际化网络理论为基础，探究中国出版企业国际化可采取的运营模式。[②] 但文化贸易企业在国际化的不同阶段存在着不同的发展模式，在不断发展的数字经济及复杂多变的外部环境的催化下，文化贸易企业面临着价值链中断、资金不足、供需错配、文化壁垒等问题。为实现更高层次、更高质量的国际化，数字化转型尤为必要。何传添等通过对中国文化贸易发展的规模、结构特征及贸易竞争力水平进行比较分析，发现中国文化产品处于价值链低端、文化产品供给与国际需求脱节等问题亟须通过数字技术创新等方式加以解决。[③] 李雨辰和李妍总结了文化产业数字化存在的关键问题，分析了数字鸿沟、技术短板和主体困境在文化产业数字化转型过程当中带来的各种消极影响，针对性提出建设文化产业数字化转型评价体系、创新算法技术、加强相关人才培养、规范市场秩序等问题解决办法。[④]

文化贸易企业具有特殊性，数字化转型也不仅是技术系统在企业内容创造及组织管理方面的简单应用。文化贸易企业的数字化转型相较于其他企业而言所显现出的特性主要表现在文化贸易企业生产销售的产品及服务具有特殊性上。美国学者大卫·赫斯蒙德夫指出文化产品具有生产成本高、复制成本低和准公共产品的特点。[⑤] 臧堃和徐驰认为文化产品最大的特点是消费者

---

① 王海文：《我国文化企业“走出去”：现状、问题及对策》，《理论探索》2013 年第 4 期，第 103 页；陈安娜：《中国文化企业“走出去”的挑战和对策》，《国际贸易》2014 年第 8 期，第 42 页。

② 崔波：《出版企业国际化类型与走出去模式关联性探究》，《中国出版》2017 年第 5 期，第 60 页。

③ 何传添、梁晓君、周燕萍：《中国文化贸易发展现状、问题与对策建议》，《国际贸易》2022 年第 1 期，第 33 页。

④ 李雨辰、李妍：《文化产业数字化的关键问题》，《人民论坛》2022 年第 24 期，第 88 页。

⑤ 林拓、李惠斌、薛晓源主编《世界文化产业发展前沿报告（2003~2004）》，社会科学文献出版社，2004。

对其的不断复制与传播会形成增值效应，进而使得文化产品新的价值被挖掘出来。[①] 李月和王飞从文化产品的准公共产品特性角度，提出文化产品贸易是中华文化走向世界的重要载体。[②] 基于已有研究，结合文化产品和服务具有的社会性、经济性的二重属性，本报告总结出文化贸易企业特性来源（见图2）。其中，经济性是文化产品和服务的核心价值，但其实现过程往往伴随着文化效益转化为经济效益较为困难导致的品牌打造与产业链塑造难问题，以及低复制成本带来的版权纠纷问题。社会性是文化产品和服务的附加价值。文化产品和服务具有准公共产品的特征，承载着文化传播的重任，消费者对于文化产品和服务的购买体现着对特定文化的认同；反之，当一种文化遭到抵制时，相关文化产品和服务的出口将受到阻碍。

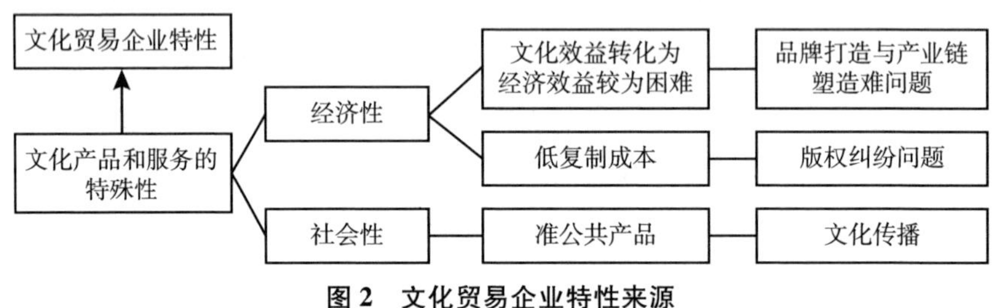

图2　文化贸易企业特性来源

文化贸易企业的数字化转型是数字手段与企业发展战略、价值链的高度融合，涉及内容生产和组织管理的全流程，需要通过“内外兼修”“小步快跑+快速迭代”的方式加以实现。喻旭基于企业数字化转型实际，将企业数字化转型过程划分为启动项目、达成共识、知识导入、场景共创、IT赋能、试点运营及全面复制七个阶段，跳出“企业做数字化转型就是要上IT系统”的误区。[③] 邵宏华针对贸易企业的数字化转型，提出贸易数字化需借助

① 臧堃、徐驰：《数字文化贸易企业的国际化发展合作经营战略》，《全国流通经济》2022年第5期，第55页。

② 李月、王飞：《“一带一路”倡议的文化产品贸易促进效应》，《山西财经大学学报》2023年第3期，第69页。

③ 喻旭：《企业数字化转型指南：场景分析+IT实施+组织变革》，清华大学出版社，2021。

数字技术赋能贸易全流程及贸易主体，并不断实现对外贸易全产业链、供应链及价值链的数字化升级与重构。①

综上所述，数字化成为文化贸易企业突破当前困境、寻求新出路的必然选择，但数字化转型绝不仅仅是数字 IT 技术在企业营销及管理流程当中的简单应用，而应扎根于文化贸易企业发展战略，充分考虑文化贸易企业特性及自身发展目标，结合企业实际情况、所处的发展阶段及数字化程度，对其价值链的各节点与组织管理各环节进行全面升级重构。基于此，在已有研究的基础之上，本报告充分考虑文化贸易企业的特性，从组织管理与价值链重塑两方面入手，分析文化贸易企业数字化转型的动力、遭遇的瓶颈以及相应的应对策略。

一　文化贸易企业数字化转型的动力

借鉴邵宏华关于外贸企业数字化转型的分析思路②，结合文化贸易企业的特殊性，本报告提出研究文化贸易企业数字化转型问题的分析框架（见图 3）。文化贸易企业进行数字化转型，既受疫情催化、竞争形势等外在因素的影响，也受组织管理提质增效、价值提升两方面的驱动，其内在特性也在一定程度上催化了文化贸易企业的数字化转型。

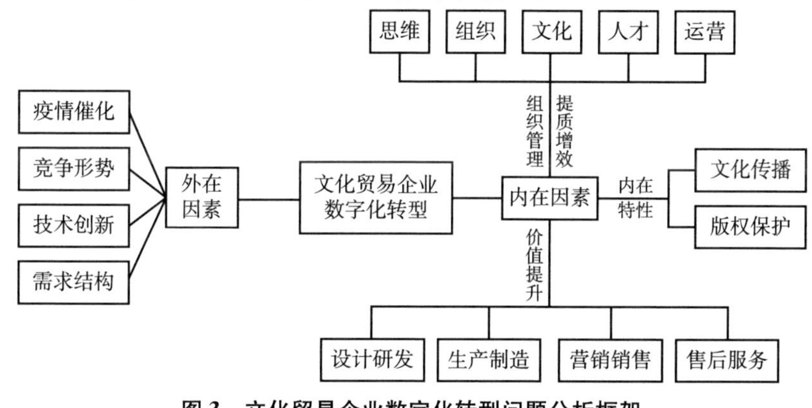

图 3　文化贸易企业数字化转型问题分析框架

① 邵宏华：《贸易数字化：打造贸易新动能新业态新模式》，机械工业出版社，2022。

② 邵宏华：《贸易数字化：打造贸易新动能新业态新模式》，机械工业出版社，2022。

（一）文化贸易企业数字化转型的外在因素

1. 防范风险的需要

2020 年新冠疫情的出现改变了各行各业的发展轨迹，我国文化产品和服务的进出口也受到较大影响。因供应链中断、营销渠道受阻以及服务延时而遭受重创的文化贸易企业不在少数。现阶段，降低供应链及价值创造环节风险的最有效的方法是数字化。文化贸易企业可以通过数字化转型更好地利用数字海外营销、外贸大数据统计分析、跨境电商等手段拓展新市场、新客户。同时，贸易流程数字化也有助于文化贸易企业留存大量数字用户、提升业务处理效率、提高产品与服务供给能力，从而更好地应对未来各种潜在风险与挑战。

2. 行业竞争形势改变

文化产品和服务往往承载着较高的情感价值，消费者的购买行为源于对文化的认同。因此，文化贸易企业之间的竞争是对消费者文化认同的争夺，而不仅仅依靠产品的品质。文化具有较强的群体特征性，文化贸易企业在深度挖掘自身产品文化内涵进而打造品牌并发展全产业链时需要更加关注用户资产及用户价值，识别文化产品和服务消费者所产生的更加个性化、碎片化的需求，及时予以反馈，从而打造文化企业自身的竞争优势。数字技术的引入、数据中台的构建一方面可以拓宽文化传播渠道，在更大范围内弘扬文化并争取文化认同，另一方面也可以更好地帮助文化贸易企业链接消费者的需求，并在产品和服务上给予反馈，使文化贸易企业能够在激烈的行业竞争中突显而出。

3. 数字工具高速迭代

移动互联网时代，万事万物之间的互联互通都逐渐不再受时空限制。大数据、物联网、5G、云计算的高速发展使得足不出户即可获取全球各地的数据成为可能。企业的数据能力越来越成为其核心竞争力的重要组成部分，这种数据能力不仅包括获取数据的能力，还包括处理数据、运用数据的能力。基础设施即服务（IaaS）、平台即服务（PaaS）和软件即服务（SaaS）

的产生不仅帮助文化贸易企业节约了开发成本，更大幅提升了其数据处理能力与效率。AR、VR 技术及全真互联网的提出与应用还能帮助企业更好地打造文化场景、展示文化形象，进而激发消费者的需求，满足消费者对于消费过程中情感价值的需要。

4. 需求结构改变

消费者需求结构的改变体现在需求的多样化以及购买中渠道信任倾向的增强两个方面，而这两方面的改变对于文化贸易企业的影响尤为明显。首先，人本体验价值时代消费者的需求越来越多样化及碎片化，且对产品和服务的需求体现出较大的个体差异。消费者越来越渴望从文化产品和服务的消费中寻求个性及身份认同，试图以某种特殊的符号来反映自身的价值观和生活理念。其次，消费者还在购买决策上表现出较强的渠道信任倾向，其往往会出于对某一特定渠道的信任而更愿意购买该渠道的产品和服务。自媒体平台很多图书、电影等推荐博主的出现就很好地印证了这一点。人们对于某一 IP 的信任与认同会促使其购买更多与之相关的产品及服务。需求结构的改变深刻影响了文化贸易企业的研发与营销方式，需要采取更为高效的数字贸易形式，与大流量渠道合作，提升企业品牌及产品的竞争力。

（二）文化贸易企业数字化转型的内在因素

1. 组织管理提质增效的需要

为应对外部市场的复杂性、多变性、急速性和矛盾性，提升内部管理效率，文化贸易企业需要对内部组织结构进行数字化调整。扁平化、中台化和创客化的组织结构能使内部协调效率达到最高，资源利用效率达到最大，员工积极性最大化。中台组织的搭建结束了工业时代员工层层上报、信息层层传递的低效率模式，代之以更加扁平、更加接近终端消费者的客户中心平台结构，可以使消费者的需求得到更加及时准确的反馈。员工的创客化则是从思维与组织文化两方面为年轻人提供自我实现的机会，充分发挥其运用数字工具及处理信息的能力为企业创造更多收益。

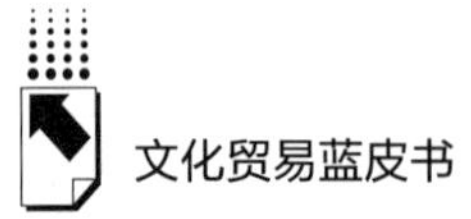

2. 价值提升需要

文化贸易企业数字化转型主要影响价值链上研发设计、营销销售与售后服务三个环节。面对消费者日益复杂化、多样化、碎片化、个性化的需求，文化产品和服务的研发设计在根植于自身文化内涵的前提下，需要更好地与当代文化进行融合，以满足消费者对情感价值的需要。数字系统显然在搜集全球消费者偏好方面具有更大优势。在营销销售方面，数字化转型使得贸易全流程、全渠道得以贯通，文化贸易企业可以在更广阔的平台上传播文化，赢取文化认同，提升消费者对产品及服务的需求。比如，可以借助 TikTok 围绕红色旅游路线进行实时直播，传播红色文化，讲好中国故事，增强消费者的认同感。消费者的在线消费记录也能被企业保留用于新产品的开发设计，互联网的便捷性还可以帮助企业与消费者之间更加灵活畅通地进行沟通，双方可以就产品及服务使用过程中产生的问题及时沟通并形成相应的解决方案。

3. 内在特性驱使

文化产品和服务具有社会性和经济性的双重属性，其社会性决定了消费者对文化产品和服务的购买实际上是为文化买账，而不同国家之间文化往往具有较大的差异，文化距离远的国家之间进行文化贸易较为困难。但企业仍然可以借助网络平台弘扬文化，在平台上发掘各个国家和地区的大流量意见领袖，通过这些领袖的推荐为文化产品和服务打开市场，同时也在更广阔的范围内传播文化，提升文化接受度和认可度，进而打造有竞争力的品牌形象。但文化产品和服务的低复制成本特性也对版权保护提出更高要求，网络的发达使得音像制品、图书、电影、动漫等产品的复制传播成本更低。要想更好地保护产品版权，就需要有更灵敏的识别系统，及时对侵权行为进行拦截，并向相关管理部门提出维权。

二　文化贸易企业数字化转型的瓶颈

根据文化贸易企业数字化转型问题分析框架，进一步分析文化贸易企业数字化转型过程中存在的主要瓶颈。首先，外部环境的不确定性带来了文化贸易企业转型风险大、融资难度大以及技术系统开发、创新与应用难度较大的问题。其次，在组织管理层面，思维上对转型的认识的偏差、组织上的结构混乱、转型相关人才的缺乏等都给文化贸易企业的数字化转型带来了难题。再次，在价值创造环节，文化产品强有力品牌的缺乏、技术系统与企业情况的不匹配、数据收集处理能力的欠缺使得文化贸易企业数字化转型困难重重。最后，文化产品和服务自身属性所带来的版权保护问题不容忽视。

（一）源于外部环境的制约因素

1. 外部形势复杂，转型风险大

在新冠疫情的倒逼下，不少企业开始对企业数字化转型寄予厚望。然而，贸易保护主义、全球化逆流以及贸易壁垒导致文化贸易企业数字化转型的难度加大。部分国家对我国的敌意一定程度上转化成了对我国文化的抵制，限制了我国文化产品和服务的出口。在这样复杂的外部形势下进行数字化转型风险较大，这在一定程度上打击了文化贸易企业数字化转型的信心和动力。

2. 企业数字化转型融资难

企业数字化转型是一个相对长期的过程，不能一蹴而就，因此需要有长期稳定的新技术开发与应用资金支持。文化产品和服务的文化效益转化为经济效益难的特点加剧了文化贸易企业对资金的依赖。对于投资人而言，由于外部情况较为复杂，投资风险较大，其在进行投资决策时更加审慎。而企业在应对疫情对自身冲击过程中也有较大的资金消耗，现金流紧张，但数字化转型不易在短期内收到明显成效，这更加降低了投资人投资文化贸易企业支持其开展数字化转型的意愿。

3. 技术系统开发创新难度大

转型企业使用的新技术新系统一般来源于两种渠道：自身研发或者系统购买。绝大多数文化贸易企业往往不具备足够的技术开发能力用于支撑企业研发内部自用系统。对于转型企业而言，数字化转型仍处于摸索阶段，投资新技术所能带给企业的实际收益尚未可知，新技术与企业自身的适配程度也并不明晰，所以其不敢贸然投资新技术开发。因此，这类企业通常会选择购买他人研发的数字技术与系统用于贸易开发、贸易撮合、贸易执行与贸易服务的全过程。但买入的系统与企业的适配程度无法得到保证，文化贸易企业需要与技术开发公司围绕系统与业务的适配展开沟通并进行再调试，这个过程会产生较高的成本，但成效却得不到保障。

（二）源于组织管理的制约因素

1. 数字化转型认识存在误区

在组织内部，领导层和员工对于文化贸易企业数字化转型的认识误区使得企业在转型中走了很多弯路，造成了资源的浪费。主要的误区体现在三方面：一是认为数字化转型就是 OA 或 ERP 系统在组织内部的应用，或者认为加入电商平台就完成了数字化转型；二是忽略文化贸易企业及文化产品与服务的特殊性，将一般企业的数字化转型路径强加于文化贸易企业；三是认为企业数字化转型应当一步到位。文化贸易企业的数字化转型意味着文化产品和服务贸易全流程的在线化、数据化、智能化以及组织管理的横向数字化贯通，是在充分考虑文化产品和服务特殊性基础上的全流程数字化。数字化转型的过程是长期的，数字系统与企业管理及业务的适配性也不可能在短期内达到最佳水平，但这并不意味着企业需要在系统所有功能全部开发完毕、数字技术与业务系统高度匹配后才能开始转型。

2. 组织内部结构混乱

合理高效的组织结构是数字化的基础，也是跨部门协作的前提。文化贸易企业的数字化要求对价值链的各个节点与各个渠道触点通过数字系统进行综合管理协调，从而提升业务办理的效率，因此设立数字业务部门就尤为重要。但数字业务部门与各渠道、各节点之间如何相互协同成为企业数字化转型过程中的难题。仅将数字业务部门单独凌驾于各部门与价值链的各个节点之上，会导致渠道割裂、数据难以在企业内部互联互通、用户体验感差等问题。但如果在原来的组织结构中间再设置数字业务部门，又会触碰到部分员工的利益，对转型形成阻力，提升管理成本。

3. 高素质人才缺乏

文化贸易企业大多情况下并非专注于技术研发的企业，在数字化转型过程当中需要懂得数据分析的专业人才对其购买的数字化系统进行专业调试与修改，也需要懂得如何为文化贸易企业数字化转型搭建框架的管理人才通过结合企业数字化转型实际与现有资源进行全流程控制、管理与协调，还需要高素质的文化贸易人才对企业文化品牌打造、文化内容产品化和服务化转化以及全产业链贯通、开拓海外市场等重要环节进行战略部署及指导。但挖掘到这三类人才较为困难，往往需要付出高昂的成本。

（三）源于价值创造的制约因素

1. 强有力的品牌缺乏

文化产品和服务要想实现好其经济效益非常困难，尤其是在消费者需求愈发碎片化和差异化的时代，使自己的产品和服务在更大范围内被接受和认可需要文化贸易企业付出更多努力和心血。但品牌的竞争力代表着文化贸易企业的竞争力，文化产品和服务才是文化贸易企业的核心，没有强有力的品牌等同于失去了内容质量，失去内容质量的企业进行数字化转型意义不大。与此同时，品牌也是营销的前提，只有在品牌认可度高的情况下，营销才更高效。但目前，文化贸易企业站在品牌打造与数字化转型的交叉路口，面临着二者成本都非常高的困境，究竟如何分配企业资源是一个难题。

2. 技术系统与自身匹配度低

企业在数字化转型过程中往往有意识地将数字化手段渗透进组织管理以及贸易的全流程，但这些手段与企业自身实际情况的适配程度并不确定。较多企业在数字化转型初期都出现了组织内部管理系统与贸易全流程管理系统因生产厂商不同而无法联通，或者数字手段不能实现文化贸易企业贸易流程中需要的某些功能的情况，这影响了文化贸易企业各部门间的信息传递，增加了管理成本，降低了用户体验。

3. 生产经营产生的数据难以保存

在文化产品和服务贸易中，企业的线上业务系统可以保留交易记录，而这些记录可以很好地帮助企业分析消费者的购买倾向及需求，但这也形成了对企业数据“清洗再加工”能力的考验。大数据时代数据采集与沉淀的方式较之以往发生了较大改变，以全样本、忽略因果、效率至上为特点，企业在没有完整、稳定的标准用来收集生产经营当中产生的数据的情况下很容易造成数据流失与浪费。

（四）源于版权保护的制约因素

数字化时代，文化产品的复制和传播成本变得更低，这就对文化产品的版权保护形成了挑战。一方面，文化贸易企业数字化转型需要实现贸易流程的数字化，在线交易提升了业务处理效率，数字化转型势在必行；另一方面，数字化转型也催化了“一次付费，无限次传播”问题的出现，文化产品和服务的研发设计本就困难重重，版权得不到保护就会打击文化贸易企业产品及服务创新的信心。

三　文化贸易企业数字化转型的策略

针对文化贸易企业数字化转型过程中因外部环境、组织管理、价值创造、版权保护而产生的文化贸易企业数字化转型瓶颈，本报告提出以下应对策略。

（一）提升抗风险能力

1. 以内部市场取代外部市场

根据巴克莱、卡森和拉格曼提出的内部化理论，当企业生产的产品属于知识型产品，容易发生知识外溢，且企业内部交易成本低于外部交易成本时，可以通过内部化的方式，以内部市场取代外部市场，降低经营风险。文化产品属于知识型产品，且伴随着数字技术在企业管理系统与贸易业务全流程中的应用，企业内部交易成本逐渐降低，效率逐渐提高，内部化的条件得到满足。例如，可以在海外设立生产中心和营销中心，通过管理中台统一进行监督管理，绕过因文化抵制而形成的贸易壁垒。同时将产品适度本土化，缩短其与当地的文化距离，扩大产品市场。

2. 供应链金融助力解决融资难题

文化贸易企业在数字化转型过程当中需要大量现金流。数字化时代，企业除了利用数字化平台发掘更多用户、拓宽销售渠道、提高营业收入，还可以借助供应链金融来解决数字化转型过程中资金不足的问题。对于中小型文化贸易企业而言，其融资能力有限，供应链金融就可以很好地帮助企业渡过难关。企业与企业间可以通过财务、交易等单据的电子化、数字化实现互联互通，从而更好地享受供应链金融服务带来的便利。

3. 借助现代技术弘扬中华文化

文化产品和服务的贸易发展状况归根结底取决于人们对产品及服务所承载文化的认可程度。在现代技术发达的今天，文化贸易企业可以通过多渠道传播和弘扬中华文化，让更多的人认识和理解中华文化所传递的价值观，进而发自内心地欣赏和认同中华文化。可以通过自媒体软件进行直播，或者在网络上发起有关弘扬中华文化的活动，让世界感受东方文化的魅力。

（二）加强组织管理数字化

1. 注重数字化思维培养与树立

数字化思维并不仅仅是将数据工具融入日常组织管理与业务中的思维，还包括网络节点思维、开放共享思维、赋能利他思维、平等协作思维以及共生共赢思维。数字化时代万物互联互通形成一个开放的网络结构，每个单元都要保持开放的姿态将自己融入该网络，打破自身孤立封闭的状态。网络当中的各个节点相互交换信息和资源，共同构成共生共赢的生态系统。因此，每个节点都要树立利他思维，主动链接其他节点和给予其他节点能量，同时自己也要不断从其他节点吸收反馈，相互赋能、相互成就，共同将这一网络做大做强，创造更大的价值。同时，应当打破传统商业模式下组织与员工、企业与客户之间不平等的分割状态，向员工和用户开放话语权，双向沟通，激发活力，相互协作，创造更大的效益。

2. 组织扁平化，管理中台化

文化贸易企业在数字化转型过程中容易出现数字业务部门与其他各节点之间管理、组织结构混乱从而造成整体效率低的问题，可以通过将组织架构扁平化、将管理系统中台化的办法加以解决。扁平化组织架构要求组织形态从金字塔型的串联形态变为多主体并联的形态，这会使得整个组织对市场的反馈更加敏感，信息传递更加高效。在扁平的组织架构下，数量众多的团队直接由公司统一管理和服务，这无疑对公司治理体系建设提出了更高的要求。可以通过对支持系统进行中台化改造，在中台设立产品、品牌、人事、财务、服务、管理、宣传等不同的支持模块，实现各模块既可单独运行又可相互组合，拓展出可以适应不同场景的能力单元，满足各项业务对各单元的分离调用，更好地服务于客户。

3. 校企结合培养高素质人才

对于高素质人才缺乏的问题，可以与高校或者研究院进行合作，校企结合，培养复合型实践人才。一方面，高校可以获得行业最新动态，给学生增加实践机会，弥补短板，研究院也可以获得最新的贸易数据，有利于学术成果产出，使学术成果具备更大的理论和实际意义；另一方面，企业也能针对性培养自己需要的专业人才。鼓励高校开设拓展性课程、采取实验班模式或者以设立专项奖学金的形式尽可能让学生多接触交叉专业，进而融会贯通。校企合作还能为学生提供更多社会实践机会，更好地培养与企业需求相匹配的数字化文化贸易人才。

（三）推进价值链重塑

1. 打造强有力的品牌

对于文化贸易企业强有力品牌缺失的问题，企业可以提升内容质量，深度挖掘内涵，进而打造强有力的品牌，扩大影响力，提升知名度，提高企业的竞争力。同时，还可以利用数字技术，丰富产品展示渠道和展示方式，提升产品应用场景打造能力，进而树立文化形象。例如，对于非遗文化品牌的打造，可以利用数字技术实现多场景交互以丰富客户的使用体验，借助多渠道传播媒介对非遗文化进行精准的传播及推介，通过对非遗文化的数字化设计赋予文化新的活力，使其更符合时代特色，实现非遗的可持续发展。除此之外，文化贸易企业还应当着眼文化产品和服务全产业链系统布局，延长品牌生命周期。以迪士尼为例，其以成功的电影形象催生一大批品牌相关的文创周边，并不断与其他行业跨界融合，通过联名的方式扩大与提升品牌影响力和知名度，还建设相应的主题乐园，不断地为品牌赋能。

2. 增强数据“清洗”与再利用能力

文化产品和服务的购买具有鲜明的个体差异，识别客户偏好是促进消费者购买的重点。贸易全流程数字化的实现使得消费者的消费记录及消费偏好以数字形式得以留存，若不加以利用，就会造成数据浪费，使企业对消费者的偏好反应不灵敏，最终导致客户流失。因此，文化贸易企业要结合数字技术对消费过程中的数据加以“清洗”、留存，建立企业自己的数据库，并且利用好信息网络多渠道获取消费者偏好信息，根据企业自身产品与服务优势以及营销渠道，形成消费者精准画像，提高营销精确度，创造更多贸易订单。

3. 根据自身实际对数字化转型进行部署

在数字化转型过程中，数字系统与企业自身业务和管理实际的兼容性是数字化发挥作用的重要影响因素。文化贸易企业应当根据自身的实际资源情况与业务及管理实际部署数字化转型。对中小企业而言，在数字化转型初期，资金有限、利润尚未稳定，可优先选择购买第三方服务机构的系统来维持日常运营。随着企业数字化程度的提高，在企业发展到一定规模，资金和现金流充足，品牌也具有一定影响力时，可逐步投入资金开发企业自己的数字化平台。对于企业来说，数字化转型是必然趋势，现在投入资源能够增强未来的竞争力。但数字化转型并不是一蹴而就的，需要与企业的发展水平相匹配，太过超前或太过落后都不利于企业成长。

（四）强化版权保护

文化产品属于知识型产品，容易发生知识外溢，从而导致文化贸易企业品牌形象和利润受损。数字经济时代，网络的发达使得文化产品的传播变得更加容易，因此，企业在数字化转型的过程中，除了组织管理系统与贸易流程的数字化，还应重视相应产品追踪技术与定位技术的开发，保护产品版权，共同维护良好的创新环境。

B.14

专用数字阅读设备推动我国数字出版产业发展研究

田 嵩 杨宗萱 孙浩桐 张芳芳*

摘 要： 数字出版作为数字文化贸易的重要发展领域，不仅是传统出版行业的数字化延伸，更是数字技术发展带来的便利性和创新性使数字出版产业实现的更大范围的产业延伸。与传统纸质图书出版离不开印刷技术的发展一样，数字出版业的发展同样依赖于可以呈现数字内容的硬件设备支持。人机交互界面、多媒体、互联网等的融合，使得数字出版又不同于传统的纸质出版业。我国的数字出版产业面临着国际化标准缺乏、墨水屏核心技术欠缺、技术创新性应用不足等问题，现阶段急需在技术研发、标准建设、数字支付体系对接等方面加强投入，以提升我国数字出版产业的国际竞争力。

关键词： 数字出版 数字阅读设备 数字文化贸易 墨水屏

传统出版业是文化贸易核心领域，数字出版业自然也成为数字文化贸易的重要组成部分。数字出版是一种以数字技术为基础，构建内容资源的创建、编辑、制作、分发和消费等环节，并通过互联网等数字化平台实现图

* 田嵩，北京第二外国语学院副教授，首都对外文化贸易研究基地研究员，研究方向为大数据分析、新媒体技术、贸易数据可视化；杨宗萱，北京第二外国语学院中国服务贸易研究院2022级硕士研究生，研究方向为文化贸易；孙浩桐，北京第二外国语学院中国服务贸易研究院2022级硕士研究生，研究方向为文化贸易；张芳芳，北京第二外国语学院中国服务贸易研究院2022级硕士研究生，研究方向为文化贸易。

书、期刊、报纸和其他出版物传播的一种出版形式。数字出版将出版物从传统的纸质媒介迁移到了数字媒体上，常见的数字出版形式包括电子书、数字杂志、数字报纸、网络博客、社交媒体平台等。

数字出版产业的发展充分利用了数字作品易于存储和共享的优势，并且可以通过互联网进行全球范围内的广泛传播和发行。同时，数字出版物在传统纸质出版物的基础上，还可以更加灵活地将文字、图片、声音、视频、超级链接等融合在一起，广泛的多媒体元素的应用可以为读者提供更加丰富、精彩，且更具交互感和互动性的阅读体验。

伴随着数字出版产业的发展，数字阅读正在成为人们获取资讯、交流感悟的重要方式。数字阅读的实现依赖于具备数字内容显示和交互功能的数字阅读设备，包括电脑、智能手机、平板电脑、墨水屏阅读器等，同时互联网平台提供了获取数字阅读内容资源和构建数字出版商业模式的重要基础。与传统的纸质书籍的阅读体验相比，数字阅读在便携性、丰富度、交互性和智能化等多个层面都更加具有优势，数字阅读设备上诸如手写笔记、字典查阅、实时翻译等特色功能的加入，更是进一步提升了数字阅读的价值。在这些数字阅读设备中，墨水屏阅读器作为数字阅读领域的专用数字阅读设备，其配套软硬件环境的创新与数字出版领域发展的联系更加紧密，同时也更加具有代表性。因此，本报告将以墨水屏阅读器为切入点，对专用数字阅读设备与数字出版产业间的紧密联系展开讨论，着重分析其对数字出版产业未来发展的影响。

一　专用数字阅读设备发展概况

（一）墨水屏与 Eink 技术

现阶段，市场上与数字阅读联系最为紧密的专用数字阅读设备就是墨水屏阅读器了，而这类设备最具特色的硬件组成就是其中的显示单元墨水屏屏幕，我们这里所说的墨水屏屏幕通常是指基于 Eink 技术实现画面呈现的显示设备。刚刚提到的 Eink，全称为电泳式电子墨水（electrophoretic ink），这是一种以在电场作用下可以改变显示色彩的微胶囊（microcapsules）为基础，通过将数百万个微胶囊均匀排列在导电薄膜基层上，再将其贴覆于薄膜晶体管电路，并利用控制电路实现对每一个微胶囊显示色彩进行独立控制，从而形成画面的显示成像技术。

Eink 技术的出现可以追溯到 20 世纪 70 年代，美国施乐公司研究员 Nick Sheridon 首次提出了电子纸和电子墨概念。随后，麻省理工学院科研团队将这一概念付诸实践，墨水屏初期原型诞生。1997 年，专注于墨水屏技术研发的 E Ink 公司（E Ink Corporation）成立，墨水屏技术得以快速发展，商业化进程从此开始。Eink 墨水屏屏幕采用微细的电子墨水微胶囊和紧密排列的类细胞结构，这些微胶囊可以在电场的影响下转换方向并影响屏幕表面上色彩的显示，从而形成图像或文字。采用 Eink 技术的墨水屏屏幕在内容呈现上看起来非常像纸质印刷的书籍报纸，同时 Eink 墨水屏屏幕最大的特点就是屏幕本身不包含发光元件，而是通过反射外部光线来呈现图像。因此，墨水屏屏幕不像传统的阴极射线管（CRT）和液晶显示（LCD）屏幕那样有反射强光。理论上 Eink 墨水屏屏幕因更加接近传统纸张的特点而更加护眼。Eink 墨水屏屏幕的另一个优点是低功耗，因为它只有在需要更改微胶囊显示色彩时才使用电力，微胶囊状态稳定后本身不需要消耗电能，所以 Eink 墨水屏屏幕在通常情况下会比其他类型的显示屏幕更省电，也更加绿色环保。

（二）Eink 技术墨水屏阅读器的特征

Eink 墨水屏屏幕的独特优势，使得其可以广泛应用于电子书阅读器、智能手表和其他需要低功耗、易读性和轻便性的产品中，特别是在数字阅读的使用场景下，基于墨水屏屏幕打造的专用数字阅读设备的产品优势更加明显，其专注于阅读的特性也能更好地契合数字阅读场景的需要。Eink 技术墨水屏阅读器具有的特点和优势如下。

1. 采用 Eink 屏幕作为核心显示设备

墨水屏阅读器与其他数字阅读设备最大的区别，就是选择使用基于Eink 技术的墨水屏屏幕，同时墨水屏阅读器也充分继承了 Eink 墨水屏屏幕的各项特点，如阅读体验接近于纸质出版物、设备整体功耗更低、屏幕刷新率与液晶显示屏幕相比偏低、受技术和成本限制绝大部分屏幕仅呈现灰度显示效果等。随着亚马逊 Kindle 的推出，墨水屏阅读器开始了大规模商业化进程，在市场的带动下相关技术创新和进步的步伐也明显加快。2009 年，台湾元太科技（Prime View International）花费 2.15 亿美元将美国 E Ink 公司收购，并相继推出了多项技术革新，如提供高对比度显示的 Carta 技术、提升刷新速度的 Regal 技术、可以实现屏幕折叠的柔性屏幕等，2022 年元太科技宣布推出的 E Ink Gallery 3 屏幕，不仅提供超过 5 万种显示颜色以及300ppi 的分辨率和最快 500ms/次的刷新速度，同时还可以支持屏幕的折叠。① 作为墨水屏阅读器核心设备的墨水屏屏幕技术的进步，在提供了更加优质阅读体验的同时，也给数字阅读市场的规模化发展带来了前所未有的契机。

2. 采用封闭或开放式操作系统平台

Eink 墨水屏屏幕本身仅提供基本的图像显示功能，在墨水屏阅读器的实际开发过程中，还需要配套有相应的操作系统。墨水屏阅读器所使用的操作系统不仅需要提供基础的电子书阅读功能，同时还要针对墨水屏屏幕的特点提供相应的显示优化功能，另外近些年越来越多的墨水屏阅读器生产厂商开始采用差异化竞争手段，将越来越多在智能终端设备上使用的功能加入墨水屏阅读器中。

操作系统历来是数字设备运行的重要基础，对于墨水屏阅读器来讲，不同的生产厂商有不同的设计思路。现在市场上，部分厂商采用封闭式操作系统，另一部分厂商则采用开放式操作系统。采用封闭式操作系统的代表性厂

① 《Gallery 产品介绍》，E Ink 官网，2022 年 5 月 4 日，https：//cn.eink.com/brand？bookmark=Gallery。

商包括亚马逊、掌阅等。刷新速度慢一直以来都是墨水屏技术推广的重要障碍，这也使得墨水屏阅读器在阅读领域之外还无法取代传统屏幕设备。采用封闭式操作系统，可以更好地提升设备运行的效率，并提供给用户更好的阅读体验。但是，随着数字设备硬件运算能力的不断发展，封闭式操作系统扩展能力上的欠缺，使得墨水屏阅读器的功能和硬件潜力都受到了极大的限制。同时，墨水屏屏幕也在随着技术的进步而提供更加理想的屏幕刷新率，因此越来越多的厂商开始采用基于安卓等开放式平台的系统作为墨水屏阅读器的操作系统。相比于封闭式操作系统，采用开放式操作系统的墨水屏阅读器有着更加接近于传统平板电脑的硬件配置，同时通过软件和硬件层面的共同优化，使越来越多的功能可以在墨水屏阅读器上实现，如文字办公、收发电子邮件等，代表性厂商包括文石、大我、华为等。

现阶段的技术限制，使得无论是采用封闭式操作系统还是开放式操作系统的墨水屏阅读器设备都还有一定的市场空间。相信随着技术的不断进步、墨水屏屏幕的快速升级迭代，未来墨水屏阅读器的发展将不仅仅局限于电子书阅读领域，也将会有越来越多的厂商采用开放式操作系统来构建更加丰富、多元的墨水屏阅读器市场生态。

3. 与数字出版平台共同构建数字阅读生态

随着墨水屏屏幕刷新速度的不断提升以及近些年彩色墨水屏技术的出现，墨水屏阅读器正在由单一阅读设备走向多元智能设备，特别是随着移动互联网、人工智能等技术的迅速普及，在此基础上打造的智能语言会议记录、语音智能转写、电容笔书写转写等功能已经在部分产品中得到实现。一系列性能升级使用户体验感改善，阅读器办公效率显著提升。在系统及硬件平台不断完善的背景下，众多墨水屏设备厂商涌现，与此同时，数字内容资源的重要性凸显出来，众多厂商开始尝试将各自的墨水屏阅读器产品与数字出版平台进行深度整合，以最大限度提升自身的市场竞争力。如图 1 所示，从发展路径上来看，首先，创作者撰写的小说、短文、论文等内容，将作为文化资源被出版社、电子书平台及影视企业进行商业化挖掘，一个 IP（知识产权）能够形成多个具有商业性质的文化产品。接下来，电子书作为将内容资源电子化的介质出现，联通内容与终端双方。数字出版平台作为内容资源的拥有者与作者共享版权，同时也与墨水屏阅读器生产厂商结成合作同盟，打通内容资源到终端阅读用户的通道，最终形成完整的数字出版市场产业链。

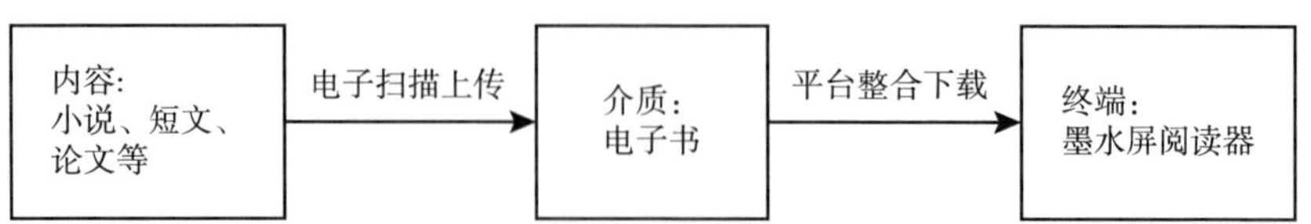

图1　文化资源内容、介质与终端关系图

从关系上来看，内容、介质、终端三者持续有机互动。一方面，优质内容是核心竞争资源，也是满足阅读体验的最核心要素，高质量的数字内容资源能够有效地吸引读者，同时也能激发数字阅读的市场需求，成为墨水屏阅读器市场发展的核心动力；另一方面，数字阅读市场规模的迅速膨胀以及数字阅读更加丰富的表现形式和互动体验，也反过来极大地刺激了新的阅读需求和作者的创作动力。可以说，墨水屏阅读器生产厂商和数字出版平台的合作，是一种双赢的发展策略。数字产业中硬件和软件平台的协同发展、相互促进，将会极大提升整体市场规模，同时带动市场整体的发展和形成完整的产业链。

二　专用数字阅读设备的发展状况

专用数字阅读设备的发展历史并不长，从2004年索尼公司发布第一台墨水屏阅读设备 Sony Librie EBR 1000 算起，到2023年也仅有不到二十年时间。我国的专用数字阅读设备起步更晚，2008年汉王公司推出了第一台国产品牌阅读器产品，文石在2009年推出了自身品牌的第一款产品 BOOX A60，更多的国产品牌则基本上都是2015年以后才开始推出相关的产品。我国数字专用阅读设备尽管生产起步较晚，但是在技术迭代和平台整合上发展得更为迅速，产业链发展更为完善。同时国内专用数字阅读设备的市场竞争异常激烈，这也使得我国数字阅读设备在取得长足发展的同时，也有着更加鲜明的发展特色。

（一）墨水屏屏幕市场较为集中，大陆企业快速发展

结合全球墨水屏屏幕生产厂商的数量和规模来看，墨水屏屏幕市场较为集中。在墨水屏屏幕的生产方面，2019 年仅三大主要厂商就占据了全球将近 90%的市场份额（见图 2），其中台湾元太科技掌握核心专利，占了 59%的市场份额，为大部分墨水屏阅读器品牌如 Kindle、索尼、掌阅、文王等供应墨水屏，是当之无愧的行业巨头。除元太科技外，国内还有广州奥翼电子科技股份有限公司（以下简称“广州奥翼”）、无锡威峰科技股份有限公司（以下简称“无锡威峰”）等企业生产墨水屏。尽管在现阶段，其他厂商无论是在公司规模、产品质量还是核心技术等层面都远不及元太科技，然而随着墨水屏技术的不断迭代进步，越来越多的企业加入竞争行列，供应商之间的良性竞争将进一步推动墨水屏技术的发展，促使墨水屏屏幕在制造成本和关键技术指标（如色彩、刷新率、对比度、节能效果）等方面有新的突破。

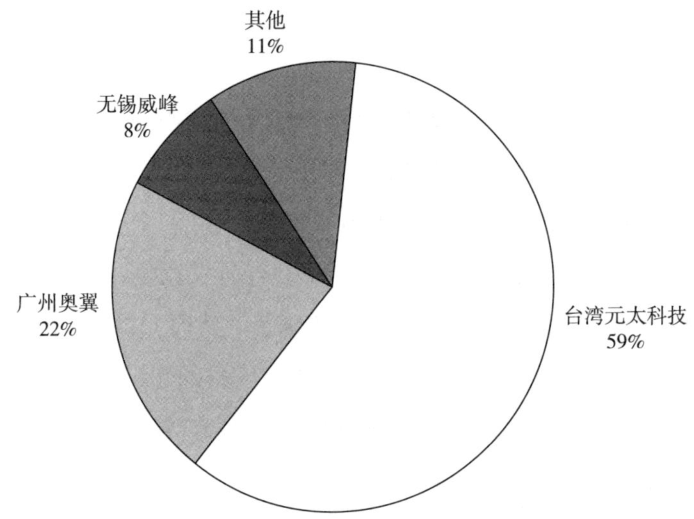

图 2　2019 年电子墨水屏生产厂商全球市场份额

资料来源：https：//www. qyresearch. com. cn/reports/E-ink-Screens-p31615. html。

目前主要的墨水屏屏幕供应厂商有台湾元太科技、广州奥翼和无锡威峰。

1. 台湾元太科技

造成墨水屏市场高度集中现象的原因主要有两点：一是台湾元太科技掌握墨水屏核心专利，存在技术垄断，其他厂商缺乏核心技术并且无法实现量产；二是墨水屏属于小众产品，并没有大规模普及，市场需求量较低，其他企业市场发展空间较小。

元太科技成立于 1992 年，主要经营 TFT-LCD（薄膜晶体管液晶显示器）面板业务。2009 年，元太科技作为代工厂完成“逆向并购”，并购了拥有电子纸关键技术的 E Ink 公司，之后专注于墨水屏的膜及模组的生产设计与销售。目前，元太科技已成为业界少有的具有上游电子墨水技术与中游墨水屏制造技术，同时还具备量产能力与产能规模的制造企业，成为行业领军者，现阶段市场上约 90%的墨水屏阅读器都采用其墨水屏。

在营收方面，元太科技作为膜片供应商之一，2021 年营收达新台币 153. 6 亿元，折合人民币 34. 4 亿元，创下 7 年来的新高。营业率、净利率也达到 9 年来的高点，而 2022 年新一季更创下合并营收达 83. 38 亿元、同比增长率 42. 19%的佳绩。

在知识产权专利方面，从 2015 年至今申请的 3000 多项发明专利中，中国（包括大陆和台湾地区）申请的数量达到了近 8 成，成为墨水屏行业发明专利贡献量最多的国家。其中，中国大陆占比为 72. 09%，中国台湾地区占比为 7. 63%。[①] 已经有越来越多的厂商参与研发竞争，共同推动墨水屏技术的发展，更好地促进墨水屏阅读器的普及。然而，早在 2010 年，元太科技总经理傅幼轩就表示，其墨水屏已经拥有完备的知识产权布局，因此并不担心在技术上被对手超越。即便是一项专利到期，其仍然可以通过相关专利申请继续保持在墨水屏行业的垄断地位。

---

① 《电子纸技术周期分析：电子纸发明专利中国占比近 8 成》，维科网，2021 年 9 月 13 日，https：//display. ofweek. com/2021-09/ART-8420-2300-30524541. html。

依靠完备的知识产权布局所取得的行业垄断地位使得元太科技在技术研发上缺乏动力。自 2009 年并购 E Ink 公司以来，元太科技在墨水屏上的技术进步较为缓慢，更多的墨水屏技术创新应用在电子显示屏，如公交车站牌、电子标签牌等上，在墨水屏阅读器上的研发创新相对有限。近年来，国内墨水屏行业的不断发展，虽然并未对元太科技产生实质性的冲击，但也有效地刺激了元太科技加强对于产品和技术研发的支持。

目前，元太科技已经掌握彩色墨水屏技术，实现了更高的分辨率，在未来新技术的发展方面，将继续精进彩色墨水屏技术，拓展智能领域的彩色墨水屏应用。虽然目前黑白墨水屏市场仍大于彩色墨水屏，但彩色墨水屏已从 3 色发展至 5 色，未来或将颠覆传统黑白墨水屏。元太科技将于 2023 年发布具有革命性的彩色墨水屏产品，并正式进入量产，多家墨水屏阅读器品牌将采用该产品。彩色墨水屏产品的发布将进一步提升读者的阅读体验，扩大墨水屏市场。

2. 广州奥翼

广州奥翼成立于 2008 年，是一家从事墨水屏设计、开发、制造和销售的高科技企业，是目前全球最大的两家墨水屏显示器供应商之一，能够将墨水屏技术应用于产品进行量产，而且是应用于多个领域和产品。公司现拥有四项墨水屏领域技术，分别是：柔性墨水屏材料［电子纸显示屏（EPD）］前板技术、有机薄膜晶体管（OTFT）柔性背板技术、石墨烯墨水屏技术以及彩色墨水屏技术。

广州奥翼在电子墨水屏市场份额上仅次于元太科技，并且近年来发展迅速，虽然大部分产品仍无法与元太科技媲美，但随着公司战略调整，将重点领域放在电子价签等产品上，广州奥翼在墨水屏技术研发上取得了一定的进展，随着元太科技的专利到期，广州奥翼将能够在墨水屏领域开展更多的布局，这有助于加强技术研发，打破元太科技的垄断地位，扩大墨水屏阅读器市场。

3. 无锡威峰

无锡威峰的墨水屏市场份额相比于上述两家公司较小，而优势在于其研发的 DES（电浆型电子纸显示屏）可以与元太科技的彩色墨水屏媲美，在色彩和刷新速度上相近，但最高分辨率可达600ppi，并且可以生产国内最大尺寸10.1英寸的彩色墨水屏。DES不仅在性能质量上能够作为元太科技彩色墨水屏的“平替品”，而且使用的是由无锡威峰自主研发的墨水屏技术，拥有完整的知识产权，也是我国完全自主研发的显示技术。当前电子纸厂商的技术竞争关键就在于彩色墨水屏，无锡威峰要进一步把握自身企业在彩色墨水屏上的技术优势，大力投入研发，并且积极将其转化为产品实现量产，提高大陆企业彩色墨水屏话语权，促进国内彩色墨水屏阅读器的普及与发展。

（二）墨水屏阅读器市场竞争激烈，垂直差异性明显

不同于墨水屏市场的高度集中，我国墨水屏阅读器市场的竞争更为激烈，2022年的标志性事件就是亚马逊Kindle宣布退出中国市场。随着Kindle宣布退出中国市场，国内墨水屏阅读器厂商将会迅速填补Kindle留下的市场空间，在面对前所未有发展机遇的同时，也将面对更加严酷的市场竞争考验。从2022年下半年的市场发展也可以看出，已经耕耘多年的墨水屏阅读器厂商继续依托企业多年来积累的优势，加大技术研发力度，加快产品更新迭代的速度，以期快速扩大在墨水屏阅读器市场所占份额；与此同时，之前并未过多关注这一市场的互联网企业，如华为、小米、联想等也开始陆续推出自有品牌的墨水屏阅读器产品，以期通过自身在互联网领域发展的经验和品牌效应，快速打开市场。由于激烈的市场竞争，各大墨水屏阅读器厂商依托各自优势，着重发展差异化的墨水屏阅读器产品。

从表1中可以看出，国内墨水屏阅读器品牌主要在硬件配置、配套数字内容资源、性价比、商务办公和人工智能等领域开展差异化竞争，以满足国内多元化的数字产品市场消费需求。在硬件配置上，文石和大上主打领先配置和屏幕快刷技术，同时采用开放式操作系统以提升产品的适用性。尤其是国产墨水屏阅读器市场中综合实力最强的文石公司，2022年“双十一”期间旗下多款产品销售量位列第一。掌阅等公司则利用数字内容资源整合优势，强调专注于数字阅读体验的产品特性，采用与Kindle类似的差异化竞争路线来吸引消费者，提供沉浸式阅读体验。小米和墨案都是小米旗下的墨水屏阅读器品牌，主打的

是小米一贯的性价比优势，提供多样化产品，满足消费者的不同需求，在对价格敏感的消费者群体中热度较高。商务办公历来是墨水屏阅读器的主要市场领域，汉王、科大讯飞、华为、大我等企业通过在产品中加强对商务办公的支持，同时将人工智能技术积极引入如智能语音识别、智能会议记录和手写识别、华为智能办公等产品功能中，更好地服务于商务人士和高端消费群体。

表 1　国内墨水屏阅读器品牌主推差异化特点

墨水屏阅读器品牌	主推的差异化特点
文石	硬件配置领先、屏幕快刷技术
大上	
掌阅	丰富的配套数字内容资源
京东	
微信读书	
小米	性价比优势
墨案	
汉王	商务办公特色、人工智能辅助
科大讯飞	
华为	
大我	

从国内墨水屏阅读器产业长远发展考虑，在目前国内墨水屏阅读器产品差异化明显的现状下，企业应当重点在硬件配备和内容资源两个方向上大力投入。硬件设备的配置为消费者在进行无纸化数字阅读时提供了最基础的技术支持和保障，硬件技术的发达与否直接影响消费者的阅读体验，尤其是在色彩、刷新率、分辨率等关键指标上的优化，是墨水屏阅读器发展和普及的前提条件。墨水屏阅读器的发展不仅要有技术支撑，更要注重在内容资源方面的布局，不断优化阅读生态，丰富电子书阅读内容和相关软件，不断改善消费者的阅读体验，这是墨水屏阅读器持续发展的动力保障。[①]

① 杨孙超：《从数字阅读的变迁看待电子墨水屏技术的发展》，《科技资讯》2021 年第 3 期，第 207~209 页。

（三）智能设备助推数字阅读发展，墨水屏阅读器发展空间受限

随着网络技术的不断发展和普及，手机、平板电脑等智能设备同样可以满足人们对于数字阅读的需求。如图 3 所示，根据第十八次全国国民阅读调查，2020 年，在数字化阅读方式中，只有 27.2%的人选择使用墨水屏阅读器进行阅读，远远不及手机阅读和网络在线阅读。手机、平板电脑等产品已经可以满足人们对于不同功能的需要，实现了多功能一体化。相比之下，消费者对于墨水屏阅读器这种单一功能的设备的需求就会降低，再加上其本身最大的卖点——护眼也由于其价格高昂而显得其性价比低，最终墨水屏阅读器市场的实际增长可能与预期相差甚远。

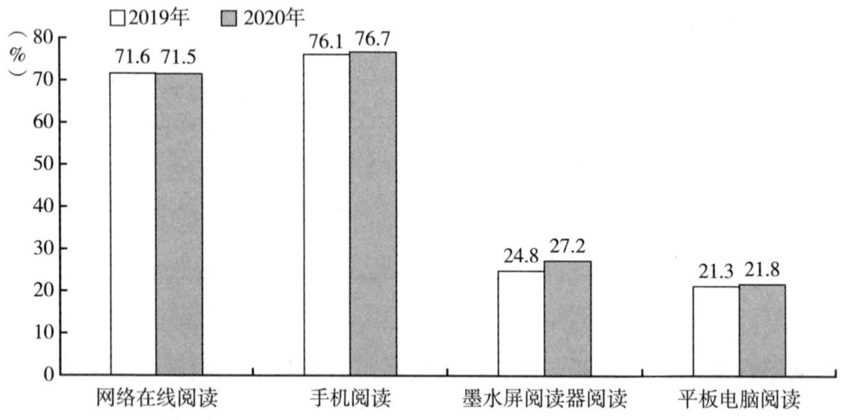

图 3　2019 年和 2020 年人们数字化阅读方式选择对比

资料来源：第十七次、十八次全国国民阅读调查报告。

因此，墨水屏阅读器要打破当前的行业困境主要要完成两个任务。首先要打破上游核心技术的封锁，降低原材料成本进而提升产品性价比。元太科技对墨水屏核心技术的垄断导致上游企业缺乏竞争，下游企业的议价能力不足，无法有效降低产品成本，不利于墨水屏阅读器的广泛普及。元太科技的专利到期无论是对于同行业厂商还是对于下游墨水屏阅读器厂商而言都是利好消息，只有打破技术壁垒，加强行业内竞争，才能够切实有

效地提升产品科技含量，加速技术进步，降低产品成本，进而推广墨水屏阅读器产品。其次要突破现有技术，进行颠覆式创新，打造真正符合消费者需求的墨水屏阅读器。墨水屏属于电纸书的一个分支技术，如果国内电纸书厂商能够绕开元太科技的墨水屏专利，研发出更加适合电子阅读的屏幕技术，将会极大提升消费者的阅读体验，扩大墨水屏阅读器的市场份额，进一步促进数字阅读的发展。

三　数字阅读市场发展情况

（一）市场消费量持续增长

《2021 年度中国数字阅读报告》中的数据显示，2021 年，中国数字阅读产业总体规模达 415. 7 亿元，较上年增长 18. 23%；数字阅读用户规模达 5. 06 亿，较上年增长 2. 43%；人均电子阅读量达 11. 58 本。[①] 由此可以看出，随着数字出版产业的快速发展，当前中国数字阅读用户体量巨大，作为数字阅读终端的墨水屏阅读器拥有广阔的市场发展空间。

表 2 中列出的是作者从京东线上旗舰店中获取的部分主流墨水屏阅读器生产企业的情况。京东线上旗舰店关注量能够有效反映该企业潜在用户人数，进而体现该品牌的社会关注度及知名度。从表 2 可以看出，截至 2023 年 3 月，四家龙头企业的京东线上旗舰店关注量均超过 30 万人，潜在用户人数体量大，市场关注度较高。其中，科大讯飞京东线上旗舰店关注量已达 513. 7 万人，远超另三家企业。

最高售价、最低售价、售价均值这三个价格指数作为信号灯，能有效反映企业产品定位、产品品质、消费者意愿及市场供求情况。其中，科大讯飞售价均值为 4007 元，显著高于另三家企业，能一定程度上反映出其专注技

① 《2021 年度中国数字阅读报告》，中国政府网，2022 年 5 月 13 日，http：//www. gov. cn/xinwen/2022-05/13/content_ 5690098. htm。

术研发与创新，定位中高端墨水屏阅读器产品；文石、掌阅、汉王三家企业最低售价均在600元左右，对有体验墨水屏阅读器意愿的用户友好，利于阅读器以低价进行推广，扩充消费人群。

表2　部分主流墨水屏阅读器生产企业情况

单位：万人，元

企业名称	京东线上旗舰店关注量	最高售价	最低售价	售价均值
科大讯飞	513.7	6299	1099	4007
文石	37.5	6387	696	2540
掌阅	33.7	3299	659	1630
汉王	31.5	5660	599	2226

资料来源：作者根据京东线上旗舰店2023年3月数据自行整理。

另外，图4显示了2022年上半年，Kindle、掌阅、文石、科大讯飞、华为等五家墨水屏阅读器龙头企业的销售量。从图4可以看出，2022年上半年这五家企业累计总销量达29.2万台。科大讯飞、文石、掌阅三家企业售价均值分别为4007元、2540元、1630元，而2022年上半年销售量却分别为3.4万台、5.6万台、6.6万台，价格与销售量呈负相关关系，反映出三家企业差异化的市场定位与销售策略，这也提醒广大墨水屏阅读器企业，应把握好售价与销售量之间的动态关系，根据企业自身发展情况，深入调研市场，制定适宜的利润最大化策略。

（二）系列产品多元化发展

Kindle迫于亏损压力退出中国市场后，中国本土品牌接过市场主导权，表现出较高的市场集中度。科大讯飞、文石、掌阅、汉王等企业聚焦墨水屏阅读器及相关系列产品研发，相继推出多品类产品。彩色墨水屏阅读器、青少年护眼专用墨水屏阅读器、墨水屏显示器、墨水屏手写板、配套电子手写笔、专用键盘、动漫保护套等产品相继上市，显示屏尺寸在

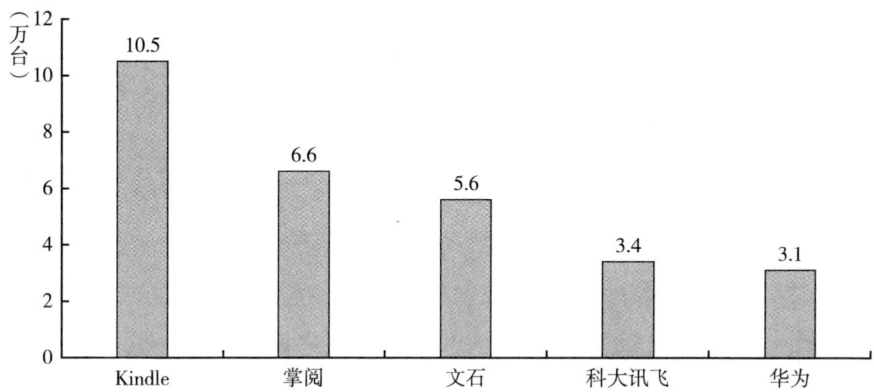

图 4　2022 年上半年五家墨水屏阅读器龙头企业销售量

资料来源：中商情报网。

6~13 英寸，满足各类偏好消费者需求。同时，企业细分市场战略持续推进，针对商务、办公、教育等使用场景，将客户细分为轻度阅读用户、重度阅读用户、体验型用户、青少年用户、礼物定制用户、升级追加型用户等类型，针对不同类型客户分块制定特色销售策略，销售量显著增长，市场成熟度持续提升。

（三）用户群体拓展存在发展空间

当前，墨水屏阅读器虽已具备显示彩色图像、手写、录音、App 下载等功能，但由于其使用场景较为单一，故存在较高的群体购买壁垒，主要用户仍集中在白领、高校学生等群体，并未实现广泛推广。拓展用户群体可从水平领域与垂直领域两方面着手。

在水平领域，通过广告投放、实物体验、口碑建立等营销方式引导更多深度阅读爱好者购买并使用墨水屏阅读器，增加销售量；利用附带海量电子书资源、边际成本低、保护视力、便于携带、可实现沉浸式阅读等墨水屏阅读器专有优势，凸显阅读器不可替代性，弱化竞争，增强用户黏性。

在垂直领域，挖掘墨水屏使用深度，丰富使用场景。目前，墨水屏技术除用于阅读器外，已外延到电子货架标签、电子广告板、墨水屏手机、墨水屏手表、数字标牌与城市导视标牌等领域。以数字标牌为例，由图 5 能够看出，2020~2022 年，中国数字标牌出货量增长趋势显著，2021 年增长率高达 63.3%，预测模型预计 2023~2025 年中国数字标牌出货量将持续平稳增长。未来，墨水屏在教育、智慧办公、商业显示、消费电子等多种场景有广阔的发展空间。①

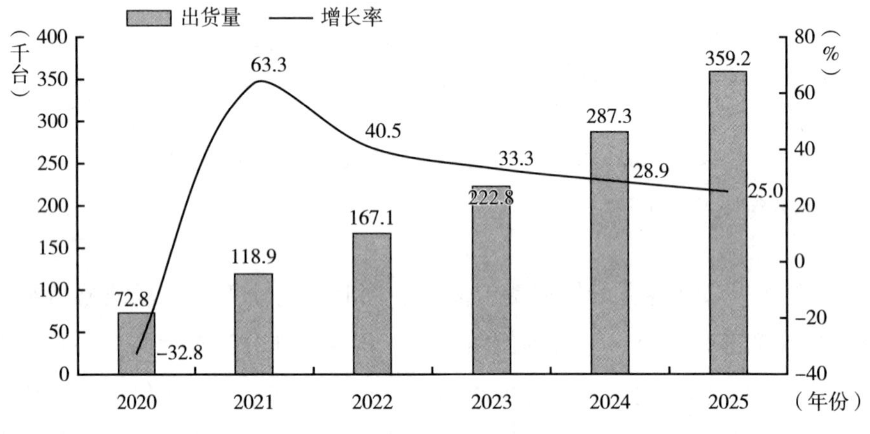

图 5　2020~2025 年中国数字标牌出货量变化及预测

资料来源：《〈2021 中国电子纸产业年度洞察报告〉发布》，搜狐网，2021 年 12 月 31 日，https://www.sohu.com/a/513119847_120601939。

四　亚马逊 Kindle 退出中国市场带来的反思

（一）亚马逊 Kindle 的发展历程

亚马逊 Kindle（以下简称 Kindle）是指美国亚马逊（Amazon）公司设计、生产并销售的采用墨水屏技术的阅读器。Kindle 这一名称不单指亚马逊电子书阅读器中的某一具体产品，而被看作亚马逊电子书服务的统称和商标。例如，电脑、平板电脑与手机上能够用于访问亚马逊电子书的应用都以

① 《〈2021 中国电子纸产业年度洞察报告〉发布》，搜狐网，2021 年 12 月 31 日，https://www.sohu.com/a/513119847_120601939。

Kindle 命名。更广义上，亚马逊将包括相关技术、内容与平台的整个电子书服务应用环境都命名为 Kindle，比如将亚马逊电子书商城称为 Amazon Kindle eBook Store、将自出版平台命名为 Kindle Direct Publishing（KDP）等。具体而言，这项业务本身主要包含两个部分，一个是以硬件形式存在的 Kindle 电子书阅读器，另一个是以内容服务形式存在的 Kindle 电子书本身。

作为墨水屏阅读器的先行者，第一代 Kindle 于 2007 年底发布，用户可以通过该设备阅读 PDF 格式和亚马逊专用的电子书格式文件。尽管初期售价高达 399 美元，但第一代 Kindle 在上市后仅五个半小时内即被抢购一空。此后，Kindle 更是不断更新换代，小巧的机身、轻薄的设计、全触摸的显示屏、相当高的分辨率、高端的墨水屏技术和超长的待机时间，使 Kindle 一度成为墨水屏阅读器的代名词。随后，Kindle 逐渐拥有了完整的内容生态和完备的产品线：Kindle（入门版）、Kindle Paperwhite（经典版）、Kindle Voyage（旗舰版）以及 Kindle Oasis（尊享版），2022 年 12 月 Kindle 更是推出了可以使用手写笔的新品 Kindle Scribe，可以说这些不同的产品线在最大限度上满足了不同需求的消费者。

2012 年 12 月，亚马逊中国正式上线 Kindle 商店，开始销售电子书以及提供 Kindle App 下载，用户可以在各种非 Kindle 的终端设备上阅读电子书。2013 年 6 月 7 日，Kindle 阅读器正式入华，很快亚马逊就占据了国内数字阅读市场的大量份额。Kindle 在进入中国 6 个月后，就传出了在中国已经盈利的消息。2018 年 6 月，亚马逊中国发布了 2013~2018 年多维度 Kindle 中国电子书榜单，数据称至 2016 年底 Kindle 已累计在中国销售数百万台，中国已成为亚马逊全球 Kindle 设备销售第一大市场；2018 年，Kindle 中国电子书店已上架电子书近 70 万册，较 2013 年增长近 10 倍。① 这个数据也在路透社的报道中得到了验证，在亚马逊的一份内部简报中，截至 2017 年末，中国已成为亚马逊公司全球最大的 Kindle 阅读器销售市场，占其总销售量的 40%以上，这是

① 《亚马逊发布 2013 年至 2018 年中国电子书阅读榜单》，搜狐网，2018 年 8 月 22 日，https：//www. sohu. com/a/249467272_ 667892。

一个相当惊人的占比。这也意味着 Kindle 业务在中国市场曾经取得了巨大的成功。结合天猫“双十一”数据，2018 年，中国电子书阅读器市场份额第一是亚马逊 Kindle，第二是索尼，第三是掌阅科技。2019 年，我国电子书阅读器销量增速开始放缓，年销售量为 234 万台，年增速在 4%左右。① 此时，占据市场绝大部分份额的是亚马逊 Kindle 和汉王科技，此外，盛大、台电、纽曼等也拥有一定的市场份额。随着全民阅读时代的到来，越来越多的行业竞争者涌入电子书阅读器市场，京东、当当等电商企业和一些阅读平台也进入阅读器市场参与竞争，阅读器行业参与主体越来越多元化，竞争也越来越激烈。

2022 年 6 月 2 日，亚马逊中国宣布调整 Kindle 在华相关业务。亚马逊表示 Kindle 中国电子书店将于 2023 年 6 月 30 日停止运营，此后用户无法购买新的电子书。另外，从公告日起，亚马逊中国将停止 Kindle 墨水屏阅读器的经销商供货。在 2024 年 6 月 30 日后，亚马逊将会关闭 Kindle 中国电子书下载功能，届时用户仅可阅读已下载到设备的电子书。

（二）亚马逊退出中国图书市场

早在 2019 年 7 月，亚马逊中国就关闭了自营图书（指纸质书）的销售业务。如今，在亚马逊中国官网的全部商品分类中，已经不再呈现“图书”一栏，而仅仅有 Kindle 商店和 Kindle 电子书的分类。2023 年，亚马逊关闭 Kindle 中国电子书店，这意味着中国消费者不仅无法在亚马逊买到纸质图书，而且也不能购买电子书了。换句话说，亚马逊彻底退出了中国数字出版市场。

亚马逊成为全球电商巨头的第一步就是成立在线图书零售网站，而在进入中国市场时，亚马逊（通过收购卓越）首先涉足的也是图书电商领域，并一度成为中国数字出版领域的标杆性企业。从某种程度上讲，图书电商业

① 《2018 年电子阅读器行业市场格局和发展现状分析 Kindle“内容+硬件”模式成熟》，前瞻产业研究院官网，2018 年 12 月 26 日，https://www.qianzhan.com/analyst/detail/220/181225-75289ba0.html。

务也是亚马逊在中国的核心业务。但如今，在中国，这项业务已经被亚马逊明确放弃了。

（三）亚马逊 Kindle 可供借鉴的优势

1. 优良的硬件素质

用户选择 Kindle 往往是因为它的墨水屏看起来更舒服，机身更轻薄、更便于携带，更让人专注。除此之外，产品品控好、质量好、耐用度高也是 Kindle 的有效竞争优势。美国《消费者报告》曾对 16000 名 Kindle 用户做过调查，调查结果显示，比起 Kobo 和 NOOK，Kindle 出现严重问题的情况是最少的。①

在墨水屏阅读器的核心卖点——“阅读”和“护眼”方面，Kindle 在行业里始终处于领先地位。在琳琅满目的众多墨水屏阅读器品牌中，Kindle 的屏幕显示效果和视觉舒适度无疑是行业中的佼佼者。屏幕是墨水屏阅读器最贵也是最重要的部件，屏幕显示的优劣直接决定最终的阅读体验。Kindle 采用了 300ppi 的分辨率，屏幕清晰度是目前市面上最高的。Kindle 的续航有数周之久，个别机型甚至达到了数月。基于过硬的硬件素质，Kindle 用户可以拥有极致的阅读体验。

2. 丰富的数字内容资源

2012 年 12 月，Kindle 中国电子书店正式上线，通过与数百家中国出版机构和进口书商合作，为中国读者提供了超过 70 万册电子书。2013 年 6 月，Kindle 电子书阅读器进入中国市场，随后亚马逊陆续为中国消费者带来了 Kindle 电子书阅读器全系列产品，并与全球保持新品同步发售，Kindle Unlimited 电子书包月服务与 Prime 阅读等服务也相继推出。

3. 自有系统构建封闭环境

基于 Linux 系统，Kindle 研发了自己独有的系统并与 Kindle 书城绑定，

---

① “Best Digital Notebooks,” Consumer Reports, December 28, 2022, https://www.consumerreports.org/electronics-computers/tablets/best-digital-notebooks-a1045285517/.

且不支持下载其他第三方应用，在很大程度上解放了 CPU 和运行内存。完全封闭的系统使 Kindle 成为目前市面上最纯粹的电子书阅读器，在最大限度上减少了阅读的干扰，带来了最沉浸式的阅读体验。除此之外，封闭系统使墨水屏不翻页不耗电的续航优势发挥得淋漓尽致。

（四）亚马逊 Kindle 在中国的“水土不服”

1. 原有商业模式在中国举步维艰

亚马逊 Kindle 的盈利模式中，其利润主要部分并不来自机器本身，而是来自 70 万册电子书资源，靠卖正版书籍赚钱是亚马逊 Kindle 的主要利润来源。Kindle 通过压低硬件价格抢来用户，但真正留住用户的是内容壁垒。内容版权向来是我国宣传审查的重点区域，亚马逊仅持有互联网出版经营许可证，能经营的业务范围只有国内（不含港澳台）版的电子出版物的批发、零售。这对于亚马逊来说，等于失去了关键盈利板块。以美国为例，亚马逊既是经销商，也是出版商。亚马逊签约了上千位优秀的图书作者，并直接出版 Kindle 平台的电子书，亚马逊可以直接拥有版权，这样的模式直接增加了独占内容的数量，形成内容壁垒，同时也大大提升了电子书出版效率，增加了业务盈利。

在国内，牌照限制让亚马逊只有通过与国内出版公司，如浙江出版集团数字传媒有限公司、天津湛庐图书有限公司等合作才能上架中文电子书。截至 2018 年，亚马逊中国的中文电子书达到了 70 万册，但遗憾的是，内容并非独占，亚马逊无法拿到这些电子书的独家版权，因此内容壁垒无法建立。中文电子书要依靠出版社且并未建成内容壁垒，海外优秀作品又无法大量引进，这在很大程度上限制了 Kindle 的发展，亚马逊引以为豪的图书资源优势也因此被大大削弱。

除了 Kindle 书城本身的问题，亚马逊在纸质图书方面的失败也为 Kindle 退出中国市场埋下了伏笔。亚马逊退出中国图书市场，Kindle 业务失去纸质图书的商业协同效应。亚马逊纸质图书的退出直接导致其与出版社失去图书销售合作关系，在这种情况下，Kindle 电子书内容的销售授权很难不受到影响。而失去了内容的支撑，仅仅拥有硬件外壳的 Kindle 阅读器的吸引力也会大打折扣，进而形成 Kindle 阅读器和 Kindle 电子书销量双双下降的恶性循环。

2. 国内竞争对手不断崛起

Kindle 在中国市场占比下降，很大一部分原因是竞争对手的崛起。在墨水屏阅读器硬件方面，以文石、汉王、大我、科大讯飞等为代表的国产品牌快速发展，特色功能层出不穷；而在数字阅读的软件系统层面，微信阅读、iReader、QQ 阅读等平台的活跃用户数都高于 Kindle App，同时番茄读书、七猫等一批标榜“免费阅读”的产品的问世，也进一步压缩了 Kindle 的生存空间。在实体书方面，多抓鱼、孔夫子旧书网等这类二手书交易平台，通过翻新二手书让购书成本下降，也分流了部分爱读书的消费者。

国产电子书阅读器厂商更精准地找到了自己的定位，掌阅尝试做更本土化的 Kindle，文石则想在“开放系统”和“墨水屏”中找到用户痛点，科大讯飞依托自己的科技优势聚焦办公领域……国产厂商使出了浑身解数想在市场中站稳脚跟。相比每年都推出新品的国产阅读器，更新迭代间隔为 2~3 年的 Kindle，不仅没有令人眼前一亮的新技术加入，同时产品自身的吸引力也在不断下降，市场被压缩的结局是可想而知的。

3. 本土化和用户使用体验

Kindle 入华多年，仍保留着在海外的原汁原味，并未为适应中国做出过多改变。其中，从 Kindle 的传书方式可以很明显看出这一点。Kindle 的传书方式是通过电子邮箱或数据线进行传输，邮箱传输对于国内消费者更像是鸡肋功能。国外邮箱使用频率远远高于国内，工作生活都离不开邮箱，所以亚马逊选择使用邮箱向 Kindle 传书，但在中国市场中，工作以外中国人很少使用邮箱，加之现在办公也有各种 OA 办公软件协同和即时通信工具，邮箱的使用更是进一步减少。国内用户想用手机把图书发送到 Kindle，需要在邮箱 App 或浏览器中登录邮箱，接着再在邮件中添加附件，发送邮件给 Kindle。这是一种很明显的电脑操作习惯和使用逻辑，想要在手机端完成是十分烦琐且不便的。而相比之下，国产阅读器普遍支持 Wi-Fi 传输、云盘导入，甚至是微信传输，使用效率和用户体验都得到了极大的提升。

Kindle 由于自身采用封闭系统，几乎不能与其他平台或 App 进行互动，标记摘抄和读书心得也都无法方便地分享出来。除此之外，Kindle 还有支持的文档格式太少的问题。国产电纸书可以支持 20 多种主流文档格式，且自动排版适应屏幕，而最适合 Kindle 阅读的文件格式是自家的 Mobi 和 AZW 格式，PDF 格式在 Kindle 上并没有进行针对性优化，竖屏字太小，横屏很难下滑，阅读体验大打折扣。

五　我国数字出版产业未来发展面临的问题与建议

（一）面临问题

1. 数字出版领域国际化标准亟待建立

尽管国内企业在墨水屏硬件设计制造和数字阅读平台软件环境搭建领域取得了一定的市场竞争优势，通过软硬件平台的深度整合不断开拓市场，但是在数字出版标准领域仍旧缺乏能够获得国际市场认可的国际标准。现阶段所通行的数字出版文件存储格式包括 PDF、AZW、epub、Mobi 等，国内企业基本没有参与到相关标准的制定中。国际标准制定话语权的不足，一方面使得国内数字出版企业在数字出版技术创新领域难以有所突破，另一方面也使得国内数字出版企业的国际化发展时刻受到国际版权的影响。特别是在数字图书加密和数字支付层面，国内国际市场更是缺乏统一的标准和框架，这一点对数字出版产业的规模化发展往往造成不利的影响。

2. 墨水屏核心技术欠缺，产品同质化问题严重

现阶段，墨水屏屏幕技术是墨水屏产业发展的核心领域。墨水屏屏幕技术是一种前沿性电子图像显示技术，这一领域中的前沿研究及核心专利长期以来并未掌握在大陆地区的中国企业手中，这就使得相关领域的技术进步和产业发展极大地受制于人。具体来讲，大陆地区的中国企业存在如下几方面

不足。一是核心技术创新不足。现阶段大陆地区的中国企业往往还只能在欧美和日本等发达国家企业主导的墨水屏核心技术的基础上发展，特别是相关专利未掌握在大陆地区的中国企业手中，这就使得大陆地区的中国企业的创新能力较弱，难以引领国际墨水屏市场的发展。二是产品品质不稳定。墨水屏阅读器市场发展初期，部分中国企业在生产墨水屏产品时，缺乏稳定的质量管理体系和工艺技术，导致产品品质不稳定，容易出现各种问题，例如亮点、暗点、残影、闪烁等。这会影响用户的使用体验和产品的市场竞争力。三是墨水屏产业链不完整。墨水屏产业链的建设需要软硬件环境配套，从墨水屏屏幕技术的研发，到墨水屏阅读器设备的系统集成，再到终端数字阅读内容的完善，整个产业链的构建是一个系统化的工程。而现阶段，国内墨水屏企业往往还只能在部分环节发力，特别是缺乏作为行业标杆的领导性企业。

3. 数字出版领域技术的创新性应用不足，市场规模急需进一步加大

随着移动互联网的不断成熟，国内数字出版和移动阅读市场越发繁荣。首届全民阅读大会上发布的《2021 年度中国数字阅读报告》显示，2021 年国内数字阅读用户规模达 5.06 亿，增长率为 2.43%，人均电子阅读量为 11.58 本。[①] 京东研究院联合京东图书发布的《2021 京东阅读数据报告》显示，纸质书、电子书、有声书呈现出并驾齐驱态势，2020 年同时购买电子书、有声书和纸质书的京东用户数量较 2019 年增长了 40%，电子书阅读时间较去年增长 59.6%。[②] 这说明我国数字阅读市场蕴含着庞大的发展潜力，未来发展形势乐观。与此同时，创新性不足的问题在数字出版领域越发明显，部分数字出版商还将市场的焦点局限于传统纸质图书的数字化流通环节，而没有能够关注到数字技术给内容传播领域带来的深刻变革，特别是融媒体交互技术、大数据挖掘技术、元宇宙虚拟现实技术等给数字出版领域的

① 《中国数字阅读用户规模已达 5.06 亿》，中国政府网，2022 年 5 月 13 日，http：//www.gov.cn/xinwen/2022-05/13/content_ 5690098.htm。

② 《2021 京东阅读数据报告：励志书籍受欢迎》，光明网，2021 年 4 月 22 日，https：//m.gmw.cn/baijia/2021-04/22/34784809.html。

创新发展带来的新契机，同时数字出版领域市场环境相对独立，缺乏与周边产业的深度互动，也给数字出版市场的扩大发展带来一定的限制。

（二）相关建议

基于我国数字出版产业的发展现状和亟待挖掘的市场潜力，我们对中国数字出版产业的发展提出如下建议。

1. 加快软硬件层面技术研发投入，掌握数字出版核心领域关键技术

现阶段，未能掌握墨水屏屏幕及配套硬件架构核心技术，仍旧是制约我国墨水屏产业链进一步延伸及数字出版市场构建的最大阻力。但同时，国内企业在系统集成、定制化开发、数字内容建设等领域具有一定的本土性优势。随着墨水屏核心专利到期及相关专利壁垒的消失，国内企业创新研发的迭代优势将逐渐显露，同时亚马逊等国际巨头退出中国留下的市场空白，使得未来数年成为墨水屏及相关产业可以获得的难得的发展契机，国内企业应该积极加大研发投入力度，充分抓住这一稍纵即逝的发展良机，掌握数字出版领域核心关键技术，保持在国内数字出版市场良好的发展势头，并以此为基础积极开拓国际数字出版市场。

2. 面向国际数字出版市场推出相应的规范，发力国际化数字出版市场

数字出版市场在发展初期并没有受到应有的重视，这也使得各类企业和组织都推出了各自的行业标准，从电子图书格式的多样性上就可以看出来。现阶段，还没有一种电子图书的格式成为公认的行业标准，特别是现有的电子图书标准往往在数字支付、数字版权、数字留痕等方面存在设计上的欠缺，这也给数字出版市场的进一步发展带来了影响。同时，国内众多数字出版平台在与国际市场衔接中更是困难重重，特别是在与以亚马逊为代表的垄断企业的国际竞争中，还没有表现出明显的优势。因此，国内企业和研究机构一方面应该积极研发能够被国际认可的数字出版标准及规范，为中国的数字出版企业赢得国际话语权，另一方面应以制定受国际出版市场认可的数字出版标准为契机，形成具有国际竞争力的中国数字出版产业联盟，真正推动中国数字出版产业走向国际市场。

3. 巩固数字出版产业与数字支付体系对接，规范国际数字出版市场发展

数字版权保护的困难和数字支付的安全风险，长期以来是数字出版产业发展的痛点。现阶段要想很好地解决这些问题，一方面需要数字内容保护技术的进步，另一方面还需要法律法规的完善与落实。从数字出版产业的发展现状来看，提升大众对数字版权保护的重视程度，树立正确的数字版权保护观，同时加大对侵害作者合法版权行为的惩罚力度，有效规范数字出版市场的健康有序发展，是较为切实可行的手段。另外，国内数字出版平台已经积极借助我国发展较好的数字支付环境，将数字支付与数字出版进行有效衔接，这对国内数字出版市场的蓬勃发展起到了很好的推动作用。建议国内数字出版企业与相关政府机构继续加大在数字出版环境方面的支持力度，巩固国内数字出版市场的发展基础，同时积极对接国际数字出版市场，特别是通过构建国际数字出版支付体系，开拓符合标准的国际数字出版市场。同时，通过国家文化出口重点企业和国家文化出口重点项目等形式，鼓励建设一批有国际影响力的数字阅读设备生产商和数字内容发布平台企业，形成中国数字出版产业国际化发展的“排头兵”。

参考文献

安小兰、谭云明：《亚马逊电子书经营模式分析》，《出版发行研究》2009 年第 6 期。

《电子墨水屏（E-Ink）的未来应用》，《高科技与产业化》2017 年第 10 期。

韩维正：《国产电纸书的崛起故事》，《人民日报》（海外版）2022 年 5 月 13 日。

贺轶烈、许晓荣、楼丁溧、袁瑞明：《基于电子墨水屏的无线电子标签设计》，《电子设计工程》2019 年第 6 期。

《Kindle 中国电子书店运营调整通知》，亚马逊官网，2022 年 6 月 2 日，https://www.amazon.cn/b?node=2339201071。

刘仁庆：《电子纸及其发展》，《中华纸业》2010 年第 9 期。

曲忠芳、李正豪：《巨头扎堆“墨水屏”产业探索“破圈”之路》，《中国经营报》

2022 年 5 月 30 日。

杨佳、赵亮：《从电子书到电子纸——由 Kindle 退出中国市场说起》，《竞争情报》2022 年第 4 期。

Reuters, "Amazon to Pull Kindle out of China, Other Businesses to Remain," June 2, 2022, https://www.reuters.com/technology/amazon-says-will-shut-kindle-bookstore-china-next-year-2022-06-02/.

B.15
中国本土主题公园国际化问题与发展路径*

刘　畅　刘念念**

摘　要： 伴随主题公园市场规模的不断扩大，迪士尼、环球影城等国际主题公园运营商纷纷进入中国市场，欢乐谷、华强方特和长隆等本土主题公园运营商表现强劲，不断完善全国布局。在这一过程中，中国本土主题公园影响力不断提升，然而，在国际化战略上，中国本土主题公园还面临缺乏国际化 IP 形象和国际化营销理念等问题，需要不断增强自身的实力和竞争力。本报告以迪士尼成功打造玲娜贝儿的 IP 形象为例，分析其产品策略、营销策略和传播策略，为中国本土主题公园的国际化发展提出创作独特 IP 形象、引入先进经营理念、用好社交平台、拓宽盈利渠道的发展建议。

关键词： 主题公园　国际化　IP 形象

伴随经济社会的不断发展，中国消费者收入水平和消费能力显著提升，对主题公园的兴趣不断提高，主题公园越来越成为受到民众喜爱的休闲游乐目的地。国际领先的主题公园运营商纷纷进入中国市场，截至 2022 年底，中国已拥有三座国际化连锁主题公园，即位于上海和香港的迪士尼乐园以及位于北京的环球影城。目前，中国主题公园市场规模已居全球第二，并仍将

* 本报告为国家社科基金一般项目“新发展格局下业态创新驱动居民消费潜力释放的机制与路径研究”（22BJY236）的阶段性研究成果。

** 刘畅，北京第二外国语学院经济学院副教授，研究方向为会展经济、消费经济；刘念念，北京第二外国语学院经济学院本科生，研究方向为文化贸易。

保持增长态势。在这一背景下，中国本土主题公园机遇与挑战并存，亟须不断开发新产品，提升游乐体验，提高国际竞争力。

一　中国本土主题公园国际化发展现状与问题

（一）主题公园行业头部效应明显，市场竞争激烈

目前国内已经形成了长三角、珠三角、环渤海主题公园聚集区。在每一个聚集区，都有一个强势的国际品牌主题公园参与竞争。上海迪士尼乐园、香港迪士尼乐园和北京环球影城分别领跑长三角、珠三角和环渤海地区（见表 1）。

表 1　中国主题公园地区分布（部分）

地区	主题公园
长三角	上海迪士尼乐园、上海欢乐谷、上海锦江乐园、上海乐高探索中心、芜湖方特欢乐世界、杭州宋城、横店影视城、杭州 Hello Kitty 乐园、苏州乐园、无锡影视城、常州中华恐龙园、常州环球动漫嬉戏谷、合肥融创文旅城、南京万达茂东方文化主题公园等
珠三角	香港迪士尼乐园、长隆旅游度假区、深圳锦绣中华微缩景区和中国民俗文化村、深圳欢乐谷、深圳世界之窗、香港海洋公园等
环渤海	北京环球影城、北京乐多港奇幻乐园、北京石景山游乐园、北京海洋馆、大连发现王国主题公园、大连圣亚海洋世界、青岛极地海洋世界等

资料来源：作者根据各个主题公园官方网站自行统计整理。

中国主题公园行业头部效应明显，2022 年 11 月，中国主题公园研究院、华东师范大学工商管理学院休闲研究中心、上海师范大学休闲与旅游研究中心联合发布《2022 中国主题公园竞争力评价报告》[①]（该报告纳入评价的主题公园为 2021 年 1 月前开园的主题公园，样本涵盖 70 家主题公园，约占我国现有大型和特大型主题公园数量的 92.1%），该报告确立了由区位竞

① 《〈2022 中国主题公园竞争力评价报告〉发布暨 2022 中国主题公园发展高峰论坛成功举办》，雪球网，2022 年 11 月 22 日，https：//xueqiu. com/7620248551/235854384。

争力、规模竞争力、项目影响力和市场竞争力 4 个一级指标和 17 个二级指标组成的主题公园综合竞争力评价指标体系。该报告将排名第一的主题公园作为满分标准，按比例给其他主题公园赋分。

根据报告结果，在综合竞争力排名中，2022 年，上海迪士尼乐园位列第一，珠海长隆海洋王国和北京欢乐谷位列第二、第三，得分分别是 58.32 和 51.83。综合竞争力排名第四到第十的依次为上海欢乐谷、深圳欢乐谷、上海海昌海洋公园、深圳世界之窗、武汉欢乐谷、重庆欢乐谷、广州长隆欢乐世界，得分介于 41 与 45 之间（见表 2）。由此可以看到，在综合竞争力方面，上海迪士尼乐园处于绝对领先地位；中国本土主题公园虽然占据前十中的余下九名，但与第一名上海迪士尼乐园存在较大差距。

表 2　2022 年中国主题公园综合竞争力得分排名（前十名）

排名	主题公园	得分
1	上海迪士尼乐园	100.00
2	珠海长隆海洋王国	58.32
3	北京欢乐谷	51.83
4	上海欢乐谷	44.33
5	深圳欢乐谷	43.74
6	上海海昌海洋公园	43.34
7	深圳世界之窗	43.16
8	武汉欢乐谷	42.82
9	重庆欢乐谷	42.65
10	广州长隆欢乐世界	41.92

资料来源：《2022 中国主题公园竞争力评价报告》。

（二）相关政策对主题公园国际化发展的关注不足

2009 年，国务院常务会议通过的《文化产业振兴规划》明确提出鼓励主题公园建设，要求加快建设具有自主知识产权、科技含量高、富有中国文化特色的主题公园。2013 年，国家发展和改革委员会等部门发布了《关于规范主题公园发展的若干意见》，鼓励主题公园提高科技文化含量和规划建设水平，提出符合条件的主题公园项目可享受国家有关鼓励文化和旅游产业发展的优惠政策。关于主题公园的国际化发展，2018 年，国家发展和改革委员会等部门《关于规范主题公园建设发展的指导意见》首次提到“积极借鉴国外经验，加强自主创新，注重品牌建设，积极培育文化内涵丰富、有市场影响力的主题公园企业”，“支持有条件的主题公园企业‘走出去’，扩大产品和服务出口”。如表 3 所示，2009 年以来，国家关于主题公园发展的政策关注点从文化特色、文化与旅游融合、文化传播转移到品牌建设等方面，主题公园国际化发展在 2018 年才在相关政策中被首次提及，可见中国本土主题公园的国际化理念发展起步较晚，政策对主题公园国际化的关注远远不够。

表 3　国家关于主题公园发展的政策汇总（部分）

时间	单位	政策	内容
2009 年	文化部、国家旅游局	《关于促进文化与旅游结合发展的指导意见》	结合不同主题公园、旅游度假区的特点，鼓励游艺娱乐企业在主题公园和旅游度假区开设游艺娱乐场所，丰富文化主题内容，创新文化传播体验方式，提升主题公园和旅游度假区的感染力和吸引力，打造一站式旅游消费和文化娱乐园区
2009 年	国务院	《文化产业振兴规划》	加快建设具有自主知识产权、科技含量高、富有中国文化特色的主题公园
2012 年	科技部	《国家文化科技创新工程纲要》	研发文化主题公园关键技术及装备，形成系统集成解决方案，提升主题公园创意设计自主创新能力和文化旅游应用服务效果
2013 年	国家发展和改革委员会等部门	《关于规范主题公园发展的若干意见》	鼓励主题公园提高科技文化含量和规划建设水平，符合条件的主题公园项目可享受国家有关鼓励文化和旅游产业发展的优惠政策。要注重加强品牌建设，积极培育有市场影响力的主题公园企业，引导市场规模大、知名度高、专业性强的企业参与主题公园建设
2018 年	国家发展和改革委员会等部门	《关于规范主题公园建设发展的指导意见》	积极借鉴国外经验，加强自主创新，注重品牌建设，积极培育文化内涵丰富、有市场影响力的主题公园企业。鼓励挖掘、保护、发展民间特色传统技艺和服务理念，培育具有地方特色的主题公园企业。支持有条件的主题公园企业“走出去”，扩大产品和服务出口

续表

时间	部门	政策	内容
2022 年	国务院	《“十四五”旅游业发展规划》	有效整合线上线下资源，促进旅行社等旅游企业转型升级，鼓励旅游景区、度假区、旅游饭店、主题公园、民宿等与互联网服务平台合作建设网上旗舰店

资料来源：作者根据《关于促进文化与旅游结合发展的指导意见》《文化产业振兴规划》《国家文化科技创新工程纲要》《关于规范主题公园发展的若干意见》《关于规范主题公园建设发展的指导意见》《“十四五”旅游业发展规划》整理得到。

（三）发展模式受限，门票经济依赖严重

《2017 中国主题公园发展报告》对国外的主题公园盈利模式进行研究发现，在国外大多数主题公园的收入结构为门票收入占 30%，购物收入占 30%，衍生品及其他收入占 40%。与国外主题公园的盈利模式不同，我国大多数主题公园的盈利模式还停留在门票经济阶段，70%以上的营业收入来自门票。[①] 据《2022 中国主题公园竞争力评价报告》统计，在游客接待量方面，按排名第一的上海迪士尼乐园为 100 分计算，排名第二的珠海长隆海洋王国、排名第三的北京欢乐谷得分分别为 55. 50 和 40. 02（见表 4）。而在营业收入方面，以排名第一的上海迪士尼乐园作为满分标准，排名第二的珠海长隆海洋王国得分仅为 18. 16，排名第三的北京欢乐谷得分为 13. 22；排名第二至第十的本土主题公园营业收入得分之和才是上海迪士尼乐园的 76. 41%（见表 5）。这说明与迪士尼乐园相比，本土主题公园的盈利能力远远落后，反映出游客平均消费金额较低、乐园为游客提供的服务缺乏消费吸引力等问题。

① 秘浠祺、全继刚：《我国主题公园的发展现状、趋势及策略研究》，《江苏商论》2020 年第 5 期，第 61~63 页。

表 4　2021 年中国主题公园游客接待量得分排名（前十名）

排名	主题公园	得分
1	上海迪士尼乐园	100.00
2	珠海长隆海洋王国	55.50
3	北京欢乐谷	40.02
4	深圳世界之窗	28.29
5	武汉欢乐谷	24.25
6	上海欢乐谷	23.29
7	绵阳方特东方神话	22.00
8	广州长隆欢乐世界	19.75
9	深圳欢乐谷	19.16
10	银基动物王国	18.82

资料来源：《2022 中国主题公园竞争力评价报告》。

表 5　2021 年中国主题公园营业收入得分排名（前十名）

排名	主题公园	得分
1	上海迪士尼乐园	100.00
2	珠海长隆海洋王国	18.16
3	北京欢乐谷	13.22
4	广州长隆欢乐世界	10.05
5	上海海昌海洋公园	8.18
6	绵阳方特东方神话	6.40
7	武汉欢乐谷	5.64
8	荆州方特东方神话	5.20
9	上海欢乐谷	5.08
10	郑州方特欢乐世界	4.48

资料来源：《2022 中国主题公园竞争力评价报告》。

（四）缺乏国际化 IP 形象

IP 是主题公园的核心，是提升主题公园品牌影响力和品牌辨识度、增强主题公园持续竞争力的重要工具。优秀的主题公园依靠知名 IP 获得大众认知和选择，比如迪士尼乐园、环球影城依靠国际认可的 IP 吸引来自全球各地的游客；中国本土主题公园 IP 也在蓬勃发展中，部分主题公园集团运用中国文化元素打造 IP 形象，比如位于浙江的宋城演艺利用当地的白蛇传说、梁山伯与祝英台故事打造千古情和钱塘仙侠会 IP（见表 6）。华谊兄弟、博纳影业等影视、传媒公司也纷纷利用其影视制作基础打造自身 IP。但是，这些 IP 的国际影响力非常有限，比如，华侨城集团打造了锦绣中华、欢乐谷、民俗村三个 IP，但是这些 IP 仅仅局限在品牌本身，很难进行二次创作。直到今日，华侨城也没有打造出类似"玲娜贝儿""擎天柱"的 IP 形象。与中国本土主题公园不同的是，以迪士尼为代表的国际化主题公园拥有丰富的有创作价值和经济价值的 IP 形象，比如近年来火爆的"达菲家族"系列，该系列形象既能作为玩偶丰富园区内容，为游客带来奇妙体验，又可以开发丰富的周边产品吸引游客消费，在营造品牌形象的同时创造巨大的经济价值。

表 6　主题公园集团 IP 资源列举

主题公园集团	IP 资源
迪士尼	米老鼠、白雪公主、冰雪奇缘、漫威超级英雄、加勒比海盗等
环球影城	哈利・波特、蜘蛛侠、辛普森、小黄人、变形金刚等
默林	乐高、小猪佩奇等
华强方特	熊出没、孟姜女、女娲传奇、雷峰塔、牛郎织女、梁祝等
宋城演艺	千古情、钱塘仙侠会
华侨城	锦绣中华、欢乐谷、民俗村

资料来源：作者根据头豹研究院《2019 年中国主题公园行业市场研究》整理。

（五）缺乏国际化营销理念

当前，流媒体平台已经成为主题公园市场营销的重要阵地。流媒体平台的话题阅读量也体现了主题公园的受欢迎程度。本报告整理了部分主题公园在中国主要流媒体平台上的话题阅读量（见表 7）。

表 7　中国主要流媒体平台部分主题公园话题阅读量

单位：万

主题公园名称	抖音	微博	小红书	快手	总阅读量
上海迪士尼乐园	1645000. 0	259000. 0	284000. 0	81000. 0	2269000. 0
北京环球影城	568000. 0	118000. 0	123000. 0	143000. 0	952000. 0
珠海长隆海洋王国	130000. 0	8334. 2	6750. 2	1988. 0	147072. 4
广州长隆欢乐世界	68000. 0	2088. 8	4257. 3	7690. 6	82036. 7
北京欢乐谷	46000. 0	7378. 0	3505. 7	2625. 7	59509. 4
上海欢乐谷	54000. 0	9292. 4	5177. 1	2900. 4	71369. 9

资料来源：作者根据上海迪士尼乐园、北京环球影城、珠海长隆海洋王国、广州长隆欢乐世界、北京欢乐谷、上海欢乐谷的抖音官方账号、微博官方账号、小红书官方账号、快手官方账号数据统计整理，时间截至 2023 年 4 月 8 日。

通过表 7 可以看出，上海迪士尼乐园在大多数流媒体平台上的话题阅读量远超其他主题公园。北京环球影城虽然在 2021 年 9 月才开始营业，但话题阅读量远超过早已开业多年的珠海长隆海洋王国、广州长隆欢乐世界、北京欢乐谷和上海欢乐谷。以抖音平台为例，上海迪士尼乐园官方账号有共计 329 个作品①，上海欢乐谷官方账号有共计 746 个作品②。虽然上海欢乐谷产出了更多的作品，但是相关话题阅读量仍低于上海迪士尼乐园，这与流媒体平台运营中的 UGC（User-Generated Content，用户生产内容）和 PGC（Professional-Generated Content，专业生产内容，由专业个人或团队有针对性输出的较为权威、制作精良的内容）有关。上海迪士尼乐园充分利用流媒体平台的 UGC 和 PGC 运营，陆续在抖音平台上推出了《迪士尼春日》《迪士尼春节》《迪士尼圣诞节》《迪士尼万圣节》《奇妙迪知识》系列作品，通过精心制作的短视频宣传产品制造话题、吸引游客。上海欢乐谷也在抖音平台上运营自己的官方账号，但是其发布的 746 个作品内容质量参差不齐，话题分类也不够清晰。其中有关于乐园推出的蝴蝶节和华服节等活动的介绍，但只是采用了图片和文字的简单形式。无论是 UGC 运营还是 PGC 运

① 数据来源："上海迪士尼度假区"官方抖音号，截止时间为 2023 年 4 月 8 日。

② 数据来源："上海欢乐谷"官方抖音号，截止时间为 2023 年 4 月 8 日。

营，上海欢乐谷都没有给予足够的重视。

在这个“流量”越来越重要的时代，对于主题公园的国际化运营而言，能否在社交媒体平台吸引观众视线、打开自身知名度、推广产品和服务变得格外关键，但显然很多本土主题公园缺乏系统的运营和管理经验，没有严格把关作品内容和质量，也没有充分利用好社交媒体的优势。

二　主题公园国际化发展的成功经验

凭借强大的IP，迪士尼在2018年全球排名前25位的主题公园中占据12个席位，总入园人数遥遥领先其他主题公园集团。从全球主题公园发展经验来看，打造IP是主题公园国际化的核心工作，迪士尼打造运营IP形象的做法能为我国本土主题公园提供经验借鉴。

2021年，迪士尼成功打造玲娜贝儿（Lina Bell）的IP形象，它是一个爱探险的小狐狸形象，是迪士尼达菲家族成员之一。通过运用产品策略、营销策略和传播策略，迪士尼用玲娜贝儿创造了巨大的经济价值和影响力。

（一）产品策略

2021年9月29日，玲娜贝儿IP形象上线并在上海迪士尼乐园正式发售其玩偶产品，产品定价200~500元不等。对于最受欢迎的玲娜贝儿玩偶，迪士尼严格把关产品质量，百分百还原了粉红毛绒狐狸的星空蓝眼睛和蓬松尾巴，甚至是耳朵上兰花的形状和颜色。正是迪士尼玩偶明显区别于盗版玩偶的精致度，再一次捍卫迪士尼IP版权，并使得玲娜贝儿形象在游客中深入人心。此后迪士尼又充分利用消费者“集邮”的心理在原有玲娜贝儿形象基础上推出了“新春款”“冬日款”“圣诞款”“万圣节款”“夏日款”等玲娜贝儿产品款式，这些产品大小规格一模一样，只是在穿着的服装和配饰上有所区分，但就是这小小的改变引得游客争相购买。

（二）营销策略

饥饿营销是迪士尼一直采用的营销手段。玲娜贝儿形象首次发布时，上海迪士尼乐园官网提前开放了预约通道，但只提供了少量玩偶，不到 1 个小时玲娜贝儿玩偶就被抢空，中国大陆市场全部断货，但是中国消费者还在疯狂抢购。上海迪士尼乐园通过饥饿营销，给玲娜贝儿玩偶贴上“限量”“绝版”的标签，进一步提高其 IP 价值。此外上海迪士尼乐园充分营销玲娜贝儿 IP 的本土标签：玲娜贝儿是第一个且是唯一一个在中国大陆首次发布的迪士尼玩偶形象，这使得不少游客对其有天然好感。又因为上海迪士尼乐园位于浦东区川沙镇，结合小狐狸的形象，玲娜贝儿被网友称作“川沙妲己”。玲娜贝儿“川沙妲己”的称号特色鲜明且接地气，一下子刷爆网络社交平台。大量爱好者在朋友圈、聊天中使用玲娜贝儿表情包。

（三）传播策略

在玲娜贝儿 IP 运营过程中，上海迪士尼乐园兼顾线上传播与线下传播。线上渠道中，上海迪士尼乐园提前发布宣传影片，玲娜贝儿上线一个月 17 次登上微博热搜，三个月时间微博热搜词条达 110 个，#玲娜贝儿#话题阅读量达 5 亿，抖音同名话题词播放量破亿。玲娜贝儿还登上影响非常大的 *VOGUE* 杂志，也成为第一个拥有 *VOGUE* 杂志封面的迪士尼玩偶。此外，上海迪士尼乐园邀请明星、博主、网红广泛推广玲娜贝儿，使得其图片、表情包、短视频、段子等遍布抖音、微博、小红书等流媒体平台。线下渠道中，上海迪士尼乐园在出售玲娜贝儿系列周边产品的同时在园区内安排专人扮演玲娜贝儿与游客进行互动。上海迪士尼乐园还通过已有 IP 如米老鼠、唐老鸭等玩偶与玲娜贝儿互动为其赢取关注。玲娜贝儿的扮演者在一次次与游客的互动中了解游客喜好，不断地完善突出玲娜贝儿的人物特征，逐渐开发出吃醋、跺脚、摇尾巴、模仿小松鼠、拔剑等具有个人特色的动作。上海迪士尼乐园通过鼓励游客的二次创作，进一步推动了玲娜贝儿形象的传播。

迪士尼拥有成熟的 IP 产业链，在玲娜贝儿出现之前，迪士尼已经陆续推出了达菲家族系列包括达菲、雪莉玫、杰拉多尼、可琦安、奥乐米拉和星黛露等形象（见表8）。但是在星黛露出现之前，达菲家族的其他形象并没有达到非常火爆的程度，甚至可琦安和奥乐米拉的知名度没有达到迪士尼形象的正常水准。但是星黛露的出现，引起了大家对达菲家族的关注，从2018年到2021年6月已售主题商品叠加高度相当于119座珠穆朗玛峰的星黛露，带领达菲家族进入大众视野，积累了大量的粉丝。玲娜贝儿的爆火是迪士尼多年精心培育IP的结果，当玲娜贝儿爆火后，她与达菲家族其他玩偶的互动使得消费者关注到整个系列，庞大的客户群体使得达菲家族系列产品全部热销。由此可见，IP的爆火不是一蹴而就的，而是需要长时间的积累。

表8　迪士尼达菲家族部分形象信息统计

名称	达菲	雪莉玫	杰拉多尼	可琦安	奥乐米拉	星黛露	玲娜贝儿
性格特征	天真善良的小熊	慷慨灵巧的小熊	具有艺术家气质的猫	充满好奇心的小狗	酷爱音乐的小龟	爱跳舞的兔子	聪明勇敢的小狐狸

资料来源：作者根据迪士尼官网信息统计整理。

三　中国本土主题公园国际化发展建议

在激烈的市场竞争中，国际化是中国本土主题公园进一步发展必须思考和面对的问题。一方面，中国本土主题公园需要具备国际化视野，提升自身运营管理水平，才能在与迪士尼乐园、环球影城等国际连锁主题公园的竞争中占有一席之地；另一方面，长远来看，中国本土主题公园有条件扎根传统文化，发掘本土元素，打造独特IP，走向国际市场。

（一）深挖本土文化内核，创作独特IP形象

我国本土主题公园可以从本土文化中寻找创新点，打造具有中国特色的IP形象，吸引国内外游客。中国作为具有五千年璀璨文明发展历史的国家，

其优秀的传统文化必然是本土主题公园品牌最重要的文化资源。面对博大精深的中国传统文化，本土主题公园运营商应当考虑如何在互联网时代对其进行挖掘和开发，使之显现出灿烂的文化生命力，成为公园品牌形象建构和传播中的文化符号。优秀的中华传统文化在与现代价值的融合和碰撞中历久弥新，以独特的东方文化魅力吸引海内外游客。除自主创新 IP 资源外，主题公园也可以通过与知名动漫、电影、电视剧、游戏等合作，引进影视作品中的 IP 形象，提升主题公园的知名度和吸引力。例如，迪士尼不但自主创造了很多经典卡通动漫 IP，还通过收购皮克斯动画、漫威影业、卢卡斯影业等获得英雄系列、玩具总动员系列、星球大战系列等知名 IP。

（二）引入先进经营理念，提供优质游客服务

主题公园的运营除了要有便利的地理位置、高水平的软硬件设施，还需要先进的经营和管理理念，这正是我国本土主题公园所欠缺的。以迪士尼乐园为例，其经营理念为传递快乐，力求把游客带入一个梦幻的童话世界，这正好符合游客游玩的初衷。此外，迪士尼还凭借其优质的游客服务赢得世界各地游客的青睐。例如，工作人员给予游客热情的欢迎、体贴的招呼和问候；同小朋友说话时蹲下来，保持与小朋友平行的目光接触；立即处理客人的问题；等等。中国本土主题公园要想走向国际化，赢得来自世界各地的游客的青睐，必须正视自身管理经营理念上的不足，努力为游客提供高质量的服务与游乐体验。

（三）发挥媒体优势，用好社交平台

中国本土主题公园应当学习国际主题公园的媒体营销策略，无论是产品推广宣传还是 IP 形象运营都应该充分利用好社交媒体平台的 UGC 和 PGC 运营。一方面，聘请专业团队制作精美的宣传片，发布有趣、有价值的内容。严格把关官方账号发布的作品，确保其内容无误、制作精良，避免出现视频清晰度低、宣传文案与官方信息不一致等情况。另一方面，积极与游客互动，提高游客的参与度和忠诚度。充分利用平台提供的话题挑战功能为自

己增加阅读量和讨论度，同时邀请意见领袖推广宣传自己的相关活动，也可以通过点赞、评论的方式鼓励平台用户和游客进行园区相关内容创作。此外，本土主题公园还可以与旅游、文化、体育等相关行业进行合作，增加宣传渠道，提高影响力和知名度。在 IP 运营方面，本土主题公园可以学习和借鉴上海迪士尼乐园的经验：线上线下全渠道宣发，利用媒体平台提升 IP 知名度；将游客从观众变成内容创作者，鼓励更多的游客参与到 IP 形象的相关话题和内容的创作中。

（四）拓宽盈利渠道，实现盈利模式多元化

主题公园想要长期保持生命力，关键在于构建多业态的产业链，建立多层次盈利体系。迪士尼乐园的成功就在于实现了横向与纵向多维产业的联动发展。不同于国际知名主题公园如迪士尼乐园、环球影城等拥有多元盈利模式，中国本土主题公园的主要营业收入来自门票。中国本土主题公园应当向国际主题公园学习，不断优化盈利模式，通过增加其他盈利渠道来降低对门票经济的依赖性：为游客提供更优质的餐饮、娱乐与购物服务；通过跨界经营、产业联动增强消费吸引力，增加游客消费的可能性。

参考文献

冯月季、李菁：《打造国家文化符号：文化自觉视域下中国传统文化 IP 的价值建构》，《中国编辑》2019 年第 9 期。

B.16
金砖国家文化贸易发展机遇与挑战研究

李嘉珊　李婕臣希*

摘　要：　近年来，新兴经济体尤其是由中国、巴西、印度、俄罗斯、南非构成的“金砖国家”发展迅速，在国际贸易中的作用日益突出，文化贸易有了长足的进步，但是与发达国家相比，国际竞争力还有很大的提高空间。2017~2021年，金砖五国文化贸易规模增长速度和增长态势各不相同，但整体来看，文化贸易国际竞争力有所提高。金砖国家文化贸易发展迎来了机遇：文化贸易政策为其发展提供支持，文化资源及文化底蕴各具特色，经济全球化持续推动金砖国家紧密合作，发展环境日益优化，已形成加强区域合作的“金砖+”模式。但与此同时，金砖国家文化贸易也面临着整体经济增长速度有所下降、地理位置限制尚未被打破、数字基础设施建设有待完善、内部凝聚力有待进一步增强、文化产品和文化服务创新性不足等挑战。金砖国家政府应鼓励培养文化产业的专业人才，延长产业价值链，打造具有“金砖特色”的文化名片，加强与文化产业相关产业的协调发展，提升文化企业的国际竞争力。

关键词：　文化贸易　金砖国家　贸易竞争力

* 李嘉珊，北京第二外国语学院教授，中国服务贸易研究院常务副院长，首都国际服务贸易与文化贸易基地首席专家，研究方向为国际文化贸易、国际服务贸易等；李婕臣希，北京第二外国语学院国际文化贸易专业2020级硕士研究生，研究方向为国际文化贸易等。

一　金砖国家文化贸易发展现状

（一）金砖国家文化贸易规模

在文化产品贸易领域，本报告根据 HS 2002 的分类方法，从 UN Comtrade（联合国商品贸易数据库）中筛选出金砖国家和世界核心文化产品的进出口贸易数据，对 2017～2021 年金砖国家文化贸易规模进行分析。由表 1 可知，2017～2021 年，中国文化产品出口额明显高于其他金砖四国，印度在五国中居于第二，巴西、俄罗斯和南非出口额基本一致，保持在较低水平；中国文化产品进口额也明显高于其他金砖四国，其他金砖四国出口额在这 5 年间相近；中国保持文化产品贸易顺差，其他四国保持文化产品贸易逆差。在出口方面，除俄罗斯外的其他金砖四国出口额在 2020 年都有所下降，但整体上看，中国出口额却呈现较为明显的增长态势，2017～2021 年增长了 40%，其他四国在 5 年间的变化不明显。在进口方面，印度和南非 2021 年的进口额比起 2017 年都有所下降，中国、巴西和俄罗斯则有所增长。

在文化服务贸易领域，联合国《创意经济报告 2010》将文化服务分为广告、市场调研与民意检测服务，研发服务，建筑工程及技术服务，个人文化和休闲服务，与文化产业相关的计算机与信息服务，版税与许可费服务。本报告对 2017～2021 年金砖国家文化服务贸易规模进行分析，数据来源于联合国贸发会议数据库。整体上看，2017～2021 年，除印度外，五国文化服务贸易大多数时间处于逆差状态。在出口方面，和文化产品贸易不同，金砖五国整体上保持增长态势，其中，中国文化服务出口额增长幅度最大，5 年间增长了 173%。中国和印度文化服务出口优势明显，2017～2020 年，印度更胜一筹，中国出口额于 2021 年首次超过印度（见表 2）。在进口方面，各国文化服务进口额均高于文化产品，其中，中国文化服务进口额稳定保持较高水平。

表 1　2017~2021 年金砖国家文化产品贸易规模

单位：亿美元

年份	中国		巴西		印度		俄罗斯		南非	
	出口额	进口额	出口额	进口额	出口额	进口额	出口额	进口额	出口额	进口额
2017	274.40	39.78	5.23	8.52	8.07	22.16	4.24	8.96	4.54	7.59
2018	278.47	41.95	8.19	9.80	9.37	19.11	8.34	18.79	4.49	7.93
2019	274.32	49.92	9.64	9.91	10.01	17.75	4.71	10.07	4.78	6.98
2020	267.48	47.07	2.36	10.19	6.54	8.37	4.88	8.72	3.83	4.51
2021	384.06	72.85	4.58	12.03	8.37	10.06	4.94	11.20	1.58	3.35

资料来源：联合国商品贸易数据库。

表 2　2017~2021 年金砖国家文化服务贸易规模

单位：亿美元

年份	中国		巴西		印度		俄罗斯		南非	
	出口额	进口额	出口额	进口额	出口额	进口额	出口额	进口额	出口额	进口额
2017	332.89	505.04	31.41	102.52	565.08	147.28	58.76	127.96	11.67	40.27
2018	538.45	627.68	37.89	107.24	608.61	175.32	67.22	136.02	12.28	39.13
2019	616.25	652.62	37.33	111.96	678.74	204.53	70.27	136.71	12.39	40.15
2020	692.11	736.04	35.97	103.29	717.63	210.00	75.26	140.48	10.54	39.16
2021	908.14	902.76	46.33	118.97	858.17	271.51	91.72	149.08	13.28	48.23

资料来源：联合国贸发会议数据库。

（二）金砖国家文化贸易国际竞争力

学术界现有研究普遍用竞争力指标来衡量一国的贸易竞争力，为衡量金砖国家文化贸易国际竞争力提供了参考。常见的竞争力指标有国际市场占有率（MS）、显示性比较优势指数（RCA）和贸易竞争力指数（TC）。

国际市场占有率是一国产品或服务的出口额占该产品或服务世界出口总额的比重，用来衡量一国某种产品或服务的国际竞争力或竞争地位。国际市场占有率与贸易竞争力水平正相关，产品或服务的国际市场占有率提高意味着贸易竞争力提高，国际市场占有率降低意味着贸易竞争力降低。根据联合国商品贸易数据库和联合国贸发会议数据库提供的文化产品和文化服务进出口数据分别计算国际市场占有率得出，2021 年，中国、巴西、印度、俄罗斯、南非的文化产品国际市场占有率分别是 19%、0.23%、0.41%、0.24%、0.08%，文化服务国际市场占有率分别是 6.26%、0.32%、5.91%、0.63%、0.09%。纵向来看，整体略高于 2020 年水平。横向来看，在文化产品方面，中国文化产品国际市场占有率最高，印度次之，巴西、俄罗斯和南非国际市场占有率较低；在文化服务方面，中国国际市场占有率在 2021 年首次超过印度，其他三个国家按照国际市场占有率从高到低的顺序分别为俄罗斯、巴西和南非。

显示性比较优势指数是一国某种产品或服务出口额占该国出口总额的份额与世界出口总额中这种产品或服务出口额所占份额的比值。根据日本贸易振兴机构（Japan External Trade Organization）的标准，RCA 在不同范围内所代表的竞争优势不同。RCA>2.5，代表产品或服务具有很强的竞争优势；1.25<RCA≤2.5，则代表产品或服务具有较强的竞争优势；0.8<RCA≤1.25，则代表产品或服务具有行业内较为平均的竞争优势；0<RCA≤0.8，则代表产品或服务不具有竞争优势。根据联合国商品贸易数据库和联合国贸发会议数据库提供的文化产品和文化服务进出口数据分别计算显示性比较优势指数得出，2021 年，中国、巴西、印度、俄罗斯、南非的文化产品显示性比较优势指数分别是 1.5687、0.2242、0.2912、0.1378、0.1770，文化服务显示性比较优势指数分别是 0.3742、0.2286、3.0111、0.2581、0.1502。纵向来看，中国文化产品显示性比较优势指数较 2020 年有所提高，而印度、俄罗斯和巴西则略有下降；中国和南非文化服务显示性比较优势指数较 2020 年有所提高，巴西、印度和俄罗斯有所下降，但幅度不大。横向来看，中国文化产品具有较强的比较优势，印度的文化服务具有较强的比较优势。

贸易竞争力指数，表示一国某种产品或服务进出口差额和该产品或服务进出口总额之比。只有出口没有进口时，TC=1，且当 TC 为正时，其越大则代表竞争力越强；只有进口没有出口时，TC=-1，且当 TC 为负时，其越小则代表竞争力越弱。根据联合国商品贸易数据库和联合国贸发会议数据库提供的文化产品和文化服务进出口数据分别计算贸易竞争力指数得出，2021年，中国、巴西、印度、俄罗斯、南非的文化产品贸易竞争力指数分别是0.6811、-0.4481、-0.7287、-0.3876、-0.3587，文化服务贸易竞争力指数分别是0.0030、-0.4394、0.5193、-0.2382、-0.5682。纵向来看，除了中国文化服务该指标由负转正，意味着竞争力增强，其他数值与2020年基本无差异。横向来看，中国文化产品贸易竞争力强于其他金砖四国，印度文化服务贸易竞争力强于其他金砖四国。

二　金砖国家文化贸易发展的机遇

金砖五国在战略上需要推动本国的经济社会发展、在国际上增加自己的声量，以扩大各自的利益。金砖国家正在逐步成为全球治理体系中积极的参与者、创造者，并为各国开展合作、参与全球治理提供了新的思想、新的方法和新的实践，从而给全球治理带来了新的活力。随着金砖五国的经济实力日益增强，其合作体系的建立与完善也将日益成为全球治理的一个重要组成部分，应该抓住新的历史机遇。

（一）金砖国家文化贸易政策为贸易发展提供支持

文化贸易的高质量发展，既离不开文化产品和文化服务质量的提高，也离不开文化产业的壮大，文化贸易政策涉及文化产业在对外贸易领域中的内容，也是文化贸易发展的关键。中国现行的文化贸易政策主要有两种：一是由国家主导制定的政策，二是通过与世界贸易组织成员方的多边、双边协定，在文化贸易领域实行的市场准入政策。以2005年颁布的《关于进一步加强和改进文化产品和服务出口工作的意见》为标志，中国文化产品与服务开始走出国门，以“文化大国”为基础，以党的十九届五中全会提出的到2035年建成“文化强国”为目标；从中国“入世”以来对境外文化产品及服务的开放程度来看，2005年颁布的《关于加强文化产品进口管理的办法》也体现了坚持特许经营、严格进口审批的趋势，2017 年发布的《外商投资产业指导目录》则显示出我国对于“开放”的态度。巴西政府自 20 世纪 80 年代以来制定的《赞助法》与《视听法》持续为文化项目提供资助，而《门多萨法》与《促进文化法》等地方政府制定的法律，也为当地文化行业带来了繁荣。自从拉吉夫·甘地当政以来，印度政府对信息产业特别是软件业给予了极大的关注，并在税收、投资和人才等方面对软件业进行了大力支持，从而使其在出口中占有了绝对的优势。俄罗斯的文化政策在经历了控制、模糊、重塑三个时期之后，总体上呈现出一种相对稳定的态势。目前，俄罗斯政府对文化的投入逐年增加，逐渐形成了一种新的文化观念，并将文化发展作为一种重要的民族战略来看待，这也是目前俄罗斯文化发展的核心理念。南非“姆赞西金色经济”项目资助了各类文化活动，并以优质的文化产品及服务为重点，取得了良好的经济效益及社会效应。另外，南非政府还通过全国工艺品开发项目、工艺品公司扶持基金等为南非工艺品公司走向世界提供了政策和财政上的支援，以协助南非工艺品公司走出国门，提升其在国际上的竞争能力。

（二）金砖国家文化资源及文化底蕴各具特色

金砖国家同为新兴经济体的代表，在同一时期的全球经济治理规则框架下快速发展，这一方面是由于这些国家自身存在资源优势，另一方面也要归功于这些国家找到了一套适合自身经济发展的途径。金砖五国能够走到一起不是机缘巧合，五国均是某种意义上的大国，在不同程度上影响着区域、行业甚至全球部分产业的发展形势。金砖五国资源互补、贸易互补，所处的发展阶段相似，有着共同的发展诉求，因此五国具备深化合作的基础，在文化领域的合作具有巨大的发展空间和广阔前景。金砖五国均是文化资源大国，但资源禀赋各有侧重，从而形成互补。中国文化地区特色丰富，各个省份也都以自己的特色文化资源为出发点，形成了自己的特色文化产业；巴西的电影享誉世界，在拉美首屈一指，不仅数量可观，而且不少影片在国际上获得好评；印度有着数千年的文明发展史，在传承发展自身文化的基础上，将本土文明与外来文明相融合，推动了印度文化的发展；在俄罗斯1000多年的历史进程中，音乐创作、绘画工艺、细丝工艺、珐琅工艺、文学、电影艺术等都成为俄罗斯独具特色的文化；南非是世界上自然资源最丰富的国家之一，也是世界上最吸引游客的地方之一。

（三）经济全球化持续推动金砖国家紧密合作

21世纪，全球经济的相互依存程度日益加深，跨国界的生产与消费也逐渐成为一种国际性的常规活动。从20世纪中期开始，经济全球化已经将世界上所有国家的经济发展集中到了一个共同的领域，而随着世界上所有国家之间的经济联系越来越密切，全球化已经变成了一种无法逆转的潮流。在此过程中，各国间的经济交流日益增多，经济管理机构和经济实体层出不穷，各地区经济也呈现出了良好的发展态势，促进了文化、生活方式、思想观念等精神力量的跨境交流、碰撞与融合。20世纪末，经济全球化在真正意义上得到了发展，跨国界的生产要素自由流动变得越来越普遍，以信息技术为核心的高科技的飞速发展，让空间距离变得越来越小、世界变得越来越像一个密切联系的整体。在经济全球化和金砖国家合作的不断发展过程中，金砖国家的经济发展已经取得了巨大的成就。

（四）金砖国家发展环境日益优化

目前，许多新兴经济体虽然在历史、文化、制度以及经济发展水平等各方面都存在较大差别，但它们都具有一些共性，主要包括以下几个方面。一是有着相似的历史经历，也就是在很长一段时间里，在经历了一段艰难的奋斗、获得了民族独立之后，又受到了国际上不平等的政治、经济秩序的压迫。国内、国际的种种原因，使得大多数发展中国家和地区都无法获得快速、可持续的发展。根据国际货币基金组织数据，自2008年全球金融危机发生之后，金砖国家对世界经济增长的贡献率一直保持在50%以上，尤其是包括金砖五国在内的新兴经济体11国，它们不仅快速地消除了这场危机所造成的负面影响，还实现了经济的逆势崛起，大有赶超发达国家的趋势。

尽管在整体力量上，发展中国家和发达国家之间存在着巨大的差距，但是，发展中国家在国际上的竞争力却有了显著的提高，已经从附属国家变成了独立自主的国家。更重要的是，它们通过在国际上的共同努力，以更高的地位在国际上以一个声音来说话，这将有助于它们共同努力，提高发展中国家的国际地位，获得话语权。

（五）已形成加强区域合作的“金砖+”模式

当前，“金砖+”是由金砖五国共同采用的一种新的合作方式，在全球范围内得到了广泛应用。金砖五国同亚洲、非洲、南美洲、欧洲等区域各个国家及机构开展合作，进一步增强了其在该区域的影响力。与非洲各国的合作，是指同非洲各国领袖及非洲地区组织首脑建立一种对话机制。在与南美洲各国的合作方面，在巴西利亚召开的金砖五国和“南美五国”的对话会，就如何加强新兴经济体之间的合作进行了讨论。与亚洲及欧洲各国开展的合作主要有：金砖五国与欧亚经济联盟、上海合作组织成员国、观察员国和被邀请国，以及环孟加拉湾经合组织成员国领导人，就推动人文交流等问题进行了对话。中国于2017年主办金砖五国首脑会议时，将埃及、几内亚、墨西哥、塔吉克斯坦、泰国等非金砖五国的国家作为以“新兴经济体”和“发展中国家”身份出现的对话对象。① 中国于2022年在金砖五国首脑会议上提出了扩员，并第一次向哈萨克斯坦、沙特阿拉伯、阿根廷、埃及、印度尼西亚、尼日利亚、塞内加尔、阿联酋、泰国发出了邀请。② 中国在“金砖+”概念上的继承与创新，显示出金砖国家的合作已超越了地理界限，正朝着为新兴经济体和发展中国家搭建一个国际合作平台的方向发展。

---

① 《国际观察：中国智慧引领金砖未来——解读习近平主席在金砖国家工商论坛开幕式的讲话》，安徽省图书馆官网，2017年9月3日，http：//www. ahlib. com：9999/ah/jinzhuanhuiyi/huiy ijiedu. htm。

② 《王毅主持金砖国家同新兴市场和发展中国家外长对话会》，中国政府网，2022年5月20日，http：//politics. cntv. cn/special/gwyvideo/wangyi/202205/2022052002/index. shtml。

三　金砖国家文化贸易发展的挑战

机遇和挑战是共存又对立的两个方面，有机遇必然会有挑战。金砖国家文化贸易发展是其经贸发展中的一个热潮，其所面临的挑战不仅有关于文化本身，还关乎宏观经济。金砖国家文化贸易发展势必要面临这两个领域的风险带来的挑战，只有充分迎接挑战，才能抓住机遇。

（一）整体经济增长速度有所下降

从总体上看，金砖国家的经济结构还存在着一些不合理的因素：对出口过度依赖，而对国内需求的拉动作用并不明显；更多地注重对生产要素的投入，而各个企业的竞争力和创新能力同发达国家的企业相比，仍有很大的差距；国家过度介入经济活动，不利于企业的自主创新。同时，金砖五国也面临着贫富差距明显、区域之间发展不均衡和社会保障制度不完善等问题。金砖五国的经济增长，在很大程度上依赖于要素投入，而非技术进步。在国际生产要素价格发生变化的情况下，金砖国家原来的价格优势将会进一步被压缩，因此它们的经济增长的可持续性将会受到巨大的挑战。此外，金砖国家还面临经济增长速度放缓、缺乏发展动力等问题。因此，金砖国家迫切需要实现经济的转型。转轨过程中，各国在资源、社会、金融等方面的投入都将成为转轨成败的关键。

（二）地理位置对金砖国家文化合作的限制尚未被打破

金砖五国包括在亚洲的中国与印度，在南美洲的巴西，横贯欧亚大陆的俄罗斯，在非洲的南非，这样的地理位置限制了金砖五国之间的人员流动。以旅游交流为例，《金砖国家联合统计手册 2021》显示，目前金砖国家游客仍以各自所在地区游客为主，尚未出现跨地区的大规模洲际游客流。中国和印度的亚洲游客数量分别占 63.73%和 44.56%，巴西的游客中来自美洲的占 72.36%，南非的游客以非洲游客为主，占 76.28%；俄罗斯游客中，有 64.15%的人来自欧洲。但是，与和其他国家的关联度相比，金砖五国内部旅游业的关联度较低。在中国，俄罗斯游客人数排名第5，印度排名第10，而巴西或南非则没有进入前15名。巴西和南非的外国游客最多的15个国家中，没有一个是其他金砖四国。中国游客数量在2019年俄罗斯接待游客中排名第1，在2020年排名第4，印度、巴西、南非在2020年分别排在第16、17和18名。在印度游客最多的15个国家中，俄罗斯和中国分别居于第5和第14位。上述数据表明，地缘因素在某种程度上制约了金砖国家之间的人文交往，要想深入开展文化合作，还需突破地缘因素的限制。

（三）促进文化贸易发展的数字基础设施建设有待完善

金砖国家为保证人文交流的顺畅和有效，对网络和其他数字基础设施建设的需求也越来越高。然而，各国在数字经济发展方面存在着显著的差距，其中，中国、巴西、俄罗斯等国家在数字经济方面的建设是最好的。中国的互联网渗透率、移动宽带和固定宽带的渗透率均居世界领先地位。巴西拥有世界上最多的互联网用户，并提出了以数字经济为重点的发展方向。俄罗斯早在2018年时，就已经明确提出要大力发展数字经济，并且强调了要把数字技术和工业结合起来。2015年，印度启动了“数字印度”计划，推动了印度的数字经济快速发展。然而，印度的网络、移动宽带、固定宽带的渗透率仍然很低。这一切都是印度在数字时代参加金砖国家人文交流的重大障碍。在过去，南非政府一直致力于推动数字经济方面的技术进步，但是，由于南非的网络基础设施较差，互联网的渗透率非常低。当今的人文交流需要以以网络为代表的数字基础设施建设为基础，而不同水平的数字基础设施建设将会对其所处的文化环境产生不同的影响。

（四）金砖国家内部凝聚力有待进一步增强

从金砖国家内部的机制建设来看，虽然目前已经以领导人会晤为引领，以外长会晤、安全事务高级代表会议等为支撑，在经贸、财金、科技、工业、农业、文化、教育、卫生、智库、友城等数十个领域搭建了务实合作的全方位、多层次架构，但是，这些架构中的相关机制依然存在着结构较松散、凝聚力有待进一步增强的问题。[①] 尽管金砖国家领导人每年都会举行一次会晤，而有关会议与对话机制也都是以会晤日程为中心运行的，但会晤热度过去后，机制作用发挥就变得不够充分。尤其是2020年以来，新冠疫情的暴发，极大地冲击了金砖国家的人员流动、人员交流、教育合作、智囊团交流，并在一定程度上影响了金砖国家在价值观、社会文化等诸多“差异性”中寻找并建构“共同性”的尝试。

（五）文化产品和文化服务创新性不足

金砖国家文化“走出去”，既是一项循序渐进的工作，也是一项奋起直追的工作。高速的追赶与发展，极易导致忽视文化品质与创新，使得文化产品与服务无法从根本上反映出金砖国家文化的价值与精神内涵。在科学技术飞速发展的今天，各种各样的人工智能技术以惊人的速度发展着。然而，许多企业仍然对品牌文化认识不足，没有自主开发的核心技术，只是一味地模仿，没有创造性的思考，同时也缺乏相应的市场营销方法。受传统观念的影响，金砖国家产品价格低廉，但缺乏文化内涵，这就造成了企业不能实现快速、高效的发展。精神追求是指人在一定物质基础之上对更高层次精神满足的追求。近年来，随着我国经济的不断发展和人民生活水平的提高，人们开始重视精神娱乐方面的享受。现在的文化市场上，已经有了不少的娱乐节目，但存在用中国内容来填充国外节目模板的现象，缺乏独创性。随着时代的变迁，人们对文化的接受方式和偏好被忽视，这已经成为在新的时代背景下推进创新发展所面临的一道巨大的障碍。

四　金砖国家文化贸易发展建议

（一）政府鼓励培养文化产业的专业人才

金砖国家与贸易国之间文化贸易的国际竞争会体现在文化领域专业化人

① 贺文萍：《金砖“中国年”：发展机遇与未来挑战》，人民论坛网，2022年8月3日，http://www.rmlt.com.cn/2022/0803/653241.shtml。

才的规模及能力的竞争上，因此专业人才培养的重要性不言而喻。首先，创新用人理念。当前，对于大部分产业来说，学历和资历是职业发展的重要因素，而对于文化产业来说，应充分挖掘新人并给予他们发挥自己才能的机会。同时，也可以从基层选拔文化产业优秀的工作人员，对他们进行专业性的培训，充实文化产业的管理层队伍。其次，完善教育体系。一方面，政府加大对文化领域教育的资金投资，支持复合型学科的设立和创新，培养精通语言文学、文化经营和贸易经济的复合型人才，促进研究领域的精细化程度提高、研究范围扩大，在人才教育的过程中培养学生的创新意识。另一方面，政府要根据市场的发展，充分关注文化人才的供给与需求状况，根据文化市场的需要，倡导采取以校企联合培养文化人才的方式，培养更多的专业化、应用型人才。

（二）延长产业价值链，加强金砖合作

金砖国家可以通过降低贸易成本来扩大彼此之间的贸易规模，但是，通过降低贸易成本来扩大贸易规模的潜力并不大。因此，金砖国家需要加强技术贸易发展与合作。文化产业方兴未艾，从前面几节的分析中也可以看出，文化产业中的竞争只会愈发激烈。这样的竞争存在于企业之间，也存在于国家之间。不同企业、不同国家都具有各自的比较优势，为了提高文化产品和文化服务的生产效率，可以利用比较优势使不同企业或不同国家之间形成价值链。对不同国家来说，形成的是全球价值链。各国位于全球价值链的不同位置，共同促进文化产品和文化服务走进千家万户，同时促进各国文化产业的发展。金砖国家作为一个整体，在文化产业内各个行业的价值链上开展内部合作的重要性不言而喻。将来金砖国家将会成为世界经济发展的主导力量之一，金砖国家应该加强彼此之间的合作，应对全球不确定性因素。金砖国家总体文化贸易质量不高。在文化产品贸易方面，只有中国常年保持顺差，且无论是从国际市场占有率、显示性比较优势指数还是贸易竞争力指数来看，中国文化产品的国际竞争力都优于其他四个国家，很明显其他四个国家的文化产品贸易都依靠进口来拉动。在文化服务贸易方面，印度的文化服务

竞争力不管是与其他四国相比，还是同英美这样的发达国家相比，都具有很明显的优势，中国的文化服务竞争力紧随其后，而巴西、俄罗斯和南非在文化服务方面都不具有竞争优势。这样的结果显示，不管是文化产品还是文化服务，金砖国家内部的发展都呈现不均衡的状态，且分别由一国来领跑，因此，对于金砖五国文化贸易发展的诸多问题，纯靠外部力量解决显然是不现实的，最好的办法就是优先寻求金砖五国文化贸易的内部合作，提升整体文化贸易竞争力，以整体带动个体发展。

（三）打造具有“金砖特色”的文化名片

金砖国家与贸易国之间的文化贸易额增长固然重要，但一个国家丰富的文化资源与文化底蕴是其发展文化贸易的基础，不能一味追求贸易额的增长，还要考虑在文化产品和文化服务中体现“金砖特色”，打造属于自己的文化名片。根据前文可知，金砖国家都是人口众多的新兴国家，文化资源基础雄厚，政策逐步向文化产业倾斜，对文化特色凝结于产品和服务十分利好，使金砖文化能够成为国际社会中鲜亮的名片。打造具有“金砖特色”的文化名片，更重要的是挖掘五个国家的文化特色，打造丰富多彩的金砖组织文化品牌。尽管在贸易中不同国家的文化背景会有很大的区别，但异中有同，这使企业能够挖掘到本国与别国文化的相通之处，这种融合本国与别国文化的文化产品，不仅可以体现出本国的文化精髓，还能够避免别国受众因为文化背景和对文化理解方式的不同，出现对文化产品和服务的抵触，使得文化产品和服务出口出现折扣。因此，不能一味迎合贸易国偏好，还应该坚持本土特色。这就要求文化企业采用能够凝结本国特色的、社会公众所推崇的方式来进行对文化产品和文化服务的研究、生产以及传播。

（四）加强与文化产业相关产业的协调发展

当前，文化产业和高科技产业、互联网信息产业以及教育产业的相互融合发展是全球的发展趋势。同时，这也是实现文化产品和服务创新以及产业结构调整的重要方式。旅游可以成为文化传播的重要途径，现在许多国家都在大力发展文化产业和旅游产业，因为这两个产业都属于绿色环保的具有发展前景的产业，并且它们都可以从精神层面出发影响人们的观念或行为。文化产业与旅游产业结合可以达到共赢的发展效果。但是，在让两者相结合并共同发展的过程中，一定要注重对两者的均衡发展，不能偏重于在旅游产业中植入文化信息使其发挥作用，也不能只注重旅游产业对于文化产业的宣传推动。在发展这两个产业时，一定要秉持双方合作、创造共赢的理念，只有这样才能使两个产业既有穿插融合，分开又是两个独立发展的个体，才能使两个产业的从业人员以更加积极的态度共同促进两个产业的友好合作。促进文化产业与旅游产业的协同发展，所涉及的因素会有很多，特别是在促进文化产业与旅游产业相融合时。这就需要融入更多创新理念，改善以往的经营管理方式，推动两个产业的和谐发展。为此，金砖国家应该紧密联系文化产业与相关产业，提高文化产品附加值，提升文化产品的经济效益，让优秀文化所塑造出来的产品在数量上以及质量上都占据优势。

（五）提升文化企业的国际竞争力

金砖国家发展文化企业应该向国外的优秀企业学习先进的管理经验，同国外的企业建立良好的合作关系，良好的合作不仅可以分享双方的资源、弥补自身发展的不足，同时也可以共享利润。与国外企业的合作有利于金砖国家文化产品和服务的出口，同时也有助于引进国外优秀的文化产品和服务。每一种创新产品的开发都需要投入大量的人力、物力、财力，如果企业自身投入过多势必会有很大的风险，但是如果可以找到相互合作的企业，与其他企业相互分享资源，就可以很大程度地降低投资风险。一方面，中小企业之间建立企业战略联盟。金砖国家当前发展文化贸易具体情形是，文化产业企业规模小，并且产业发展所需资金匮乏、专业化人才实力不足。这些中小企业的发展成果往往与其所制订的发展计划有所出入，它们依靠自身的资源不能完成战略目标，因此，就需要中小企业合作发展，共享创新知识和优秀资源，增强联盟整体实力。另一方面，规模以上企业加快区域间和国内外的兼并重组。从 20 世纪 90 年代至今，有很多的文化企业实施了企业兼并与重组的发展策略，进而出现了很多规模较大的文化企业。最具有代表性的就是美国的华纳媒体、迪士尼集团等。这些兼并重组后的大型集团公司集中了文化贸易发展所需的关键要素，包括先进的生产技术、高科技型人才、充裕的发展资金、先进的管理经验等。金砖国家文化贸易的发展水平与英美这样的发达国家相比还存在差距，因此，本国现存的领头性文化公司需要把握时机，不仅可以与国内的优秀企业实施战略合作，也可以与国外的跨国性文化服务企业合作，将企业间的技术、资金、人才等发展要素相结合，扩大企业的发展规模，以此来提高本国文化贸易的国际竞争力，进而提高金砖国家整体文化贸易的国际竞争力。

参考文献

丁玉梅：《如何以技术创新提升我国对外贸易竞争力》，《商业时代》2009 年第 36 期。

齐玮、何爱娟：《中国文化产品出口竞争力测度与国际比较》，《统计与决策》2020 年第 5 期。

汤晓权：《制度质量对中国文化产品出口竞争力影响探析》，《商业经济研究》2015 年第 3 期。

佟东：《影响文化产业“走出去”的国际竞争力因素及对策研究》，《兰州学刊》2017 年第 8 期。

周升起、吕蓉慧：《我国文化产品贸易国际竞争力及其影响因素研究——基于供给需求视角》，《价格月刊》2019 年第 7 期。

“世界主要经济体文化产业发展现状研究”课题组：《世界文化产品和服务贸易的现状与特点》，《调研世界》2014 年第 11 期。

余道先、王鑫：《基于结构视角的中国文化产品贸易国际竞争力分析》，《新金融》2017 年第 5 期。

陈柏福、刘莹：《我国对外文化贸易竞争力状况分析——基于“一带一路”沿线国家核心文化产品贸易的比较》，《湖湘论坛》2021 年第 1 期。

张根海、王乐：《“金砖五国”合作模式：历程、结构与展望》，《学术论坛》2014

年第 3 期。

吴兵、刘洪宇：《金砖国家人文交流的进展、挑战与路径》，《当代世界》2019 年第 12 期。

徐秀军：《金砖国家人文交流机制建设：作用、挑战及对策》，《当代世界》2018 年第 8 期。

刘惠敏：《金砖四国文化创意产品出口贸易竞争性与互补性研究》，《现代商业》2017 年第 24 期。

方英、岳斯嘉：《中国与金砖国家间的文化贸易：比较优势与合作潜力》，《福建论坛》（人文社会科学版）2019 年第 2 期。

刘冰：《金砖国家文化产业发展比较研究》，《调研世界》2016 年第 1 期。

陈忠：《金砖国家创意服务贸易竞争力比较分析与合作提升策略》，《亚太经济》2014 年第 3 期。

聂聆：《金砖四国创意产品贸易国际竞争力的比较研究》，《国际贸易问题》2013 年第 2 期。

实践创新篇

Practice and Innovation Reports

B.17

中国数字文化贸易政策的实践特征与现实影响*

贾瑞哲　王仪茹**

摘　要： 在数字经济全球化和文化全球化的背景下，数字文化产业成为各国经济发展新的增长点，而数字文化贸易的发展离不开政策的扶持与推动，因此本报告从宏观部署、产业发展、文旅融合、财政支持、出口促进、地区实践六方面系统梳理了我国数字文化贸易政策，据此得出其具有多部门联合出台、侧重平台和企业、中央落地到各地方且地方积极支持等实践特征的结论。政策的形成依赖于多重内外部因素，我国需要进一步重视对内完善政策体制、对外推进高水平开放合作，

* 本报告为北京社科基金决策咨询一般项目“北京推进跨境服务贸易负面清单管理研究”（22JCC071）的阶段性成果。

** 贾瑞哲，经济学博士，北京第二外国语学院经济学院讲师、首都国际服务贸易与文化贸易研究基地研究员、硕士生导师，研究方向为国际经贸规则与政策、服务贸易、文化贸易；王仪茹，北京第二外国语学院贸易经济2019级本科生，研究方向为国际文化贸易。

推动高质量发展和产业融合、打造数字文化贸易综合平台，还要着重培养数字文化领域复合高素质人才，助力我国文化贸易实现高质量数字化发展的战略目标。

关键词： 数字文化贸易　贸易政策　高质量发展

随着以数字贸易为核心的第四次全球化浪潮到来，数字技术已经成为文化贸易、文化创新的内驱力，文化产业和数字技术不断融合，在此过程中文化贸易出口方向也逐渐转变，从以工业制品为主转向以数字化产品和服务为主。因此如何发挥数字科技的作用，不仅关乎我国文化发展的整体性布局，也直接影响着我国文化产业“走出去”的进程。

而数字文化贸易的发展离不开经贸政策的推动。党的十九届五中全会确立了到2035年建成社会主义文化强国、国家文化软实力显著增强的远景目标，提出要“健全现代文化产业体系”“实施文化产业数字化战略”，《关于深化“互联网+旅游”推动旅游业高质量发展的意见》《关于推动数字文化产业高质量发展的意见》等数字文化贸易政策如雨后春笋般不断出台；“十四五”规划及《“十四五”文化发展规划》等相关规划多次强调鼓励数字文化产品“走出去”、抢占文化创新发展的制高点；2022年7月，商务部等27部门联合印发《关于推进对外文化贸易高质量发展的意见》，明确提出大力发展数字文化贸易，推动文化和科技深度融合，促进大数据、云计算、人工智能、区块链等新技术应用，赋能文化产业和贸易全链条，带动传统行业数字化转型，推进实施国家文化数字化战略。

数字文化产业兼具经济和文化双重属性，系统整理数字文化贸易相关政策并归纳其特征成因，有利于助推我国数字文化经济蓬勃发展，快速提升我国数字文化贸易话语权，扩大中华文化国际影响力。

一　中国数字文化贸易政策的发展状况及特征

（一）中国数字文化贸易研究状况

目前国内越来越多的学者对数字文化贸易概念进行了辨析和界定。陈希认为数字文化产品在广义上有两种，“第一种是传统实物形态的文化产品转化为数字形式存储于有形介质中；第二种是不以有形介质的存储为必需，直接表现为数字信息的文化产品，其可以脱离原来所存储的介质在数字网络环境下迅速传递”①。赖雨倩将数字文化产业界定为“依托数字技术进行生产创作的以文化创意内容为核心的新兴产业”②。黄龙将数字文化贸易定义为“以信息通信技术为支撑、通过互联网实现文化商品的展示、流通和交易的贸易形式”③。北京第二外国语学院国家文化发展国际战略研究院发布的《数字文化贸易发展研究报告》④ 认为数字文化贸易具有三个贸易标的，即“数字文化服务、数字文化相关产品以及数字平台文化产品”⑤。上述定义都反映出数字文化贸易一定兼具数字性和文化性的特点，即其对象是文化贸易和数字贸易共同的贸易对象，但无论是国内政府组织还是学界，对数字文化贸易都尚无统一的概念和定义。

在经济领域，贸易政策一般指政府为了实现某种经济和政治目标针对进

---

① 陈希：《数字文化产品的国际贸易法律问题研究》，硕士学位论文，西南政法大学，2015，第 3~6 页。

② 赖雨倩：《我国数字文化产业发展推进国际话语权提升的路径研究》，《中小企业管理与科技》（中旬刊）2021 年第 12 期，第 63~65 页。

③ 黄龙：《我国数字文化贸易政策体系演变与发展趋势》，《科技传播》2022 年第 16 期，第 56~58 页。

④《我校教授在“首届数字贸易博览会·数字文化贸易高峰论坛”作成果发布》，北京第二外国语学院官网，2022 年 12 月 19 日，https：//www. bisu. edu. cn/art/2022/12/19/art_ 18951_ 307549. html。

⑤《数字文化贸易的内涵和外延》，济南市商务局官网，2022 年 12 月 15 日，http：//jnbusiness. jinan. gov. cn/art/2022/12/15/art_ 8323_ 4771505. html。

出口贸易活动制定的行动规则或方针。黄龙将数字文化贸易政策界定为“政府为了促进数字文化贸易发展，运用经济、法律和行政手段，对数字文化贸易活动进行管理和调节的各种措施的总和”①。但目前大部分学者都是重点关注文化贸易方向的政策和规则，只不过其中会提到数字化文化产业的归置问题。本报告的研究对象包含两个方面，一方面为数字贸易中和文化产品、服务及平台紧密相连的贸易政策，另一方面为文化贸易中涉及高新数字技术的贸易政策。

整体上看，目前国内学术界对数字文化贸易的研究比较欠缺，数字文化贸易的概念界定、数字文化产品的分类和统计口径尚不明晰，关于数字文化贸易政策的相关研究还很少，缺乏系统性和针对性，很难形成一套完整的发展理念和措施。对此，在原有框架下，本报告尝试从政策角度分析我国数字文化贸易政策发展状况及实践特征，总结其对产品和服务行业发展、企业出海、数字版权保护三方面的影响机制，试图厘清发展中存在的关键性问题，提出符合我国数字文化贸易状况及发展历程的政策建议，旨在在一定程度上回答并解决当前我国数字文化贸易发展中遇到的最为迫切的问题。

（二）中国数字文化贸易政策总体情况

随着数字经济的快速崛起以及传统文化产业数字化转型的加快，数字文化贸易占整个数字贸易的比重日益增加，相关政策的占比也逐渐上升。总体来看，2010 年至 2023 年 4 月，中央层面共颁布了近 70 项数字文化贸易政策，涉及文化和旅游部、商务部、国家发展改革委等 28 个部门，已经初步构建了一套涵盖宏观部署、产业发展、文旅融合、财政支持、出口促进、地区实践六个方面的政策体系，涉及数字文化平台、数字文化产品、数字文化服务三个贸易标的（见图 1、图 2、图 3）。

1. 宏观部署

在顶层设计方面，中共中央、国务院将数字贸易作为我国外贸发展工作

① 黄龙：《我国数字文化贸易政策体系演变与发展趋势》，《科技传播》2022 年第 16 期，第 56~58 页。

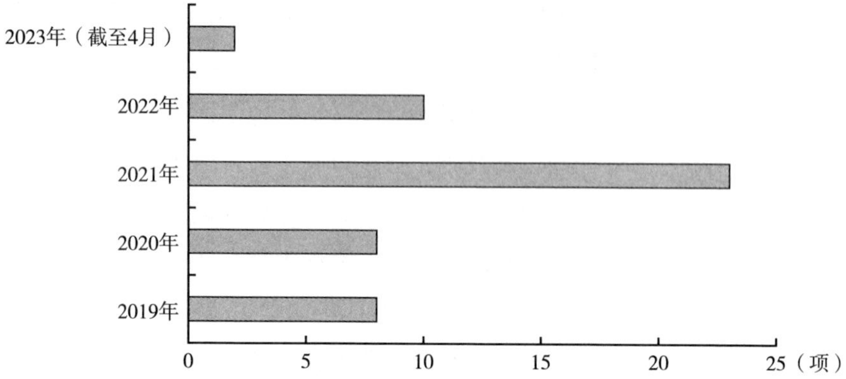

图 1　2019 年至 2023 年 4 月中央层面各年数字文化贸易政策发布数量情况

资料来源：国务院各组织机构及党中央各部门网站。

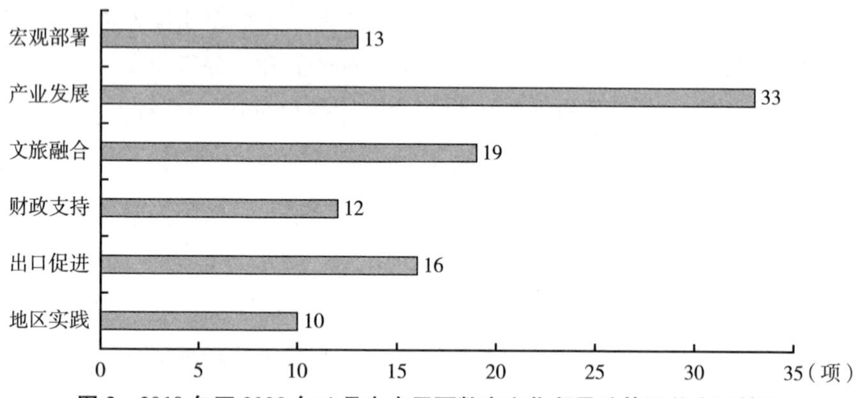

图 2　2019 年至 2023 年 4 月中央层面数字文化贸易政策涵盖方面情况

注：一项政策可涵盖多个方面。

资料来源：国务院各组织机构及党中央各部门网站。

重点，文件中多次提出要加快数字贸易发展。尤其自“十四五”规划实施以来，中共中央办公厅、国务院办公厅明确提出大力发展数字文化贸易，加快文化产业数字化布局，改造提升传统文化业态，促进结构调整和优化升级。党的二十大报告提出，要“健全现代文化产业体系和市场体系”，“深化文化体制改革，完善文化经济政策”，“实施国家文化数字化战略”。这不仅在战略高度上要求数字文化贸易要遵循高质量发展路径，同时也从现实需求出发强调数字文化贸易要以建成数字文化强国为主基调。

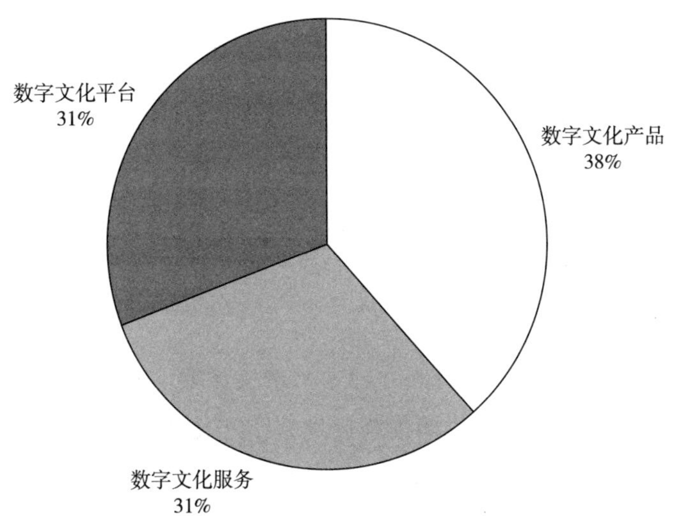

图 3　2019 年至 2023 年 4 月中央层面数字文化贸易政策涉及贸易标的比例情况

资料来源：国务院各组织机构及党中央各部门网站。

2. 产业发展

在产业发展方面，我国相关政策集中在数字产业化和产业数字化两方面，一方面，加快数字化转型共性技术、关键技术研发应用，支持 5G、大数据、人工智能等在文化产业领域的实际应用和创新发展，用数字赋能文化产业；另一方面，通过对文化资源的数字化开发和利用，鼓励线下文艺资源、文娱模式数字化，创新其表现形式，让蕴含厚重的历史文化底蕴的文化资源焕发全新的活力，实现创造性转化和创新性发展。

3. 文旅融合

在文旅融合方面，党的二十大报告提出，“坚持以文塑旅、以旅彰文，推进文化和旅游深度融合发展”。在文旅项目方面，将文化元素、文化内容和文化精神融入旅游业中，加速发展具有数字化、网络化和智能化特点的智慧旅游业；在行业开发方面，综合应用第五代移动通信（5G）、大数据、云计算等技术，加强数字文化企业与互联网旅游企业对接合作，支持数字文化企业参与传统文化和旅游业态改造提升，促进文化创意向旅游领域拓展，不断拓宽旅游业的外延和边界。

4. 财政支持

在财政支持方面，用好财政政策助力数字文化产业，积极运用开发性金融工具支持数字文化产业发展，扶持一批文化、旅游与科技融合发展示范类项目和新型文化企业，引导创作生产高质量、多样化的数字文化产品，支持金融机构开发适应数字文化产业特点的融资新产品。

5. 出口促进

在出口促进方面，“十四五”规划明确提出要“积极发展对外文化贸易，开拓海外文化市场”，我国围绕推进数字文化产业高质量开放的目标，积极推动数字出版等新型文化服务出口，扩大重点领域文化服务出口，拓宽国际营销渠道，鼓励数字文化平台国际化发展，大力推进跨境新媒体传播。

6. 地区实践

在地区实践方面，根据区位优势和产业特点建设数字贸易先行区或试验区、文化贸易或出口基地，在北京、浙江、深圳等地区率先推动跨境数据流动、云服务开放等试点工作，建设数字版权交易平台、文化贸易基地，促进数字知识产权保护、知识产权投融资业务发展，探索与国际高水平自由贸易协定规则的对接途径。

（三）中国数字文化贸易政策实践特征

我国数字文化贸易发展过程中，相关政策在实践中展现出多部门联合出台，稳步发展数字文化内容和提升科技水平、更加重视平台和企业，从中央落实到地方的特征。

1. 多部门联合积极出台数字文化贸易政策

从国家层面看，国务院《“十三五”国家战略性新兴产业发展规划》首次将数字创意产业纳入战略性新兴产业，提出“以数字技术和先进理念推动文化创意与创新设计等产业加快发展，促进文化科技深度融合、相关产业相互渗透”，“以企业为主体、产学研用相结合，构建数字文化创意产业创新平台，加强基础技术研发，大力发展虚拟现实、增强现实、互动影视等新型软硬件产品，促进相关内容开发”。从“十三五”时期开始，尤其在 2020 年新冠疫情暴发后，数字文化贸易政策数量呈指数级增长趋势，截至 2023 年 4 月，“十四五”时期的数字文化贸易政策数量就已经超过“十三五”时期，由此反映出加快发展数字文化产业是建设社会主义文化强国的重要内容。

从涉及部门看，涉及数字文化贸易政策的国务院组织机构及党中央部门范围较广，包括文化和旅游部、商务部、国家发展改革委、财政部、工业和信息化部、中央宣传部等 28 个部门，其中文化和旅游部涉及数字文化贸易政策数量最多，国家发展改革委、商务部次之，工业和信息化部、财政部、中央宣传部等涉及数量也较多（见图 4）。

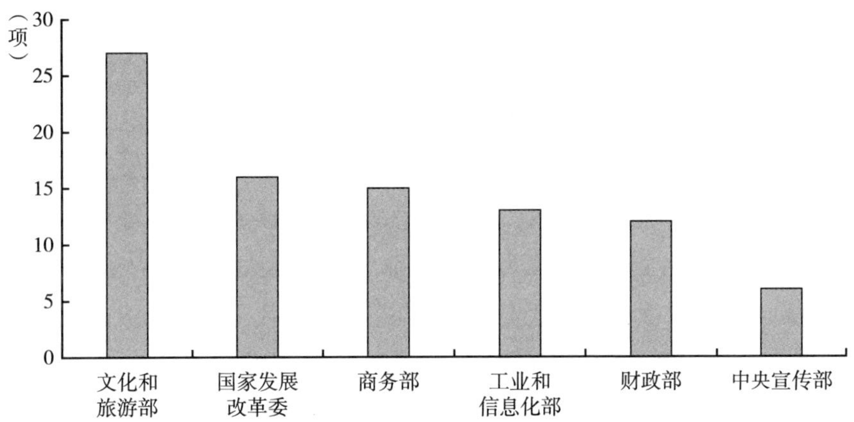

图 4　部分国务院组织机构及党中央部门涉及数字文化贸易政策数量情况

资料来源：国务院各组织机构及党中央各部门网站。

2. 稳步发展数字文化内容和提升科技水平，更重视平台和企业

随着全球数字化进程的加快，数字技术与文化产业深度融合渗透，国内外数字文化市场的价值潜力持续增大，目前我国数字文化产业正处在一个爆发式加速崛起的历史发展阶段，市场竞争核心是文化内容的创新程度以及 5G、云计算和大数据等数字技术水平，所以我国目前几乎所有数字文化贸易政策重点都落在创新数字文化内容和发展数字科技上。数字文化产业的发展表现在三个方向上，一是内容产业的数字化，二是文化产品生产方式的数

字化，三是文化消费方式的数字化，因此科技创新赋能数字文化产业高质量发展的路径就是内容创新、科技融合。

新一轮科技创新的浪潮给数字文化贸易平台带来5G、大数据、云计算等各种数字技术，给以技术驱动的商业模式创新发展带来了广阔的机会。而且数字文化贸易平台是我国文化传播的重要渠道，让更多从事数字文化贸易的企业能够有机会向国际发出自己的声音，为国内企业“走出去”以及国外文化产品、服务及企业“引进来”提供高效的支持。与此同时，数字文化贸易平台也是培育高科技文化企业的一种重要工具，它可以利用平台内孵化以及政策倾斜、战略投融资等策略，来迅速建立起一个完善的数字文化贸易生态系统。为此，近几年，国家的数字文化贸易政策对建设数字文化贸易平台给予了很大的关注，并致力于建设一个属于中国的、在世界范围内具有重要影响并得到其他国家的普遍参与的数字文化贸易平台。

数字文化贸易平台的崛起、数字文化贸易的繁荣，将赋予更多小微文化企业乃至个人文化从业者以更广阔的发展空间，降低全球文化贸易市场准入门槛，使小微文化企业甚至个人文化从业者获得与大型文化企业平等的机会，最终成为数字文化贸易的重要组成部分。中国数字文化贸易政策在关注大型文化企业发展的同时，也给予小微企业更多的扶持，有利于其更好地融入世界范围内的数字文化贸易。

3. 中央落地具体方案至各省市，地方积极支持

除国家层面出台数字文化贸易政策，各省（区、市）地方政府也积极响应国家发展规划，截至2022年，我国所有省级行政区均发布了各自的数字文化产业未来规划和发展路线。① 相比于2021年除却港澳台地区我国有29个省（区、市）发布因地制宜的数字文化贸易政策的情况，2022年我国数字文化贸易政策覆盖范围更广、改革程度更深。

与此同时，中央政策落地到地方也及时高效。以北京市为例，北京市人民政府和商务部制定的《全面推进北京市服务业扩大开放综合试点工作方

① 作者根据各省（区、市）地方政府网站资料整理得出。

案》提出要大力发展文化贸易，“重点发展文化信息、创意设计、游戏和动漫版权等文化贸易，推动以数字技术为支撑、高端服务为先导的‘文化+’整体出口，积极建设国家文化出口基地、国家对外文化贸易基地（北京）”。这一方案得到国务院批复后，北京又相继出台《北京市推进全国文化中心建设中长期规划（2019 年—2035 年）》《北京市朝阳区国民经济和社会发展第十四个五年规划和二〇三五年远景目标纲要》《北京市关于促进数字贸易高质量发展的若干措施》等政策，围绕“四个中心”城市战略定位，以推进对外文化贸易高质量发展为主题，支持和鼓励更多优秀数字文化产品和企业积极拓展海外市场，寻求数字新业态、文化新场景、产业新动能等多维度创新之路，让中华文化中具有中国特色、世界意义的文化精髓走向世界，提升国家文化软实力和中华文化影响力。

二　中国数字文化贸易政策的成因及效应分析

（一）中国数字文化贸易政策的成因分析

数字技术革命的爆发以及数字经济的兴起带来了重大历史机遇，数字文化产业融合是推动文化高质量发展、建设社会主义文化强国的重要途径，我国也在积极参与全球数字文化贸易规则制定，构建完善的数字文化贸易政策体系。

1. 紧抓新兴数字革命带来的巨大历史机遇

方慧和张潇叶“在分析文化产业数字化影响文化产品出口的机理基础上，选取中国 30 个主要文化贸易伙伴国 2012～2019 年的面板数据加以实证，结果表明：文化产业数字化具有显著的出口促进效应。异质性检验显示：相较于功能型文化产品，数字化带动了高附加值内容型文化产品出口的显著增长”①。数字文化产业作为新兴领域，近年来成为我国经济增长的新

① 方慧、张潇叶：《中国文化产业数字化水平测度及其出口效应研究》，《山东大学学报》（哲学社会科学版）2022 年第 3 期，第 38～51 页。

动能、新引擎，与各行业各领域不断深入广泛开展融合。但是，在科技革命带动经济增长的同时，新问题、新困境也在不断涌现，给现有数字文化贸易发展带来了诸多新挑战。因此，我国需要积极把握文化贸易数字化转型的新发展趋势，完善数字文化贸易促进政策，积极应对数字技术带来的新挑战，推动数字经济健康发展。

2. 发展数字文化产业是建设社会主义文化强国的重要内容

文化产业是国家民族文化输出的主要载体，相关企业和平台也是文化传播的重要渠道，与文化话语权息息相关。而数字文化贸易作为新兴领域，在文化贸易发展模式中占据核心地位，成为接下来各国在国际文化市场抢占份额的重要方向。这些年，数字经济的蓬勃发展为我国文化产业带来了新机遇，5G+8K、人工智能、区块链等技术的发展，不断催生文化贸易新业态、新模式、新内容，数字文化资源规模化、集成化进程提速，数字文化产业发展势头强劲。数字文化产业与国家战略、经济利益和文化输出等密切相关，发展数字文化产业对扩大我国文化发展空间和格局、提高对外贸易质量、增强“软实力”至关重要，可以为文化强国筑牢“数字基石”，使中华文化全景呈现、文化数字化成果全球共享。通过数字文化贸易政策，推动我国高度参与到文化贸易新格局的构建中，打破发达经济体主导世界文化贸易格局的局面，提升我国国际话语权，也是提升文化产品质量和文化“走出去”有效性的关键路径。

3. 围绕全球数字文化贸易规则展开了激烈的竞争和博弈

如今世界各国普遍意识到数字文化产业的重要性，都在积极制定符合本国实际的数字发展策略，并将其列入本国的发展议程。并且由于不断加快数字文化等产业的协同发展、加强知识产权和隐私保护、强化自身监督体系对数字文化贸易开放发展的制度环境与监管协调提出了更高要求，各国围绕数字文化贸易规则展开了激烈的竞争和博弈。部分发达国家凭借高度发达的产业数字化技术和数字化产业，在对外数字文化贸易中始终处于领先地位，但数字文化产业依旧属于新兴事物，我国依旧还有很大的空间发展反超，这就要求我国对外更积极参与国际数字文化贸易全球标准制定，对内构建新的数字文化贸易政策，实现高水平国内治理，化解我国数字文化产业面临的挑战和困境。

（二）中国数字文化贸易政策的效应分析

一段时间以来，国际上数字经济已经成为世界经济成长和各国经济发展的强劲动力与重要领域，中国数字文化产业也在一系列重要政策的推动下，不断优化升级内部结构，数字文化贸易政策在文化产品和服务、企业“走出去”、知识版权保护三方面产生正效应。

1. 引领数字文化产品和服务贸易行业高速发展

国家宏观政策的出台，推进了数字文化产品和服务快速发展，中央层面数字文化贸易政策中产业发展方面的政策最多（见图 2）。2022 年，全国 6.9 万家规模以上文化及相关产业企业营业收入达 121805 亿元，按可比口径计算，同比增长 0.9%。其中文化新业态特征较为明显的 16 个行业小类[①]营业收入达 43860 亿元，同比增长 5.3%，高出全部规模以上文化企业 4.4 个百分点，数字内容的核心地位和主导作用进一步巩固与加强（见图 5、图 6）。

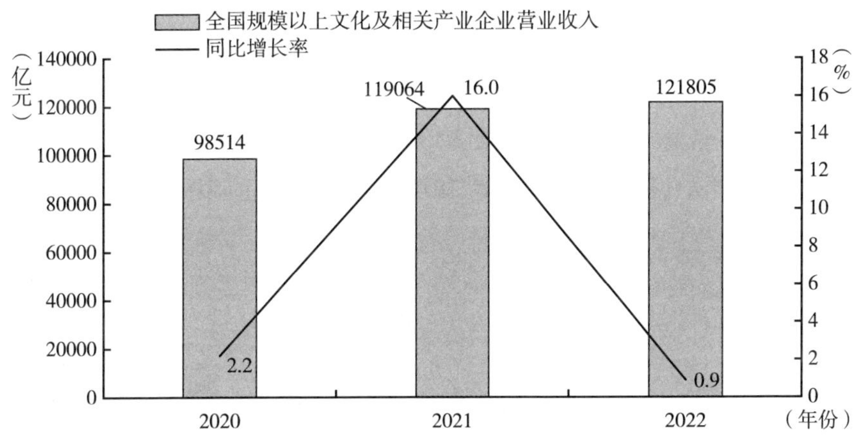

图 5　2020~2022 年全国规模以上文化及相关产业企业营业收入情况

资料来源：国家统计局网站。

① 文化新业态特征较为明显的 16 个行业小类是：广播电视集成播控，互联网搜索服务，互联网其他信息服务，数字出版，其他文化艺术业，动漫、游戏数字内容服务，互联网游戏服务，多媒体、游戏动漫和数字出版软件开发，增值电信文化服务，其他文化数字内容服务，互联网广告服务，互联网文化娱乐平台，版权和文化软件服务，娱乐用智能无人飞行器制造，可穿戴智能文化设备制造，其他智能文化消费设备制造。

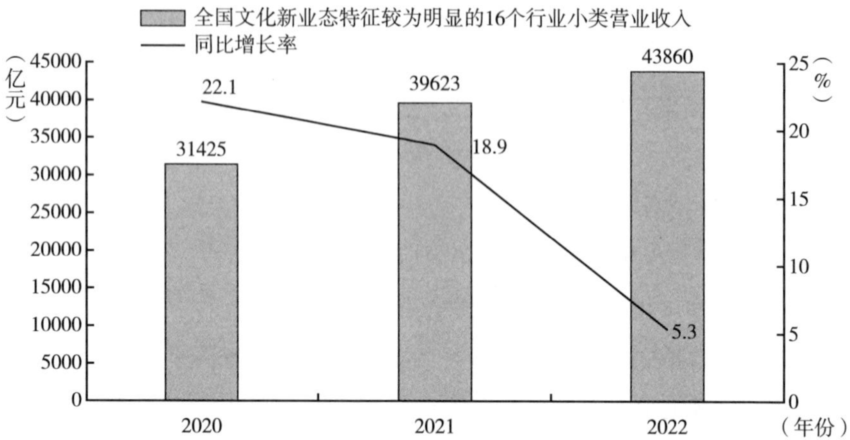

图 6　2020~2022 年全国文化新业态特征较为明显的 16 个行业小类营业收入情况

资料来源：国家统计局网站。

2014~2021 年，我国可数字化交付的服务进出口额总体呈现波动上升趋势，2021 年达 3596.9 亿美元，同比增长 22.3%（见图 7），占服务进出口总额比重达 43.2%。根据 UNCTAD（联合国贸易和发展会议）统计口径，数字服务贸易中与数字文化产业直接相关的服务，即数字文化服务包括电信、计算机和信息（ICT）服务，知识产权服务，个人文化和娱乐服务。2021 年，数字文化服务进出口额达 1810.9 亿美元，占我国可数字化交付的

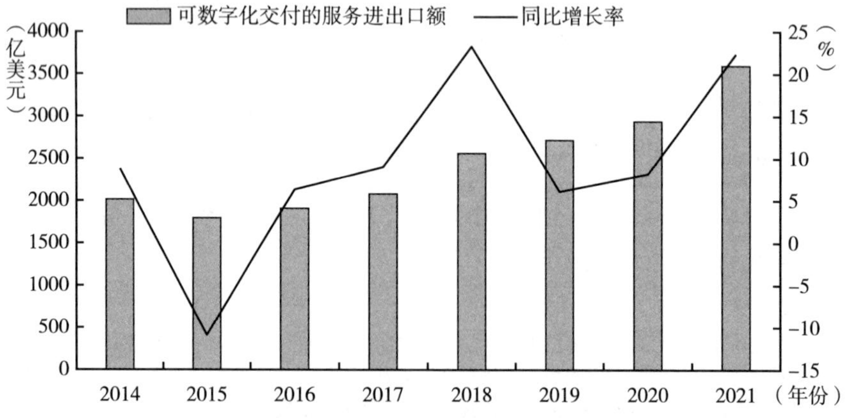

图 7　2014~2021 年我国可数字化交付的服务进出口额及其同比增长率

资料来源：UNCTAD 创意经济数据库。

服务进出口额的 50.3%（见图 8），占服务贸易总进出口额的 21.7%。2019 年我国文化服务数字化渗透率整体已经超过了 4.0%，其中与文化消费直接相关的个人、文化和娱乐服务的数字化渗透率高达 42%和 41%，已经成为我国文化服务数字化渗透率最高的细分领域。

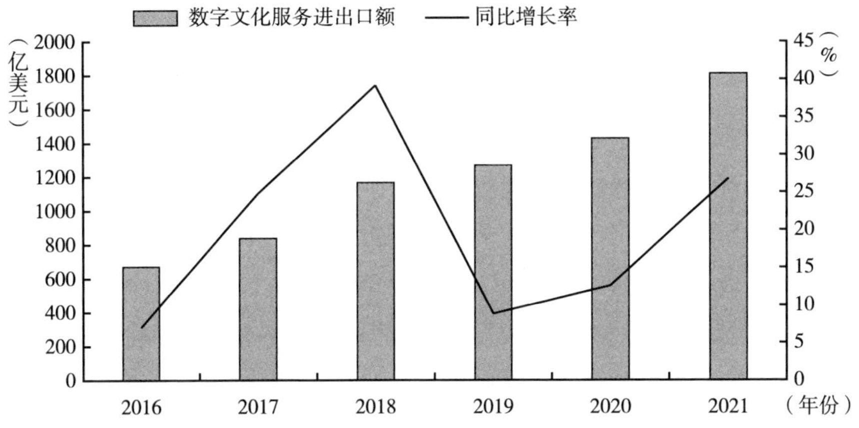

图 8　2016~2021 年我国数字文化服务进出口额及其同比增长率

资料来源：UNCTAD 创意经济数据库。

2. 助推数字文化平台企业“走出去”

我国数字文化企业、平台、创意园区等开放交流、积极出海受益于国家政策的支持，中央宣传部、财政部、文化和旅游部、商务部、国家广电总局共同开展了国家文化出口重点企业和重点项目的评审认定工作，鼓励和支持我国文化企业“走出去”，参与国际市场的竞争，通过让入选的企业和项目享受出口税收减免、专项资金支持、海关通关便利等优惠政策，助推中华文化“走出去”，讲好中国故事。2021 年入选国家文化出口重点企业的点众科技在海外业务上制定了“三步走”的发展规划：“走出去”，通过翻译将中国优秀的网络文学作品带到海外；“走进去”，在海外培养网络文学作者进行原创作品的创作；“走上去”，花三至五年时间在海外再造一个点众，力争成为海外网络文学的头部企业之一。根据当代中国与世界研究院《中国数字文化出海年度研究报告（2022 年）》，2021 年，我国数字文化产业融资规模达到2344.64亿元，同比增长54.59%，在文化产业中占比62.45%，比2020年增加6.64个百分点，数字文化产业已经成为我国文化产业中发展势头最为强劲的产业门类之一。

3. 加强知识版权保护

数字文化产品复制、传播成本极低，再加上互联网的法律监管体制仍未完全完善，这就导致很多数字文化产品在未经授权的情况下被共享传播，电子图书、电影动漫等影音产品、音乐作品都成为被盗版的重灾区，产权保护难题更为突出，这从长远来看必将对数字文化产品的创造起到负面作用，也会侵蚀文化贸易的产业基础。因此，我国在逐步完善知识产权保护的相关政策体系，例如，发布《“十四五”国家知识产权保护和运用规划》、《知识产权强国建设纲要（2021—2035年）》和《“十四五”国家知识产权保护和运用规划》；修改和完善知识产权法规，将与数字经济有关的新的在线交易产品或服务纳入知识产权法规保护的范围；采用适当的财政与金融政策激励有关的企业进行知识产权保护技术创新。

三　推动中国数字文化贸易发展的政策建议

（一）对内完善政策体制，对外推进高水平开放合作

在国家政府总体部署方面，在数字文化产品和服务、数字文化平台和企业等方面构建支持创新发展的政策体系。以数字技术创新为核心，科技文化旅游等产业融合为重点，探索数字文化产业新业态、新模式、新服务，发挥我国超大规模市场的优势，加速发展数字文化产业，构建完整的国内“科技创新—数字文化融合—新业态新模式—规模化生产”的产业链条。支持设立境外的数字研发机构，共同参与“一带一路”倡议下的技术开发，共同设立数字文化产业发展研究中心，以人工智能和大数据为重点开展技术交流。借鉴英美等文化产业发达国家的部分先进政策，利用股权融资、基金发放等方式，推动资本流向科技创新，加大对高新技术数字文化企业的财政支持力度，促进数字技术创新发展。

（二）推动高质量发展和产业融合，打造数字文化贸易综合平台

落实到产业层面，要进一步提升数字文化产业自身融合程度，并且拓宽边界，提升数字文化产业与其他产业的结合度，促进数字文化产业与旅游、高新技术设备制造等行业的协同发展，提高我国技术设备制造业对高新数字技术实际应用的支撑力，从而不断增强我国数字文化产业的外贸优势。

建立数字文化贸易综合平台，构建多元化互动的产业发展模式。各地区应根据自身数字技术、文化资源情况，打造现代化、高水平的数字文化贸易综合平台，建立数字文化产品进出口、数字技术国际交流、文化创意公共服务进出口、文化创意产品交易展示四大功能区，为本地数字文化企业“走出去”与国外文化产品、服务和企业“走进来”提供有效支持。

（三）着重培养数字文化领域复合高素质人才

我国数字文化产业虽然发展迅速，但依旧面临着不小的挑战。从技术上说，新兴研发技术无法完全投入研发生产中；从内容上说，相比于欧美、日韩等地区的文化产业，我国的数字文化产业依旧比较落后，无法合理地展示中国核心特色文化。因此基于数字文化产业的数字性和文化性的双重特点，必须制定针对性的交叉人才培养政策，这是促进数字文化产业发展的重要条件。首先坚持以“高精尖”和“产业融合”为导向进行高素质人才培养，加大资金支持和政策倾斜力度。其次还要充分发挥高校培养优势，通过集产教学于一体的内容多样、层次丰富的教学方法，培育数字文化产业领域拔尖的科技人才。最后给予文化企业从业人员接受专业培训的机会，通过出国深造、相学互习、相互访问的形式，培养交叉复合型人才。

参考文献

方英、吴雪纯：《我国文化贸易数字化发展的正效应及推进方略》，《现代传播》

（中国传媒大学学报）2020 年第 11 期。

高宏存、任德靖：《“一带一路”数字创意产业贸易的图景、困局与策略》，《治理现代化研究》2022 年第 6 期。

皇甫涛：《中国文化贸易高质量数字化发展研究》，《技术经济与管理研究》2021 年第 10 期。

李康化、王禹鑫：《数字文化贸易的发展格局与提升路径》，《艺术百家》2023 年第 1 期。

罗兰：《数字文化产业高质量发展的现状、重点与对策》，《电视研究》2022 年第 2 期。

邵军、施震凯：《数字经济背景下推动文化贸易发展的对策研究》，《江南论坛》2022 年第 5 期。

王殷敏：《数字化水平对中国文化产品出口影响的研究》，硕士学位论文，东华大学，2022。

张鲜艳、王振宇：《科技创新赋能数字文化产业高质量发展路径探析》，《科技风》2022 年第 11 期。

赵雅玲：《数字技术对文化贸易政策的影响及对策研究》，《产业创新研究》2019 年第 4 期。

B.18
中国国家文化大数据工程的进展与成效研究

陈志恒*

摘　要：　习近平在党的二十大报告中强调，要推进文化自信自强，铸就社会主义文化新辉煌，发展面向现代化、面向世界、面向未来的，民族的科学的大众的社会主义文化。新起点上的中国，正逢从文化数字化升级至文化数据化的过渡阶段，文化产业结构改革持续深入，文化数字化新业态蓬勃发展，文化数字化服务能力不断提高，文化大数据体系建设取得进展，文化大数据价值逐步释放，中华文化数据库初步形成，文化科学发展的体制机制逐步完善。但国家文化大数据工程建设缓慢、采集大数据关联亟须建立，国家工程建设资金缺席、机构实施建设动力不足，工程建设人才储备不足等问题也较为凸显，同时国家文化大数据工程还面临国际竞争压力。建议建立统一协调机制，加速产业标准建设；提供资金支持保障，加快产业结构调整；加强共建“数字丝绸之路”，释放文化大数据价值；参与制定国际文化大数据贸易规则，推动中国文化大数据贸易发展。

关键词：　文化大数据　高质量发展　数字丝绸之路

* 陈志恒，北京市特聘专家，海外高层次人才，星云系国际文化大数据交易中心创始人，研究方向为国家文化数字化和文化大数据。

2022年，中共中央办公厅、国务院办公厅印发的《“十四五”文化发展规划》在推动文化数字化建设方面做出多项部署。其中，在中华文化数据库建设方面，要依托现有工作基础，汇集文化资源数据。在文化大数据中心建设方面，要依托全国有线电视网络设施、广电5G网络和互联互通平台，形成国家文化专网，完善全国性公共文化服务网络。在文化大数据开发利用方面，鼓励文化企事业单位运用先进适用的数字化技术，建设数字化文化生产线，基于文化大数据推出新的文化产品和服务。在文化体验体系建设方面，要面向电视机大屏和移动终端小屏以及文化馆等公共文化设施和学校、旅游景区、购物中心等公共场所，大力发展线上线下、在线在场文化体验。可见，建设国家文化大数据体系对中国经济社会的发展具有重要意义。

建设国家文化大数据体系是推动文化数字化成果走向网络化、智能化的有效途径，包括分类采集梳理文化遗产数据，提炼非物质文化遗产记录成果中蕴含的优秀传统文化精神标识，建设物理分散、逻辑集中、政企互通、事企互联、数据共享、安全可信的文化大数据服务及应用体系，建设数字化文化生产线，将中华文化元素和标识融入内容创作生产、创意设计等，着力打造线上线下一体化文化消费新场景。①

一　中国国家文化大数据工程基础

从发展的角度看，我国国家文化大数据工程的基础是经过历史上的三个阶段奠定的，从初级阶段的文化信息化建设，到中级阶段的文化互通互联，再到高级阶段的文化数字化应用，在这三个阶段的基础上，才出现了今天的国家文化大数据工程。

---

① 《“十四五”规划〈纲要〉名词解释之164丨国家文化大数据体系》，中华人民共和国国家发展和改革委员会官网，2021年12月24日，https：//www.ndrc.gov.cn/fggz/fzzlgh/gjfzgh/202112/t20211224_1309430.html？state=123。

（一）国家文化信息化阶段

1981年，我国实施国家标准《信息交换用汉字编码字符集》（GB 2312-80）。1984年，钱锺书把计算机技术用于中国古典文献的搜集、考证和整理，并在中国社会科学院文学研究所建立计算机室。他运用英特尔80286芯片电脑的模式识别（pattern recognition）和数据挖掘（data mining）技术进行古籍数字化工作，攻克当时技术上字库方面的难点，建立中国古典文献数据库，即我国首个文化大数据库。

钱锺书对大数据库建设提出的原则，对当今仍具有重要的指导意义。"逐步实施，长期奋斗"，在古籍数字化和数字人文研究方面需做好长期坚持工作的准备；在重视版本、版权的同时，要实现准确全面针对作者、作品的标题和字句检索。1988年，中国社科院科研局组织两次院内外专家评估验证会，用一个字或词在包括3276个诗人的53035首唐诗、总字数达3432869字的《全唐诗》的数据库中进行检索，在仅120秒内搜索完全库，推送搜索结果详细至册、卷、页、行。钱锺书认为，《全唐诗》速检系统的成果，是人工知能[①]在中国古典文学研究上的重要贡献。

截至2012年，以"古典文学的计算机处理系统"为基础，中国社科院以栾贵明为首的研究团队共出版古典文献整理相关书籍176册，共计1.3亿字，包括《论语数据库》《全唐诗索引》《永乐大典索引》《全唐文新编》《十三经索引》《永乐大典本水经注》《乾隆大藏经》等。[②] 此后，又完成包含总人数36万辅名15万的人名库、包含519万天的历史日历库、包含800万条数据的地名库、包含100多万幅珍稀图像及8亿字的事件库，使我国在数字人文基础建设和研究方面处于领先地位。

---

① 人工知能为钱锺书命名，即现在的人工智能。

② 郑永晓：《钱锺书与中国社科院古代典籍数字化工程》，中国作家网，2020年6月30日，http：//www.chinawriter.com.cn/n1/2020/0630/c404064-31763876.html。

（二）国家文化网络化阶段

2002 年，我国实施全国文化信息资源共享工程，该工程以国家“863”计划科研成果和数字化资源建设相关课题为支撑，采用高新技术对中华民族的各类文化信息资源、大众生活的现代社会文化信息资源进行数字化加工处理与整合，建成互联网上的中华文化信息中心和网络中心。这一工程整合图书馆、博物馆、美术馆、艺术院团、研究机构及广电、教育、科技、农业等部门的文化信息数字资源，数字资源总量达 136.4TB，其中包括名家讲座、舞台艺术、农业技术、影视作品等视频类资源 55670 部（场）29196 小时、少数民族语言资源 1956 小时；建成 207 个独具地方特色的专题资源库，如在数字信息资源库设计、专用软件工具和检索标准等方面成果颇丰的“中国试验型数字图书馆”。[①]

所有文化信息通过中国计算机公用互联网、中国教育和科研计算机网、中国网通高速宽带互联网、中国科技网、中国金桥网、中国远程教育卫星宽带网、中国有线电视网、中广电信有限公司的“天网通”，经济、快速地传送到全国 31 个省（区、市）的 335 个地市、2614 个县市、4.5 万个乡镇、72 万个行政村。1000 多家科研院所、科技部门和高新技术企业接入中国科技网；895 个科研单位接入中国教育和科研计算机网；600 多个政府部门、企事业单位和 ISP（互联网接入服务商）接入中国金桥网；全国 67 万所中小学、2000 余所高校和电视大学接入中国远程教育卫星宽带网。[②] 该工程充分利用信息资源的存储、传播和利用，实现优秀文化信息通过网络为大众服务，这对迅速扭转我国广大中西部地区特别是贫困地区的信息匮乏和经济、文化落后的状况将起到显著的作用；同时，运用现代信息技术丰富对外传播手段，使我国在 21 世纪的世界舆论格局中占据有利位置。

---

① 谌强：《文化共享工程十年服务逾 12 亿人次》，光明网，2012 年 12 月 18 日，https://epaper.gmw.cn/gmrb/html/2012-12/18/nw.D110000gmrb_20121218_3-01.htm?div=-1。

② 《全国文化信息资源共享工程》，百度百科，2023 年 4 月 16 日，https://baike.baidu.com/item/%E5%85%A8%E5%9B%BD%E6%96%87%E5%8C%96%E4%BF%A1%E6%81%AF%E8%B5%84%E6%BA%90%E5%85%B1%E4%BA%AB%E5%B7%A5%E7%A8%8B/8676419?fr=aladdin。

（三）国家文化数字化阶段

2011 年，党的十七届六中全会提出建设社会主义文化强国的战略目标。2012 年，中共中央办公厅、国务院办公厅印发《国家“十二五”时期文化改革发展规划纲要》，提出推进文化科技创新，实施文化数字化建设工程，改造提升传统文化产业，并确定了文化数字化建设工程的三大任务：文化资源数字化、文化生产数字化及文化传播数字化。在文化资源数字化中，此纲要指出要加快国家知识资源数据库、全国文化遗产数据库、老唱片数字资源库等的建设。这一部署下具体的文化数字化成果很多，例如中国唱片总公司对 20 世纪 6.5 万张唱片的金属模板、4.5 万盘磁带母版的录音及相关的大量文字资料进行数字化处理；“电视图书馆”项目截至 2017 年覆盖面已扩大到 9 个省市，总覆盖用户的数量大概是 4919 万；“数字敦煌”凭借高容量计算机壁画信息图像存储技术、壁画信息检索技术，利用多媒体技术进行莫高窟讲解和开展虚拟的洞窟漫游活动。

我国充分利用各类电子装备、软件和终端产品等高新技术手段深入挖掘民族文化数字资源，培育产权、版权、技术、信息等要素市场，规范文化资产和艺术品交易，健全文化经纪代理、评估鉴定、投资、保险、担保、拍卖等中介服务机构，促进文化产品和要素在全国范围内合理流动。实施文化“走出去”工程，发展对外文化中介机构，扶持文化出口重点企业和重点项目，加强国际文化产品和服务交易平台及国际营销网络建设，增强文化产业核心竞争力，进一步积极扩大文化产品和服务出口规模，逐步改善主要文化产品进出口逆差严重的局面，推动开拓国际市场，积极参与国际文化贸易规则的制定。

二　中国国家文化大数据工程发展及成果

（一）国家文化大数据政策

2019 年，科技部、中宣部等 6 部门印发《关于促进文化和科技深度融

合的指导意见》，提出：贯彻国家大数据战略，加快国家文化大数据体系建设，分门别类标注中华民族文化基因，将非物质文化遗产记录成果中蕴含的优秀传统文化的精神标识提炼出来；鼓励我国企业和社团参与国际标准研制，推动我国优势技术与标准成为国际标准，利用“一带一路”倡议推动文化科技创新成果“走出去”，加快文化技术标准推广。2020 年 3 月，中共中央、国务院《关于构建更加完善的要素市场化配置体制机制的意见》强调：提升社会数据资源价值；引导培育大数据交易市场，依法合规开展数据交易；健全要素交易信息披露制度，完善要素交易规则和服务；深化基础研究国际合作，探索国际科技创新合作新模式，扩大科技领域对外开放；开展创新要素跨境便利流动试点，发展离岸创新创业，发展技术贸易，扩大技术出口。2020 年 5 月，中央文改领导小组办《关于做好国家文化大数据体系建设工作的通知》提出采集中华文化元素和标识，使其融入内容创作生产、创意设计以及城乡规划建设、生态文明建设、制造强国建设、网络强国和数字中国建设。2020 年 7 月，国家发展改革委等 13 部门《关于支持新业态新模式健康发展 激活消费市场带动扩大就业的意见》提出激发数据要素流通新活力，推动构建数据要素有序流通、高效利用的新机制。2020 年 11 月，文化和旅游部《关于推动数字文化产业高质量发展的意见》提出：发展数据驱动的新业态新模式，打造文化数据产品和服务体系，培育数据要素市场；激发数据资源要素潜力，实现创造性转化和创新性发展；深化数字文化产业“一带一路”国际合作，打造交流合作平台，创新数字文化服务出口新业态、新模式，发展数字贸易，培育一批具有国际竞争力的企业。2021 年 1 月，国务院《“十四五”数字经济发展规划》提出：加快数据要素市场化流通，加快构建数据要素市场规则；鼓励市场主体探索数据资产定价机制，推动形成数据资产目录，逐步完善数据定价体系；加快贸易数字化发展，加大服务业开放力度，构建安全便利的国际互联网数据专用通道和国际化数据信息专用通道，推动数据存储、智能计算等新兴服务能力全球化发展。2021 年 10 月，中共中央政治局举行第三十四次集体学习，习近平提出：实施国家大数据战略，促进数字技术与实体经济深度融合，赋能传统产

业转型升级，催生新产业、新业态、新模式；建设数字中国、智慧社会；打造具有国际竞争力的数字产业集群；推动构筑国家竞争新优势；积极参与数字经济国际合作，主动参与国际组织数字经济议题谈判，开展双多边数字治理合作；及时提出中国方案，发出中国声音。① 2022 年 4 月，国家发展改革委组织召开推动“十四五”规划 102 项重大工程实施部际联席会议，提出：推进分类采集梳理文化遗产数据，建设国家文化大数据体系；推动大数据采集、清洗、存储、挖掘、分析、可视化算法等技术创新，完善大数据标准体系。2022 年 5 月，中共中央办公厅、国务院办公厅《关于推进实施国家文化数字化战略的意见》指出：梳理中华文化大数据资源，关联成文化数据库；构建文化数字化治理体系，构建政策法规体系。2022 年 6 月，中央全面深化改革委员会第二十六次会议上，习近平提出：数据基础制度建设事关国家发展和安全大局；要促进数据高效流通使用、赋能实体经济，统筹推进数据产权、流通交易、收益分配、安全治理。② 2022 年 7 月，商务部等 27 部门《关于推进对外文化贸易高质量发展的意见》提出：把握数字经济发展趋势和规律，激活创新发展新动能，推进对外文化贸易高质量发展，更好服务构建新发展格局和文化强国建设；到 2025 年，建成若干覆盖全国的文化贸易专业服务平台，形成一批具有国际影响力的数字文化平台和行业领军企业，文化品牌的国际影响力进一步提高。2022 年 12 月，中共中央、国务院《关于构建数据基础制度更好发挥数据要素作用的意见》提出：强化高质量数据要素供给，扩大数据要素市场化配置范围和按价值贡献参与分配渠道，推进数据确权授权使用和市场化流通交易。2023 年 2 月，中共中央、国务院《数字中国建设整体布局规划》提出：推进文化数字化发展，深入实施国家文化数字化战略，建设国家文化大数据体系，形成中华文化数据

① 《习近平主持召开中共中央政治局第三十四次集体学习：把握数字经济发展趋势和规律 推动我国数字经济健康发展》，中国政府网，2021 年 10 月 19 日，http：//www.gov.cn/xinwen/2021-10/19/content_ 5643653.htm。

② 《习近平主持召开中央全面深化改革委员会第二十六次会议》，中国政府网，2022 年 6 月 22 日，http：//www.gov.cn/xinwen/2022-06/22/content_ 5697155.htm。

库，有效释放数据要素价值；统筹谋划数字领域国际合作，高质量共建“数字丝绸之路”；拓展数字领域国际合作空间，高质量搭建数字领域开放合作新平台，积极参与数据跨境流动等相关国际规则构建。2023 年 3 月，中共中央、国务院印发了《党和国家机构改革方案》，提出组建国家数据局，其负责协调推进数据基础制度建设，统筹数据资源整合共享和开发利用，统筹推进数字中国、数字经济、数字社会规划和建设等。

（二）国家文化大数据工程成果

据国家统计局对全国 6.9 万家规模以上文化及相关产业企业（以下简称“文化企业”）的调查，2022 年，文化企业实现营业收入 121805 亿元，按可比口径计算，比上年增长 0.9%。分业态看，文化新业态（文化数字化）特征较明显的 16 个行业小类实现营业收入 43860 亿元，比上年增长 5.3%，快于全部规模以上文化企业 4.4 个百分点；文化新业态特征较明显的 16 个行业小类营业收入占全部规模以上文化企业营业收入的 36.0%，占比较上年提高了 1.5 个百分点。在 16 个行业小类中，13 个行业营业收入比上年增长，增长面达 81.3%。其中，数字出版、娱乐用智能无人飞行器制造、互联网文化娱乐平台、增值电信文化服务、可穿戴智能文化设备制造等行业实现两位数增长，同比增长率分别为 30.3%、21.6%、18.6%、16.9%和 10.2%。这为国家文化大数据工程迈入高质量发展阶段奠定了扎实的基础。①

三　中国文化大数据政策与欧美政策比较

（一）欧盟文化大数据政策

2021 年 4 月，欧盟委员会发布《2030 数字指南针：欧洲数字十年之路》②，

① 《2022 年全国规模以上文化及相关产业企业营业收入增长 0.9%》，国家统计局网站，2023 年 2 月 3 日，http：//www.stats.gov.cn/sj/zxfb/202302/t20230203_1901733.html。

② EU4Digital，“2030 Digital Compass：The European Way for the Digital Decade，” March 9，2021，https：//eufordigital.eu/library/2030-digital-compass-the-european-way-for-the-digital-decade/.

提出以欧洲价值观为基础的数字化转型方式的四大基本点是“促进企业数字化转型”、“建设可持续的数字基础设施”、“培养数字专业高级人才”及“推动公共服务数字化转型”。同年，欧盟委员会发布《关于欧洲文化遗产的共同数据空间的建议》①，主要聚焦文化遗产数据化领域，指出文化遗产共同数据空间构建的核心任务是将文化遗产机构数字化，建立数字化内容和元数据标准与框架、开放共享制度等，实现成员国文化遗产数据的互操作与共享。其设定两个目标：2030 年前，欧盟成员国应将所有 A 级（处于危险中）和 50%的 B 级（物理上被访问最多）古迹与遗址 3D 数字化并为其建立数据模型；2025 年前，应完成 2030 年目标的 40%。为此，欧盟建立或推行数字欧洲计划、地平线欧洲计划、凝聚力政策基金、REACT-EU 计划等作为技术及资金支持工具，同时还建立复苏和弹性基金、文化遗产数字化公共资助资金池等多个经费池作为保障。

（二）美国文化大数据政策

美国文化大数据政策因美国国情，由美国商务部和国家艺术基金会、博物馆等半官方半民间的机构发布。不同主管部门分别设计传统馆藏数字化政策、数据资源相关政策、个人艺术家作品的数字化政策，但缺乏跨部门的文化大数据服务体系整合设想，缺乏统一的文化数字化战略或数据化政策文件。核心任务强调的是让公众或特定人群拥有数字化技能。关注文化服务不足人群的基本数字化文化权利，关注文化机构数字化服务的可获取性、可负担性、平等性及受疫情影响后的恢复前景。将终身学习、馆藏的访问与获取、可负担的高质量宽带、旅游和户外休闲行业恢复、艺术行业基础设施建设、艺术及其教育的参与等纳入政策目标中。同时，推出 500 亿美元的宽带和基础设施等投资计划、7. 5 亿美元的文旅和户外休闲计划、NEA 艺术专项基金等政策工具。

① European Commission，“The Deployment of a Common European Data Space for Cultural Heritage,” October 19，2022，https：//digital - strategy. ec. europa. eu/en/news/deployment - common - european-data-space-cultural-heritage.

（三）我国文化大数据政策

我国的文化大数据政策作用于各文化主管部门、文化产业、公共文化事业等，属全局性战略。政策目标详细，战略目标全面、宏观，涵盖多要素、多层次的文化数字化供给体系和影响力目标，符合中国国情、社会制度与公共政策惯例。其中，设置的目标为："十四五"期末建成文化数字基础设施与服务平台、数据中心，基本完成文化产业数字化布局，形成文化服务供给体系；到2035年建成国家文化大数据体系，实现文化数字化优秀创新成果享誉海内外。我国文化大数据政策具体涵盖五个核心任务：文化数字化基础设施、文化数据服务体系、文化产业数字化体系、公共文化数字化体系、文化数字化治理体系建设任务。我国文化数字化战略的核心任务具有覆盖面广、要素全面、代表性强、国家意志与集中统一特色突出等特征。

四　中国国家文化大数据工程未来发展趋势

（一）全国文化大数据交易中心

2022年，由中宣部牵头，经中央网信办、证监会、国家发展改革委、财政部、文化和旅游部、国家广电总局、国家文物局等部委联签意见，中央文化体制改革和发展工作领导小组办公室批复同意建立全国文化大数据交易中心。它是国家文化大数据体系建设的重要组成部分，是国家级文化产权要素交易平台，也是财政部授权中央文化企业国有产权指定进场交易平台。全国文化大数据交易中心已于2022年8月31日上线试运营。

（二）星云系国际文化大数据交易中心

星云系国际文化大数据交易中心（以下简称"星云系"）（官方网址为www. nebulas. link），是一个为国内外B端用户提供中国文化数字版权交易等服务、为海内外C端用户提供中国文化数字艺术品交易等服务的大数据

SaaS 管理中心。作为全国文化大数据交易中心的首批进场机构及指定的视听数据中介服务商，星云系致力于打通制约我国文化视听数据海内外流动的堵点，矫正资产要素失衡错配，并结合国内、国际文化服务贸易和商业的垂直场景，建立横向跨行业、跨区域，纵向跨产业、跨企业的布局，培育海内外新型中国文化大数据市场主体和消费习惯，畅通我国文化大数据国际视听经济的循环。

星云系为海内外用户供应的大数据产品涵盖中国影视、演艺、游戏动漫、出版及非物质文化遗产等视听领域，交易数据的形态包括稀有视频、沉浸式多媒体素材库、数字艺术品、数字建模资产及文字等。星云系利用算法模型和算力技术，为我国文化企业提供专业化的数据交易服务及相关解决方案，为其大数据附加规划设计、数据采集、数据解析、数据清洗、数据标注、数据运营、数据监管及建立算法模型等技术服务，并帮其精准对接数据买方（被授权方），增加文化大数据交易的利益空间、缩减交易的成本、缩短数据匹配周期、提高运营效率和交易量，实现大数据生态内最大限度的变现。

五　中国国家文化大数据工程发展中面临的问题

结合我国文化大数据发展至今的技术特点和政府在不同阶段部署的基本任务，多维地、系统地分析中国国家文化大数据工程面临的问题，对实现建设“数字中国”、深入实施国家文化数字化战略、建设国家文化大数据体系、形成中华文化数据库的战略目标有重要意义。当前，中国国家文化大数据工程面临的紧迫性问题如下。

（一）国家文化大数据工程建设缓慢，采集大数据关联亟须建立

文化大数据是文化新业态的生产资料，是文化数字化新业态经济提速发展的重要引擎，目前我国尚未敲开释放文化大数据价值的大门，中国国家文化大数据工程的实施效果存在较大的提升空间。

一方面，政策客体分管部门众多，缺乏统一领导，缺乏规划和具体实施安排。部分机构负责人对国家文化大数据工程战略高度的理解不够深刻，不愿推进从文化数字化升级为文化数据化的转变，只想继续享受文化数字化产品形态的红利。建立在传统文化系统基础上的固有机制和模式存在制度惯性，进一步阻碍了中华民族文化基因和精神标识的提炼与采集，直接影响了数据的采集、存储、清洗、分析发掘、可视化、标准化、版权保护、安全与隐私保护等工程。

另一方面，当前已采集完的文化资源数据、文化数字内容的数据形态外部均呈孤岛状，内部呈碎片化状态。思想理论、文化旅游、文物、新闻出版、电影、广播电视、网络文化文艺等领域的文化大数据均不能相互关联，无法形成中华数据库。单一维度的文化数据价值不高，文化大数据的文献价值、社会价值、经济价值只有在大数据互通、共享的原则下才能实现整合、交换和算法优化，才能真正提高文化产业运行效率和服务质量。

（二）国家工程建设资金缺席，机构实施建设动力不足

当前，全球各地区加速推进文化数据化进程，欧美推出不同功能属性的金融工具作为支撑，并设立资金池作为保障，但我国尚无明确的相关专项资金政策的保障支持。

首先，国家建设资金投入的缺席，导致很多央、国企数据化的工作动力不足，这影响了中国文化遗产标本库、中华民族文化基因库、中华文化素材库等的建设和内容深度挖掘工作进程。数据采集、存储、清洗、分析发掘、可视化、标准化、版权保护、安全与隐私保护等领域都需要大量人力、智力、技术和设备的投入，尤其是关键技术攻关更需要研发费用的支持，才能科学地、专业地将文化数字化成果数据化，再进行利用、转化和交易。

其次，我国文化互联网巨头先行自主投入资金扫描、储存大量我国文物或文旅方面的稀有性资源，由于文化大数据蕴藏着巨大的商业利益，各家企业不愿共享各自资源而产生文化大数据成果。

最后，国家文化大数据工程参与机构庞杂，致使短时逐利问题凸显，损

害着这个利国、利民、利政的国家工程的社会影响力，这与“中华文化数据库全景呈现，与民共享”的原则相违背。

（三）工程建设人才储备不足，应设立专业人才培训及学科

国家文化大数据工程建设存在较大的人才缺口。当前，在文化大数据产业链上，既缺乏文化、数字、数据等交叉学科的复合型数字创意专业人才，也缺乏提供文化大数据规划设计、采集、运营及监管等一体化服务的第三方技术服务商。从近几年我国东、中、西部地区文化数字化的发展水平不均衡角度预判，在对文化数字化进行转型和升级的过程中，人才缺口是一个必然的挑战。

国家文化大数据工程建设需要综合性、系统性、实践性的文化数据化专项课程培育出来的具备多元化知识、专业化背景的高水平人才。当前我国文化人才培养系统里缺乏与数据化相关的培养规划，仅设置少量大数据相关的选修课程，技术人才培养系统里也仅有艺术概论的选修课程，难以满足文化大数据人才的需求。

同时，ChatGPT 的出现使全球正视“技术性失业”的问题。国家文化大数据工程会创造很多新的就业机会，但也会对从业者提出更高的要求，高技能岗位数量的增加和低技能岗位的减少是相对应的。短期内无法接受培训或自身难以提高技能的从业人员可能会面临失业困境。协助这部分从业者继续就业和再就业，是保障民生、维护社会稳定的重要工作。

（四）文化大数据贸易面临国际竞争压力

我国文化数字经济快速发展是以海量的文化大数据资源、丰富的文化数字场景及超大规模的市场等优势为基础的。

随着文化数字化进程的推进，人工智能技术在文化数字化领域被广泛运用，AI 画像、音乐、文本生成及虚拟拍摄正在对中国新业态经济的生产关系进行深刻的改造。文化大数据作为人工智能的核心生产要素，其中有价值的数据加上有效算法，可催生大量文化新业态的新应用，对我国国家文化大

数据工程的成果转化将起到至关重要的作用。

《数字中国建设整体布局规划》提出要构建开放共赢的数字领域国际合作格局。当前国家文化大数据工程的建设面临的外患更为凸显，欧美国家和地区以文化大数据作为可再生生产资料，以技术、知识产权、版权、隐私及安全方面的考虑为由不断施压于和制约我国文化大数据的国际贸易。

后疫情时代的国际文化数字贸易向文化大数据贸易升级，围绕单一文化数字化产品的传统文化贸易，已不能满足当下全球文化大数据浪潮的需求。现在，我们正在拉开了新序幕的舞台上，面对各国文化大数据“正规作战”的国际文化贸易之争。

六　新起点上国家文化大数据工程高质量发展的建议

数字中国建设是数字时代推进中国式现代化的重要引擎，是构筑国家竞争新优势的有力支撑。2022 年，我国数字经济规模稳居世界第二，累计建设开通 5G 基站 231 万个，千兆光网覆盖超过 5 亿户家庭，这些都为文化数字经济新业态提供了有力的基础支撑。我国将针对数字产业化、产业数字化、数据价值化，分阶段、分领域打造具有国际竞争力的数据产业集群，为中国国家文化大数据工程构建多层次、多元化和场内场外相结合的数据要素市场提供动力，持续做强做优做大我国数字经济。立足于数字中国和国家文化大数据工程建设的整体性、系统性、协同性，本报告提出如下几点建议。

（一）建立统一协调机制，加速产业标准建设

为了促进国家文化大数据工程的发展，有关部门可以成立国家文化大数据工程建设领导小组，发挥中央层面的主导作用，领导各部委、各省（自治区、直辖市、特区）的组织协调工作，统筹和推动各领域、各行业的文化数据资源集中采集、存储、加工、管理和使用，充分发挥各级宣传、财政部门的积极性，合力推进国家文化大数据工程建设。设立国家文化大数据工程专家委员会，协助领导小组，针对国家文化大数据工程的规划、实施方

案、资源建设、标准规范、关键技术等重大问题提供咨询服务，使国家文化大数据工程在建设中充分听取专家意见，进行科学论证。此外，建立国家文化大数据工程建设标准专业体系，保障数据安全性和使用规范性，全产业需在此标准下展业。

（二）提供资金支持保障，加快产业结构调整

在资金方面，未来可以设立国家文化大数据工程建设专项基金，实现政府主导、社会参与相结合，规范基金使用并给予项目一定的投资成长周期。各级宣传部门应重视国家文化大数据工程对于中国式现代化建设的意义，并给予高度重视，积极组织实施。各级财政部门应积极支持和配合国家文化大数据工程建设。同时，要重点关注文化数字化升级至文化数据化的技术开发，国家文化大数据成果线上线下再利用、再创作的转化生产线，脱敏、安全及算法等领域关键技术的研发，文化数据化与新型农业、制造业、现代服务业及战略性新兴产业融合发展的模型建设等诸多加快文化产业结构调整的方向。

（三）加强共建“数字丝绸之路”，释放文化大数据价值

为了进一步释放文化大数据的价值，可以针对共建“一带一路”国家，专门成立“一带一路文化大数据联盟”，建立共建“一带一路”国家文化大数据产业“推进战略对接、密切政策互通，深化项目合作、助力贸易互通，共赢数据事业、夯实文化交流”的新机制。同时，利用文化大数据在联盟成员国进行数字化展览，让共建“一带一路”国家民众更好地了解中国文化遗产的历史和意义；通过文化大数据共享和文化数字化产品的共创，促进联盟成员国之间文化交流和互动；通过技术和研究的协同，提升共建“一带一路”国家的文化数据化的发展水平；通过区域化数据共享和协作，更好地开展旅游业务，促进区域经济的发展。让共建“一带一路”国家共同承担起推动“一带一路”数字文化新发展的历史使命，共建“数字丝绸之路”。

（四）参与制定国际文化大数据贸易规则，推动中国文化大数据贸易发展

百年未有之大变局以前所未有的强度向纵深演化，世界文化的阵营化、碎片化、无序化风险上升，亟须构建全球文化数字化新秩序、新体系。全球文化数据化转型期特征更加突出，数字文化经济成为重组全球要素资源、重塑全球经济结构、改变全球竞争格局的关键力量。我国必须要抢占文化数据化国际贸易的高地，最大限度掌握“认知战”的主动支配权，解决“卡嗓子”的问题。可以在中国举办全球首届“国际文化大数据博览会”，邀请各国文化大数据、创新技术及生态应用等领域政、产、学、研人员来华，共谋全球文化大数据发展，共制国际文化大数据贸易规则，推广中国文化大数据成果及文化数字化时代的“中国方案”，力争把中国的文化大数据标准推广为国际通用标准，推动中国文化大数据国际贸易发展。此外，文化大数据是文化数字经济的核心动力源，欧美国家当前对中国的贸易和技术限制不断升级，文化数据跨国流动能打破其对中国文化国际贸易的制约，可以实现更多新业态的全面发展。

B.19

中国游戏企业面对国际市场挑战的应对之策及未来展望

——以无端科技为例

郑 明　孙千月*

摘　要： 目前国内游戏市场竞争加剧、监管愈发严格，国外市场具有较大发展潜力，中国游戏对外出口前景向好，但同时中国的游戏企业也面临着数字技术发展所带来的游戏研发、营销、道具交易模式改变，国外市场的激烈竞争以及如何面对游戏产业发展衍生的新业态等挑战，无端科技旗下以《生死狙击》系列为代表的射击游戏在面对国际市场新环境、新挑战时也给出了自己的应对之策：打造精品原创游戏、联动跨界 IP 融合发展、加强与中国传统文化的融合和网络营销渠道的建设。无端科技也以自身为例，启发更多中国游戏企业在对外出口中要重点推出新精品游戏，提升综合运营能力，提升产品的国际竞争力，同时也要加强海外知识产权的保护，继续开拓“游戏+”的新模式，加强人才的引进与培养，在此过程中更要注重使游戏产生对社会的正向影响。

关键词： 射击游戏　数字文化　游戏产业　游戏出海

---

* 郑明，浙江无端科技股份有限公司总经理，研究方向为游戏产业；孙千月，北京第二外国语学院经济学院硕士研究生，研究方向为国际文化贸易。

一　近年来游戏产业国内外市场发展环境变化

（一）国内市场收紧

近年来，国内市场趋于饱和、增速放缓，游戏版号发行收紧，游戏的相关政策要求愈加严格，国内游戏面临增长困局。游戏厂商选择产品出口不仅是为了求生，更是为了求胜。根据国家新闻出版署发布的国产网络游戏审批信息，2017～2022年[①]，各年游戏版号发放数量分别为9368个、2105个、1570个、1405个、755个、512个，呈下降态势，2021年发放的游戏版号总量相较于2020年减少了46.26%。[②] 国产游戏版号自2021年8月停发之后，2022年4月才正式恢复发放，此后又经历了5月、10月两次断发。由此看出，游戏版号发放收紧，国内游戏市场发行门槛不断提升。此外，针对国内游戏行业发展的审核监管愈加严格。由于近些年受到新冠疫情的影响，国际形势复杂多变，全球游戏市场普遍下行。对于国内游戏企业来说，玩家的消费意愿和付费能力下降，也抑制了企业的增长势头。游戏产业面临增长乏力的困局，游戏企业出口海外寻求新活跃用户的重要性越发突出。

（二）国外市场向好

近年来随着许多国内游戏厂商投身出海浪潮，积极拓展海外市场，许多国产精品游戏出口到国际市场，成为传播中华文化的有力载体和媒介。2022年7月，商务部、中宣部等27部门印发《关于推进对外文化贸易高质量发展的意见》，明确指出要积极培育包括网络游戏在内的领域的出口竞争优

---

① 虽然网络游戏版号首次出现于2016年，但从2017年开始，网络游戏审批信息名单中才出现了游戏“申报类别”，故从2017年开始正式统计。

② 《国产网络游戏审批信息》（2017～2022年），国家新闻出版署官网，2022年12月28日，https：//www. nppa. gov. cn/bsfw/jggs/yxspjg/。

势，提升文化价值，打造具有国际影响力的中华文化符号。政府相继出台各类支持政策，助力游戏企业出口到国际市场。

中国音像与数字出版协会发布的《2022年中国游戏出海情况报告》①显示，受疫情影响，2022年，全球游戏市场规模约为11107.6亿元，同比下降6.96%；其中，全球移动游戏市场规模约为5945.19亿元，同比下降10.26%。2022年，中国自主研发游戏海外市场实际销售收入达173.46亿美元，比10年前增长了约30倍，但出现了2018年以来的首次下降，同比下降3.7%。从各国市场中国出海游戏的收入来看，2022年中国移动游戏中的出海游戏收入主要来源于美国、日本、韩国、德国等国家。其中，来自美国、日本、韩国的收入在中国游戏出海收入中占比最高，占比分别为32.31%、17.12%、6.97%，这是由于这些地区的游戏市场用户人均收入水平高且经过长期的成熟市场教育，对游戏的付费意愿高，付费习惯良好，并且对游戏内购、订阅服务等的认可度更高。2022年，中国出海移动游戏在美国、日本、韩国、德国和英国游戏市场中的收入增速均出现下降，在英国、德国市场降幅较大，收入增速下降超15个百分点，日元、韩元、欧元、英镑等当地货币在2022年出现的汇率波动是对出海游戏收入产生影响的因素之一。2022年，在全球重要出海移动游戏市场流水前100名的产品的发行商中，日本、英国、德国市场的中国海外发行商数量均出现增长，但韩国移动游戏市场中，中国发行商的数量已连续两年出现下降。2022年，在全球重要出海移动游戏市场流水前100名的产品中，美国、日本、英国、德国市场的中国国产游戏数量已连续两年增长，同样也是在韩国市场中，中国的国产游戏数量已连续两年下降。在海外市场收入前100名的游戏中，策略类游戏、角色扮演类游戏、射击类游戏合计占比达63.87%，是各国游戏企业自主研发移动游戏出海获取营业收入的主要类型。

虽然之前受到疫情影响，中国游戏在海外的收入和发行量增速有所下

① 《2022年中国游戏出海情况报告》，游戏产业网，2023年2月17日，http：//www.cgigc.com.cn/details.html？id=08db1082-4564-45b1-8817-61fbc1c280ff&tp=news。

降，但是海外市场长期的向好趋势并没有改变。海外市场仍具有十足的发展潜力，具体体现在：第一，从全球游戏市场的发展情况来看，在中东、非洲、东南亚、拉美等地区的新兴游戏市场，由于经济的发展、人均收入水平的提高、数字基础设施的进一步普及，当地用户对大众设备能承载的游戏的需求不断扩大，这些市场对中国的游戏企业出口而言具有挖掘潜力，是未来的新的增长点；第二，从国内产业建设角度看，游戏企业积极布局游戏出口，辅助性的数字基础设施建设与相关配套服务在各方的支持下正在逐步完善，游戏出口的生态链有望进一步成熟；第三，从游戏产品的角度看，海外市场的用户偏好也在发生变化，中国风元素大受国外用户欢迎，垂直类型上的差异性玩法游戏品类、IP 改编游戏、休闲类游戏等游戏产品的分赛道上存在着游戏出海的发展机会。

二　中国射击类游戏出口面临的新挑战

（一）游戏市场运行模式改变

第一，游戏厂商的研发模式改变。游戏研发由粗放型转向集约型，越来越多的游戏厂商走精品化研发路线，一款游戏从研发到上市，需要经过多年打磨，游戏推陈出新速度放缓，精细化程度提高。第二，游戏宣发的营销模式改变。国内游戏出口最重要的是高效率地将目标受众转化为游戏玩家，所以在早期游戏发行时营销目标多以增加玩家下载、注册游戏数量为主。正因为如此，Twitter、Facebook、Instagram 等平台上的流量成为各大游戏厂商出口时的必争资源。App Growing《2021 年度全球手游买量白皮书》的数据显示，2021 年全球手游广告虽然投放数量实现大幅上升，但存在内容违规、虚假宣传、推广素材侵权等诸多问题。Twitter 在《无界畅游：2022 年 Twitter 游戏出海全球洞察白皮书》中指出：前瞻性发行和品牌化运营缺一不可，“行业对 UA（user acquisition，用户获取）的理解发生了变化，不再一味应用‘买量思维’，而需要进行精细化品牌运营”[①]。在市场的教育下，游戏营销方式正在快速变革，不断走向多元化，其中最显著的是短视频、直播、阵地经营等营销方式正在崛起，成为游戏厂商获取增量的重要路径。第三，游戏内部的道具交易模式改变。二级市场的概念被引入，尤其是在引起全球轰动的射击类游戏 CSGO（《反恐精英：全球攻势》）中，玩家可以在二级市场交易游戏内的枪械、皮肤等游戏道具，且由于游戏道具的抽取类设定，部分稀缺道具被赋予了交易价值，有升值的可能性。这打破了原先只由发行商进行道具售卖的模式，由此造成了对游戏企业收益来源构成的影响以及游戏内二级市场交易行为的监管问题。

（二）国际市场竞争激烈

国际市场上同类型的射击游戏实力强劲，已经获取了本地市场中大部分的玩家，中国的射击类游戏进入其中该如何凸显自身竞争力以应对强劲挑战，是亟须关注的问题。美国 Valve 公司 1999 年开始开发的《反恐精英》系列游戏是以团队合作为主的第一人称射击游戏，模式简洁又经典，时至今日仍是国际市场上主流的第一人称射击游戏。韩国蓝洞公司开发的风靡世界的《绝地求生》手游，后被腾讯公司收购运营，在国际手游市场的射击品类中名列前茅。腾讯和网易两大中国游戏市场巨头也通过投资、并购、代理等方式，不断布局海外市场：网易在海外游戏板块加速投资进程，截至 2022 年底一共拥有 6 家海外工作室，分布在美国、日本、加拿大等国，协助网易游戏团队完成出口游戏的本土化运营以及高质量游戏的研发；腾讯早前在海外投资了诸如拳头公司、EPIC 公司等海外游戏巨头企业，近年来仍在不断加快对海外游戏厂商的投资与收购，在 2022 年投资了法国老牌游戏商育碧（Ubisoft），其旗下最经典的游戏是第一人称射击游戏《彩虹六号》。如何做到垂直细分领域的差异

---

① 《无界畅游：2022 年 Twitter 游戏出海全球洞察白皮书》，尼思数据网，2022 年 8 月 18 日，https：//www. nisdata. com/report/7145。

化以应对竞争激烈的国际市场格局，是中国游戏企业出口必须回答的问题。

（三）生成式人工智能等新技术的应用

游戏是最具互动性且十分注重实时体验的载体，需要前期投入巨大的研发成本，这为新游戏开发者设立了很高的进入门槛和成本，但也为生成式人工智能在游戏领域的应用的延伸拓展创造了巨大的机遇。如何高效运用生成式人工智能等新兴技术是游戏公司未来需要面对的全新挑战。

目前生成式人工智能等新兴技术已经被应用于游戏的各个层面，包括游戏设计、玩家与游戏互动、游戏物理引擎、游戏剧情和角色等方面。AI 的应用不仅可以在游戏中提高玩家体验和游戏性，同时还可以帮助企业实现降本增效。各类游戏产品目前最主要的成本包括研发费用和营销费用，过去由于各类游戏产品的差异性不足，游戏商获取目标客户主要依靠广告投放和渠道推广，AI 等新兴技术的应用在游戏研发方面主要体现在美术制作和人物道具模型产出等环节，在节约公司美术费用投入的同时，提高游戏内容产出的质量和精品化程度，但是游戏研发的艺术家并不会面临被 AI 完全取代的危险，因为应用 AI 意味着艺术家不再需要自己完成所有的工作，他们可以设定初始的创意方向，然后将许多耗时且技术性强的执行工作交给 AI，使得新游戏开发的时间和成本迅速降低。目前游戏厂商的主要成本仍然是渠道营销推广费用，企业通过运用 AI 技术分析目标用户的搜索行为、市场趋势和社交媒体数据来确定最佳的推广策略和广告投放方式，AI 还可以预测市场需求，以便游戏发布商制定更好的策略和计划，减轻了游戏企业营销费用的压力，提高了资源的利用率。同时，由于游戏内容的质量不断提升，企业对于下游渠道的议价能力也能有所增强。未来 AI 等新兴技术的运用中，加速游戏产品差异化变革、减少游戏发行商营销费用支出使企业降本增效是游戏企业需要重点关注的方向。

关于未来生成式人工智能对游戏行业可能产生的影响，我们有如下思考。第一，学会有效使用生成式 AI 将成为一项具有市场竞争力的个人技能，随着未来游戏内容不断丰富，懂得如何有效地利用工具与 AI 协助工作的艺术家将会成为最稀缺的人才，因为这既需要艺术家的创造性视野，又需要程序员的技术能力。第二，由于 AI 等新兴技术的使用降低了游戏产业的进入门槛，将出现更多的冒险性和创造性的探索行为，这不仅是因为较低的生产成本会大大降低风险，还是因为这些工作将增强游戏厂商研发高质量的游戏内容以吸引更广泛的受众的能力，未来游戏行业的低门槛还将导致更多创新和创意游戏的出现，甚至产生全新的游戏模式。第三，在 AI 辅助下的"微型游戏工作室"将不断出现，配套生成式人工智能工具和服务，可以预见未来由一两名开发者组成的微型游戏工作室也能生产具有商业价值的游戏。虽然目前小型独立工作室也有存在，但借助 AI 等新兴技术，它们可以创造的游戏数量和规模将会实现快速增长。

（四）游戏产业繁荣衍生新业态

2003 年，中国国家体育总局将电子竞技运动列为中国正式开展的第 99 个体育项目，电子竞技游戏是指建立在公正、公平、合理的游戏平台上的对战游戏，主要包括射击、策略等类型游戏。电子竞技是电子游戏产业发展所衍生出的全新业态，是数字体育的一种新模式，近年来迎来了黄金发展期，职业联赛迅猛发展，移动电竞乘势崛起，同时带动了游戏直播平台的繁荣，衍生出职业游戏主播等新兴自媒体就业形态，市面上涌现出更多国家级甚至世界级的官方综合赛事。一些电竞赛事的社会影响力开始比肩甚至超越许多传统的体育热门赛事，而且随着电竞入选亚运会正式项目，社会对电竞的认可度也达到了一个全新的高度。随着我国整体市场消费群体的年轻化，电子竞技的国民接受程度逐步提高，国内电竞产业市场规模逐年扩大，未来市场发展潜力巨大。在此过程中，电竞行业的快速发展受益于数字技术的进步。同时，电子竞技与新兴技术的融合也碰撞出新的发展机遇。电子竞技产业与 AI、VR、AR 等技术的结合将使电竞在赛事内容、用户体验等方面完成升级，而电竞行业的资源投入也将进一步带动前沿技术的研发和应用。中国音数协电竞工委发布的《中国电子竞技产业报告》统计数据显示，2021 年，国内电子竞技游戏市场实际销售收入达 1401.81 亿元，同比增长 2.65%；2022 年，国内电子竞技游戏市场实际销售收入为 1178.02 亿元，同比下降 15.96%，这种下降主要是由国内整体经济增速放缓导致的。①

电竞行业具有鲜明的竞技属性、科技属性、娱乐属性，能够帮助培育优质游戏内容、传播社会正能量并履行社会责任。目前相关机构需要思考如何建立并完善电竞正向价值评估体系，思考行业内部价值应如何培育、行业外部应如何强化和推动“电竞+”模式不断发展、电竞从业者职业之路如何健康发展等问题，游戏产业繁荣发展所衍生的电子竞技新业态、职业电竞选手的培育都是未来中国游戏企业发展所需要纳入考量范围的问题。

三　中国游戏产品出口差异化发展的策略分析
——以无端科技射击类游戏出口为例

（一）立足原创，打造数字文化精品

无端科技始终坚持匠心造精品，力争“创造一代人的精彩回忆”。公司成立的初衷就是做出生命周期在十年以上的游戏，做出陪伴玩家成长、受玩家喜爱的游戏。《生死狙击》页游 2013 年上线，截至 2023 年 6 月走过了近十年，累计陪伴了数亿玩家；《生死狙击》手游 2016 年上线，也已经持续运营了 7 年，仍处于增长期，每月服务着数百万玩家。

近几年，公司更是加强大制作、精良制作作品的研发和投入，增加数字文化产品优质原装内容供给，同时，加大力度布局产业新方向的产品立项和研发。华流次世代畅爽射击端游《生死狙击 2》，2018 年立项，研发历时 4 年、投入近 4 亿元研发经费，并邀请周杰伦倾力代言，游戏中有萌趣大头、职业变异、载具爆破、大战场等全模式玩法，革新美术与音效品质，融合赛博、废

① 《〈2022 年中国电竞产业报告〉正式发布》，游戏产业网，2023 年 2 月 17 日，http://www.cgigc.com.cn/details.html?id=08db108d-a990-462a-8065-871541df2f6d&tp=news。

土、国潮等风格元素塑造轻科幻场景体验，并采用真人动捕、实枪音效等打磨操作手感与沉浸氛围，让玩家用低端配置也能享受顶尖枪战快感，游戏于2022年7月推向国内市场，立刻就展现出了相当出色的营收能力。2023年开年，研发团队开足马力，不断提升产品品质，推出游戏新春版本，在游戏内加入PVE模式，并与国内顶流虚拟女团A-SOUL进行联动，游戏收入实现了开门红，2月国内单月流水创历史新高，稳居国产射击游戏第一梯队。

（二）推动跨界融合，打造数字文化内容新生态

宇宙始终是科幻文艺作品中迷人的主题，在《生死狙击2》太空版本中，无端科技跨界联动了全世界发行量最大的科幻杂志——《科幻世界》，联名推出了“行星动力”太空系列武器。从太空科技的应用到武器元素的创新，都为玩家带来了先锋前沿的科幻体验。同时也结合杂志的文学内核，对游戏的轻科幻世界观架构进行了拓展，成功在游戏这一平台上全感官地展现了中国科幻文学的魅力，极大激发了青年用户崇尚科学、尽情幻想的热情，多维推动了“游戏+科幻文化”出圈、跨界的发展。

虚拟偶像作为近年来新兴的文化产品，收获了众多年轻人的喜爱，《生死狙击2》敏锐地洞察到了这一文化现象，和字节跳动旗下虚拟偶像团体A-SOUL进行了跨界联动。在虚拟主播带货、虚拟主播游戏直播、游戏枪械等方面和A-SOUL进行了跨界联动合作，极大地挖掘了青年用户对数字化场景应用的需求，收获了大量B站、抖音、微博、贴吧等平台用户的好评，成为2023年开年首个游戏联动教科书式案例。

（三）加强传统文化融合，打造品牌影响力

游戏和传统文化的融合可以为游戏品牌带来更广泛的用户群体和更好的市场口碑。在《生死狙击2》于2022年推出的国风版本内容中，以中国甲胄文化为核心的“虎啸山文”系列武器，将历史记载的甲胄工艺和纹路通过游戏材质、贴片、光影还原；设置具有川蜀特色的熊猫男女角色，收集川蜀地区的方言川音，融入角色语音中，带给海外用户不一样的“文化听

觉”；威风凛凛的大头“京剧武生”角色，向国内和海外玩家传递积极向上的京剧文化精神；在场景地图方面，公司开发了具有东方水墨特色的地图和近代重庆“洪崖洞”风格地图“霓幻山城”。无端科技运用游戏技术，将中国文化的经典符号融入游戏场景、道具的设计中，让曾经古老的文化符号在虚拟数字空间里再一次绽放魅力。

（四）加强网络营销渠道的建设，搭建无端科技海外贸易中心

基于全球不同游戏市场的属性，无端科技近几年针对性地制定了海外出口策略，采取“代理+自营出口”双模式，建立海外出口贸易体系，积极培育当地市场对中国游戏的消费兴趣和潜力。做好基于当地市场的游戏出口本地化运营和成本控制，并做好后续游戏的运维和质量控制。如对于俄罗斯及独联体其他地区和越南，公司采用了代理模式，与当地知名的游戏代理商合作，利用代理商在当地的网络资源和行业经验，进行游戏的推广和宣传，以便更好地进入当地市场。同时，无端科技加快了在海外开设子公司的步伐，自己在海外运营，先后在中国香港、新加坡、土耳其、巴西等国家和地区设立了分支机构。近几年，无端科技海外业务保持快速增长，2022 年相较于 2021 年，实现了疫情下 53%的出口增长，自主运营起到了关键的作用。

四　中国游戏企业走向国际市场的前景展望
——以无端科技为例

中国市场的游戏玩家对全球优质文化产品和服务的需求不断提升，同时国内外的市场竞争加剧，这要求国内游戏厂商深耕自研领域，不断提升自身的研发能力以及综合运营能力。对于无端科技来说，在自己擅长的射击品类赛道把握机会以在未来的市场中占据话语权、树立品牌，至关重要。

（一）重点推进新精品游戏的出口

2023～2024 年，无端科技计划在海外重点推出研发多年的《生死狙击

2》大型次世代畅爽客户端射击游戏。为吸引更多海外消费者，公司与世界知名作曲家、好莱坞媒体音乐奖获得者 Jeff Broadbent 联袂打造了游戏主题曲《燎原》（*Wild Flames*），同时邀请到了世界知名交响乐团布达佩斯交响乐团（代表作：《流浪地球》《红海行动》配乐）联合参与演绎。公司还邀请了周杰伦为这款游戏倾力代言，以增强海外市场的影响力与提升出口效果。2023 年 5 月，公司陆续开启在欧洲、东南亚、美洲各国的公开测试。公司将通过海外市场的开发与拓展实现文化“走出去”，这将大大地提升公司的海外营收能力。

（二）加快产品全球化步伐推进

无端科技将继续加大投入力度研发精品游戏，把科技创新和产品研发作为重中之重，以用户体验和市场需求为导向，积极推进创新研发工作，并加快提升公司工业化能力的水准，增强公司射击品类游戏在海外的竞争能力。同时，强化区域合作运营能力，针对不同文化、不同政策制定本土化策略进行长线运营，如在多地部署本地推广团队，结合本地文化提出解决方案，反哺国内制作团队，形成自己的全球化方法论和技术手段，从而促使公司产品由单一爆款升级为全球 IP。

（三）加强海外知识产权保护

游戏文化产业“走出去”在法律法规上应注意与国内法和国际法规的衔接，利用好知识产权立法执法提供的保障，严格保护自身游戏文化产品的创新成果。海外知识产权保护有利于游戏文化产品的海外发行，有助于维护并巩固产品和服务的市场地位和竞争优势。因此，无端科技将结合业务发展需要，继续加强海外知识产权的布局，综合考虑经营范围、发行规划、发行风险等因素，重点划分核心区域、重要区域和其他区域，并针对各个区域分别进行多层次的布局。布局方式包括通过单一申请（分别向各国或地区的商标主管机关直接递交商标注册申请）和马德里商标国际注册进行海外商标申请，涉及范围包括但不限于美国、俄罗斯、越南、新加坡等多个国家。通过海外申请取得具有排他性的知识产权，有助于企业以许可、授权等方式进行海外合作，极大增加产品附加值，打造无端科技企业品牌，营造优良企业形象。

（四）继续开拓“游戏+”新模式，携手文化扬帆全球市场

无端科技将继续充分发挥网络游戏优势，加强跨行业跨领域合作。比如通过游戏和动漫、影视或网络文学的结合，发挥不同业态的优势，培育无端科技数字文化游戏内容大 IP。

同时，充分发挥游戏的融合效应，利用数字技术的创造力和传播力，融合优秀传统文化，将传统转化为现代，将经典转化为时尚，把传统文化的内在魅力淋漓尽致地展现出来，如将中国的传统音乐、特色地貌、戏曲文化等融合到游戏中，为中华优秀文化的开发、利用、表达与传播提供多元路径，让海外玩家更多地感受中华文化的魅力。

（五）加强人才引进和培养

全球游戏创新正在加速发展，而背后支撑游戏创新的，是人才和教育的积淀。目前国内专门的和游戏相关的产业研究院、游戏学院等能助推游戏产业发展的专业机构少之又少，因此无端科技除通过设立专业人才招聘渠道引进人才外，将加大力度建设企业人才培养体系，同时加大力度和高校进行各种形式的产学研合作，进行人才的储备和培养。此外，由于生成式人工智能技术的不断发展，未来需要培育更多能够使用 AI 技术进行游戏创作的艺术家群体。电子竞技产业的蓬勃发展也对人才培养提出了新要求，我国电竞教育仍没有形成完整的体系，放眼国际，英美等国在电竞人才教育领域的政策相对更为细致和深入，要推动我国同其他“电竞大国”大学的深入合作，开展实时互动课堂和短期游学等国际交流活动，形成人才培养与人才输送的闭环。

（六）使游戏产生对社会的正向影响

如今越来越多的国产游戏及国外公司研发的游戏都加入了中国传统文化

的元素，例如无端科技旗下的《生死狙击》系列游戏中有大量包含中国风元素的人物形象、游戏道具皮肤等，玩家也在期待着今后能上线充满中国风元素的游戏地图，在全球游戏市场上进一步传播中国传统文化。此外，通过游戏与其他领域结合做出的更多延伸，例如“游戏+文旅”“游戏+文创”衍生的产业环节，有利于无端科技利用《生死狙击》的游戏 IP 在全球游戏市场开拓周边商品和文创产品，完成游戏 IP 的转化与延伸。

游戏已经成为中国文化输出的新载体，将源远流长的传统文化与时下流行的电子游戏结合，可以助力传统文化传播，向世界讲述多彩的“中国故事”。同时，由游戏产业发展所带动的电竞赛事也越来越契合中国文化产业的发展，与历史、美术、音乐等文化形态融合发展，演变成一个多功能多价值的“数字场景”，逐渐与传媒、体育以及其他的产业产生更多的跨界连接，不仅产生经济价值，还承载和释放了多元的社会价值。推动国产游戏出口并成为全球性的文化价值工具和载体是未来中国游戏企业需要承担的社会责任。

未来，无端科技将继续加大海外市场布局力度，不断提高公司产品的国际竞争力以及品牌影响力，在创意上、模式上、技术制作上不断做出改进，并仔细研究海外用户的偏好以尽量减少文化折扣，同时不断深入发展和完善对外合作平台，不断拓宽海外营销渠道和发展交流渠道，在全球范围内推广中国文化产品，让世界更多地了解中国。

B.20

中国优秀传统文化“数字服务出口”策略探究

——以三七互娱为例*

李逸飞　杨　军　程　琳**

摘　要： 在国家推进对外文化贸易高质量发展的背景下，国内游戏企业中国优秀传统文化“数字服务出口”百花齐放、竞争力不断提高，网络游戏作为互联网时代的文化产物，正成为世界接受中国文化的主流渠道之一。三七互娱作为全球TOP20上市游戏企业，是中国优秀传统文化“数字服务出口”企业的代表，在全球200多个国家和地区取得亮眼成绩。本报告以三七互娱的中国优秀传统文化“数字服务出口”策略为研究对象，深入分析三七互娱“数字服务出口”的市场环境、中国优秀传统文化“数字服务出口”策略。在国内市场饱和，海外市场的红利与机遇并存，中国游戏出口百花齐放、竞争力不断提高的“数字服务出口”状况下，三七互娱通过采用多元化精品策略、科技自立自强策略、文化内涵深度融合策略以及中国风韵品牌化运营策略将更多具有中国特色的产品带向全球，向世界讲好中国故事，为推动中国文娱产业繁荣发展、增强文化自信做出新贡献及优秀示范。

关键词： 数字服务出口　传统文化　游戏产业

---

* 本报告中部分数据为三七互娱集团企业内部统计数据。

** 李逸飞，三七互娱集团创始人、董事长，主要研究方向为数字经济、战略管理；杨军，三七互娱集团高级副总裁，主要研究方向为移动互联网、资本整合；程琳，三七互娱集团副总裁，主要研究方向为企业管理、数字传播。

《国民经济和社会发展第十四个五年规划和2035年远景目标纲要》对文化贸易发展做出专门部署，明确提出要积极发展对外文化贸易，开拓海外文化市场，鼓励优秀传统文化产品和影视剧、游戏等数字文化产品出口。被誉为“第九艺术”的游戏，是“文化+科技”的具象体现，扮演着文化海内外交流过程中传播媒介的角色。

中国游戏企业积极地拓展海外市场，海外市场销售收入的增长率持续超过国内销售收入增长率，中国游戏企业正在积极部署和调整海外市场战略，瞄准不同地区，与当地公司合作建立海外团队，深化本地化运营，准确定位细分市场。根据中国音数协游戏工委和中国游戏产业研究院发布的《2022年1—6月中国游戏产业报告》，2022年1~6月，中国自主研发游戏在海外市场的实际销售收入达89.89亿美元，同比增长6.16%。①

中国游戏出口涉及的国家和地区明显增多，产品类型也更为多元化，国内游戏企业以游戏为传播载体，将更多具有中国特色的产品带向全球，向世界讲好中国故事。

三七互娱作为中国文化数字服务出口企业的代表，通过因地制宜的策略，依靠较强的游戏研发能力以及优秀的本地化营销能力，利用“中国传统文化+IP联动”赋予产品活力，不断扩大海外业务市场规模。2022年，三七互娱实现海外营业收入59.94亿元，较上年增长25.47%。② 三七互娱在全球200多个国家和地区均取得了亮眼的成绩，为推动中国文娱产业繁荣发展、增强文化自信做出了新的贡献。

一 三七互娱的中国文化“数字服务出口”历程

三七互娱，作为全球TOP 20上市游戏企业和国家文化出口重点企业，

① 《〈2022年1—6月中国游戏产业报告〉正式发布》，“中国音数协游戏工委”微信公众号，2022年7月21日，https://mp.weixin.qq.com/s/QVjVoDs3oBU8NiImg3Lu-Q。

② 《三七互娱网络科技集团股份有限公司2022年年度报告》，巨潮资讯网，2023年4月28日，http://www.cninfo.com.cn/new/disclosure/detail?plate=szse&orgId=9900018279&stockCode=002555&announcementId=1216644837&announcementTime=2023-04-28。

同时又是“全国文化企业 30 强”提名企业和广东省文明单位，其部分游戏的海外推广也入选了“一带一路”文化产业和旅游产业国际合作重点项目。三七互娱凭借其优异的业绩被纳入中证沪深 300 指数成分股、MSCI 指数成分股、高盛“新漂亮 50”名单，是国内 A 股优秀的综合型文娱上市企业（股票代码：002555）。公司业务包含游戏和素质教育，同时积极布局元宇宙、影视、音乐、动漫、文化健康及新消费等领域。[①] 为认真贯彻落实习近平总书记提出的“坚定文化自信，推动社会主义文化繁荣兴盛”[②] 的重要指示，三七互娱始终坚持传统文化与自主研发相结合，推动优秀传统文化数字服务出口，研发并发行《叫我大掌柜》《斗罗大陆：魂师对决》《三国》《云端问仙》等具中国优秀传统文化特色的游戏产品，2022 年登上中国游戏厂商出海收入榜榜首，在中国游戏厂商出海收入排名中稳居前五名阵营。

早在 2011 年，三七互娱就正式成立 37 网游，全面进军网络游戏产业。经过十余年的发展，37 网游拥有平台注册用户超过 7 亿个，累计运营产品超过 600 款。其业务涵盖 PC、移动游戏领域，产品覆盖了众多细分市场领域，形成专业化布局，曾被评为“中国最佳人气游戏平台”、“中国十大游戏运营平台”之一。2012 年，公司制定了全球化运营战略，成立海外发行品牌 37 GAMES，其多款自研及代理产品在全球 200 多个国家和地区发行和销售，逐步成为“全球十大国际发行平台”之一。2013 年，秉承“研运一体”战略，成立研发品牌三七游戏，在次世代 3D 引擎、AI、大数据分析平台等前沿技术加持下，成功研发《斗罗大陆：魂师对决》《荣耀大天使》《云端问仙》等精品游戏，自研游戏流水超 500 亿元，是业内创新型游戏研发标杆；同年成立 37 手游，全面进军移动游戏业务，以“产品+流量+用户”的精细化运营思路，截至 2023 年 4 月，累计运营近 2000 款游戏，月活跃用户人数超过 3000 万。2015 年，公司完成整体上市，并制定“多元化”

① 《公司简介》，三七互娱官网，2022 年 4 月 20 日，http：//www. 37wan. net/introduction. html #company。

② 习近平：《全面建成小康社会 夺取新时代中国特色社会主义伟大胜利——在中国共产党第十九次全国代表大会上的报告》，人民出版社，2017，第 40 页。

投资布局战略，全面拓展文化创意产业发展空间，构建以精品 IP 为核心的文创生态产业链。2016~2019 年，公司各业务板块全面发展，整体综合实力跃升至中国互联网企业第 18 位，陆续入选了高盛“新漂亮 50”名单、全球 52 强 App 发行商榜单。2019 年，在国内移动游戏发行市场上以超过 10%的占有率位列全国第三，仅次于腾讯和网易。2020~2022 年，三七互娱向卓越文娱企业目标进发，不断扩大数字服务出口业务规模。其部分游戏的海外推广入选 2020 年“一带一路”文化产业和旅游产业国际合作重点项目。三七互娱于 2019 年和 2021 年连续两次被五部委联合认定为国家文化出口重点企业，并获 2021 年、2022 年“全国文化企业 30 强”提名。此外，在 2022 年 10 月首登中国游戏厂商出海收入排行榜第一，为推动中国文娱产业发展、增强文化自信做出了重要贡献。

二　三七互娱“数字服务出口”的市场环境分析

（一）国内国际游戏市场状况

电子游戏有“第九艺术”之称，以其覆盖面广、易于传播、交互性强的特点，受到全球大众尤其是年轻群体的喜爱。2022 年 11 月，欧洲议会全会以高票通过重视发展电子游戏产业的决议，赋予电子游戏产业极高的经济、科技、文化甚至战略价值。因此，电子游戏已成为对全球、国家产业布局具有重要意义和值得深入挖掘潜在价值的行业。

目前游戏市场的整体特征是国内市场已经饱和，海外市场的红利与机遇并存。中国音数协游戏工委、中国游戏产业研究院、伽马数据共同发布的《2022 年中国游戏产业报告》显示，2022 年中国游戏市场实际销售收入同比减少 306.29 亿元、下降 10.33%，2022 年中国游戏用户规模同比下降 0.33%（见图 1），是多年来首次出现下降，国内游戏市场已经进入存量竞争时代。

与此同时，2014~2022 年，中国自主研发游戏在海外市场的实际销售收入整体呈现不断增长的态势。其中，2022 年为 173.46 亿美元，有 3.7%的

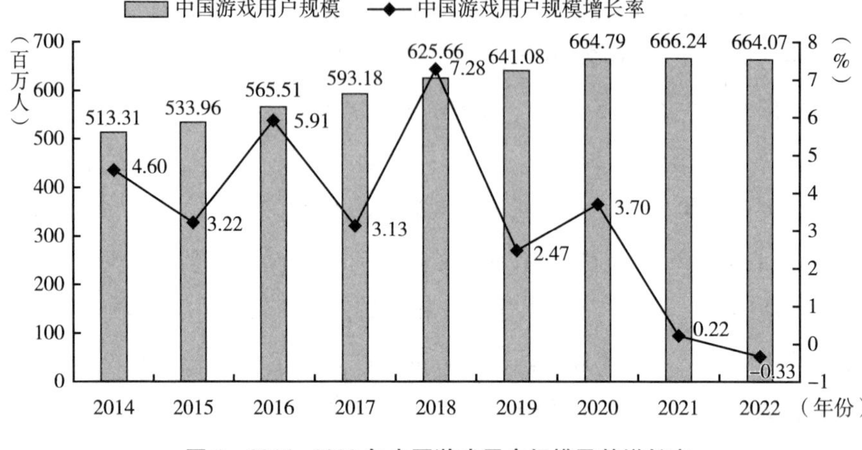

图 1　2014~2022 年中国游戏用户规模及其增长率

资料来源：《2022 年中国游戏产业报告（数据解读+全文下载）》，“文化产业评论”微信公众号，2023 年 2 月 15 日，https：//mp. weixin. qq. com/s/PgJUGACtJMnFrtwKxGkCFg。

降幅但明显小于国内市场销售收入 10. 33%的降幅。[①] 根据 Newzoo、伽马数据发布的《2022 全球移动游戏市场中国企业竞争力报告》，2022 年全球移动游戏市场规模为 5945. 2 亿元[②]，海外游戏市场仍然存在可观的发展空间。《互联网出海白皮书 2022》则指出西欧凭借其全球领先的收入水平和发展成熟的电子游戏产业，为网络游戏市场尤其是移动游戏市场发展提供强劲的动力；东南亚地区拥有相对完善的产业链基础、稳健增长的经济和庞大的人口基数，加之广泛受到华人文化的影响，是重要的游戏市场；拉丁美洲以其庞大的移动互联网用户、较快的互联网基础设施建设发展速度和旺盛的娱乐需求成为全球重要的移动游戏市场之一；中东及北非作为全球第二年轻的区域，经济增长较好，具有规模庞大的高消费、高收入且娱乐需求大、对游戏

① 《2022 年中国游戏产业报告（数据解读+全文下载）》，“文化产业评论”微信公众号，2023 年 2 月 15 日，https：//mp. weixin. qq. com/s/PgJUGACtJMnFrtwKxGkCFg。

② 《全球竞争力报告：全球移动市场规模缩减 10. 3%，中国游戏市场占有率稳步提升》，“游戏产业报告”微信公众号，2023 年 2 月 13 日，https：//mp. weixin. qq. com/s/nUMyu1OUbb_aLDLZCdH4FA？vid = 1688850471811562&deviceid = 53b9a7d2 - 73e9 - 4c01 - ae7d - baf855732c67&version = 4. 0. 19. 6020&platform = win。

的接受程度较高的群体，亦拥有较好的市场前景。[①]

因此，在国内游戏用户规模增长停滞、游戏市场实际销售收入减少的当前，相比已经相对成熟的国内市场，海外游戏市场无论是发达市场还是新兴市场都具有可观的红利以及快速增加的行业产业机遇。

（二）中国游戏出口状况

中国游戏出口百花齐放、竞争力不断提高。《国民经济和社会发展第十四个五年规划和2035年远景目标纲要》提出了要建成文化强国的战略目标；商务部等27部门发布的《关于推进对外文化贸易高质量发展的意见》指出，应当“大力发展数字文化贸易，积极培育网络游戏等领域出口竞争优势，提升文化价值，打造具有国际影响力的中华文化符号”；同时，各地政府也出台了一系列关于企业对外贸易、文化出口的扶持政策。由此可见，国家对企业拓展海外业务高度关注，并从由上层战略至具体落地执行等多个维度给予了企业较大支持。

在中国文化发展面向现代化、面向世界、面向未来的时代背景下，众多游戏厂商将目光投向海外。国产游戏在海外市场呈现增长稳定、游戏品类多元分布、出口企业竞争力不断增强的特点。《2022年中国游戏产业报告》显示，2022年中国自主研发游戏在海外市场的实际销售收入为173.46亿美元，较2020年相比增长12.3%[②]，截至2022年已连续四年超出100亿美元，整体市场保持稳健发展。其中，在国产游戏出口品类方面，我国出海游戏主要集中在SLG（策略类游戏）、卡牌类游戏、射击类游戏、ARPG（动作角色扮演游戏）以及博彩类游戏上。在五个品类赛道上，中国移动游戏从流水分布来看市场份额不断增长。其中，国产SLG经过多年的深耕，已在海外市场取得较大优势，2022年中国出口移动游戏中SLG流水在海外重要移动游戏市场该品类总流水中占比已超90%（见图2）。

---

① 《互联网出海白皮书2022》，易观分析官网，2022年5月27日，https：//www. analysys. cn/article/detail/20020526。

② 《2022年中国游戏产业报告》，“文化产业评论”微信公众号，2023年2月15日，https：//mp. weixin. qq. com/s/PgJUGACtJMnFrtwKxGkCFg。

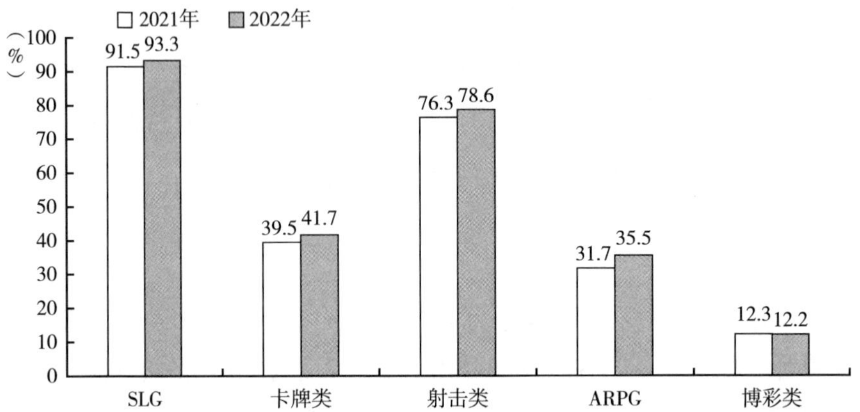

图 2　2021 年、2022 年中国出口移动游戏流水前 5 名游戏品类流水在海外重要移动游戏市场该品类总流水中占比

资料来源：《全球竞争力报告：全球移动市场规模缩减 10.3%，中国游戏市场占有率稳步提升》，“游戏产业报告”微信公众号，2023 年 2 月 13 日，https://mp.weixin.qq.com/s/nUMyu1OUbb_aLDLZCdH4FA。

根据《2022 全球移动游戏市场中国企业竞争力报告》，2022 年，在美、日、英、德等全球重点关注移动游戏市场中，国内游戏发行商数量占比整体上有不同程度的提升，越来越多国内厂商进入海外重点关注移动市场 TOP100 榜单。[①] 专业数据分析平台 data.ai 发布的 2022 年全球 52 强发行商榜单中，上榜中国厂商共 17 家，占比达 33%，腾讯、网易、米哈游、三七互娱等头部厂商在列，多国市场中中国游戏发行商数量占比及其竞争力进一步提升。[②]

网络游戏作为互联网时代的文化产物，其承载的程序、美术、音乐、故事情节、背景世界观等内容，可激发用户的共情，是传播文化天然而有力的载体，正成为世界接受中国文化的主流渠道之一。

① 《全球竞争力报告：全球移动市场规模缩减 10.3%，中国游戏市场占有率稳步提升》，“游戏产业报告”微信公众号，2023 年 2 月 13 日，https://mp.weixin.qq.com/s/nUMyu1OUbb_aLDLZCdH4FA。

② 《2022 年 10 月中国游戏厂商及应用出海收入 30 强》，“dataai CN”微信公众号，2022 年 11 月 15 日，https://mp.weixin.qq.com/s/AbIp0vvVfQk7rx7QXlX1eg。

三　中国优秀传统文化“数字服务出口”策略分析

（一）多元化精品策略

三七互娱坚持贯彻“精品化、多元化、全球化”战略，经过十余年深耕海外市场，2022 年，三七互娱的海外业务取得重大突破，在 2022 年 10 月中国游戏厂商出海收入排行榜中跃升至榜首，在当期发布的中国游戏厂商应用出海收入榜单中，凭借优秀的研发和运营，三七互娱旗下多款精品游戏位列排行榜前 30。其中，*Puzzles & Survival*①排行第 4，《小小蚁国》排行第 18，《云上城之歌》排行第 23，《叫我大掌柜》排行第 30。②

三七互娱在海外市场进行业务拓展、文化出口的成功有赖于精品化、多元化战略。由于海外市场不同地区有消费习惯、文化习俗、宗教信仰、法律政策上的差异，因此各国市场用户偏好也不尽相同，欧美市场中消除类游戏、SLG 覆盖用户更广，日本市场则更多偏好与二次元题材结合的卡牌类游戏，韩国市场集中于 MMORPG（大型多人在线角色扮演游戏）这一细分品类。三七互娱为取得海外市场先发优势，尽可能多地吸引用户，更广泛地利用数字文化产品向全球更多用户传播中国优秀传统文化，在产品端会针对不同地区市场发行不同类型的游戏，在欧美地区推出“SLG+三消”游戏 *Puzzles & Survival*、蚂蚁题材的 SLG《小小蚁国》，在韩国地区上线开放世界 MMORPG《云上城之歌》，在东南亚地区发行古风模拟经营类游戏《叫我大掌柜》。

三七互娱一方面以游戏研发作为重要抓手，不断提升研发技术水平、优化研发团队机制，增强多元化、精品化产品的研发能力；另一方面通过投资研发型公司、加强与具备精品游戏制作能力的研发厂商的合作，制定精细化

---

① *Puzzles & Survival* 中文名称为《末日喧嚣》。

② 《2022 年 10 月中国游戏厂商及应用出海收入 30 强》，“dataai CN”微信公众号，2022 年 11 月 15 日，https：//mp. weixin. qq. com/s/AbIp0vvVfQk7rx7QXlX1eg。

运营策略，打造长效多赢的长周期多元产品矩阵。

在研发团队机制的调整上，三七互娱将对产品的关注升级发展为对人才发展的关注，聚焦人才多样性，提升高级研发人员比例，打造多元化精品团队。为了更好吸引全国各个游戏细分赛道的高端人才，三七互娱在多个游戏高端人才高地“筑巢引凤”，如在苏州成立专注于研发女性向游戏的萤火工作室等。三七互娱还采用了制作人选定赛道进行研发人员配置的方式，使制作人更加专注于对应的赛道，如 MMO 赛道、SLG 赛道、卡牌赛道、模拟经营赛道等，同时成立专精小组进行赛道的研究分析，进一步集中资源形成合力，强化研运优势。

三七互娱精品化、多元化的战略也反映在游戏代理运营业务上，三七互娱与国内优秀的研发商深度绑定，从游戏研发早期开始介入，在游戏题材、游戏玩法、本地化翻译方面给予帮助与建议。以 *Puzzles & Survival* 为例，游戏由三七互娱参股研发商易娱网络研发，由三七互娱深度定制，以“因地制宜”的战略方式选择适合的市场，并针对当地市场推出最为匹配的发行方式以及本地化内容，*Puzzles & Survival* 营收呈现持续快速增长态势，截至 2022 年 10 月，全球的流水已超 56 亿元。

（二）科技自立自强策略

三七互娱在投身海外市场初期面临海外市场不同地区本土用户多样化、差异化程度高的对高品质产品的需求，海外本土游戏厂商基于先天优势的排挤以及抢占市场的紧迫性。公司投入大量研发成本，将研发策略向底层框架倾斜，自主研发搭建大数据、智能化应用平台体系及游戏研发引擎，全方位赋能数字文化产品、服务出口。

在研发端，打造了 AI 大数据算力游戏研运中台“宙斯”和 AI 研发平台“丘比特”，可实现研发、部署、运营全流程的自动化和标准化，为各部门系统间的互联互通扫平了障碍；自研数据分析系统“雅典娜”、监控预警系统“波塞冬”和用户画像系统“阿瑞斯”三大数据研运系统，为精品游戏的研发提供了大数据的支撑，大幅提升了出口游戏产品的研发和版本迭代过程的效率。

在发行端，将数字化、智能化的技术融入发行业务，打造 AI 大数据智能化投放系统“量子”及运营分析系统“天机”，实现自动化投放及智能化分析，为新产品设计、老产品迭代提供精准数值参考，不断扩大精细化流量运营优势，多元产品的发行效率得到大幅提升，精品游戏生命周期长的特点被进一步放大，进一步提升海外市场长线运营的能力。

在 3D 引擎端，自研的 3D 游戏研发引擎，能高效运行次世代游戏的 3D 图形算法，支持同一游戏项目的多端编译输出，大幅提升游戏产出效率；还实现了运用同一套程序在电脑端和手机端都能进行游戏的目标，游戏只需要开发一套程序，就可以在不同类型的设备上运行，不需要针对不同设备、不同系统做第二次开发，大大减少了海外精品游戏的开发成本。

三七互娱利用 AI、大数据分析平台、次世代 3D 引擎等前沿技术，实现了游戏制作过程中内容的自动化、智能化生产，在加快开发进度的同时生成更加丰富、精美的内容，释放企业生产力，让研运团队能够投入更多精力、时间解决文化冲突，文化背景、语言语境差异等中国优秀传统文化国际化传播难题，探究中国优秀传统文化与出口游戏产品间创造性融合的可能性，激发全球用户在游戏中体验与探索中国文化的兴趣。

（三）文化内涵深度融合策略

1. 采用文化符号激发用户兴趣

网络游戏作为新锐的大众文化，拥有丰富的表现形式，其场景画面、人物造型、建筑景观、消费道具、故事情节等都是承载和展示博大精深、底蕴深厚的中华文明的优秀传播媒介。三七互娱长期聚焦以数字技术活化中国优秀传统文化、非遗文化等相关内容，活用中国优秀传统文化符号元素，通过游戏内容植入、游戏内容研发，传播中国优秀传统文化，打造包含中国符号的高质量文化品牌。

三七互娱旗下的《叫我大掌柜》是一款以宋朝汴梁古城商贸文化为背景创作的古风模拟经营类手机游戏，在中国港澳台地区及韩国稳居畅销榜、付费榜前20名。《叫我大掌柜》从北宋著名画家张择端创作的《清明上河图》中汲取美学营养，参考了大量的历史材料、风俗长卷，并对传统美术资源进行现代化、艺术化加工与开发。游戏采用现代厚涂的水墨画风，主游戏画面采用长画卷游戏场景，为古朴恢宏的巍峨高楼、婉约和蔼的白墙青瓦、古老斑驳的桥梁、八面玲珑的园林楼台等各色建筑建模并将其植入游戏场景，主场景城中屋宇鳞次栉比，有茶坊、医馆、肉铺、庙宇、当铺等，街区过道穿梭着身着特色各异传统服饰的各行各业行人，包括摊贩、商贾、名伶等。游戏着力于文化符号细节的刻画还原处理，在画面制作上考究建筑特征及人文风情，让海外玩家可以真实灵动地体验中国古代生活场景，感受宋代的市井生活与烟火气息，了解中国古代历史和传统文化，被玩家称为“中国古代生活模拟器”。该游戏亦加入京剧、西湖等文化符号，以加深外国玩家对于游戏中国风的印象。

《斗罗大陆：魂师对决》则将中国武侠、玄幻等中国风传统元素嵌入游戏门派阶级、角色服饰皮肤、消费道具，目前已在欧美、日本、韩国等地区发行，各国玩家对游戏反响热烈，游戏在多个地区取得了较好的成绩。游戏使不少国家和地区的用户对中国文化的了解和兴趣加深，激起他们从游戏中体验、感受甚至是探索中国文化的兴趣，让中国更多的优秀传统文化在世界广泛传播。

2. 角色塑造彰显文化魅力

三七互娱以“传承中华文化精髓”为企业愿景，积极对外输出优质的文化内容，在输出精美文化符号的同时，通过塑造游戏角色饱满形象传递具有文化价值的人物精神及中华民族精神内涵，进一步彰显我国文化魅力。

三七互娱在自主研发的《斗罗大陆：魂师对决》里将省级非物质文化遗产洪拳融入游戏角色“大师”中。为全方位还原洪拳，研发团队亲身前往武馆，并邀请了洪拳非遗传承人师傅现场分享洪拳的特点以及它的发展史，通过师傅手把手教学的方式学习洪拳的动作，通过动态捕捉技术，对洪拳的一招一式进行数字化加工，并在数次细微调整后最终应用到游戏中，高保真还原了洪拳精髓及精气神。“大师”一角在游戏的世界观中是非常重要的角色，毕生致力于武术理论研究并不断突破自我，把对世界的理解传承给主角，正如非遗文化需要代代传承才能生生不息，这一角色深受玩家喜爱。将角色与非遗洪拳结合，一方面通过角色来向玩家展示“洪拳”非遗文化的内涵以及特色，让玩家代入中国武术角色体验传统非遗，借助“大师”这个引路人把非遗文化带到游戏世界，让所有玩家了解非遗文化；另一方面向用户传达尊师重道、以德服人、以人为本、厚德载物、为国为民的中国武术精神。三七互娱旗下产品《叫我大掌柜》亦通过联合广东醒狮非遗传承人在游戏中打造广东醒狮非遗技艺掌握者的角色，向用户展示醒狮非遗技艺及其传承人精细敬业的工匠精神。

3. 文化科普强化国际认同

海外市场渠道对产品本身品质有更高的要求，营销方面也需要更高的性价比、亮点突出的创意内容，这就需要游戏公司具备一定的游戏精品和营销能力，并与研发商深度绑定，从研发早期便开始介入，在游戏题材、游戏玩法、本地化翻译等方面给予研发端帮助与建议，通过精品游戏与中国文化的深度融合，激发全球用户在游戏中体验与探索中国文化的兴趣，共同打造真正面向全球市场的产品。

《叫我大掌柜》是三七互娱长期运营的一个标杆案例。为了更好地展现中国优秀传统文化，创新性地在游戏中加入了海上丝绸之路、赶集、龙舟、皮影戏这些极富中国历史以及传统文化特色的元素：在日本版本中推出海上丝绸之路关卡，让用户了解古代中国与其他地区进行的经济文化交往中繁荣的跨海贸易；在欧美版本中则推出中国赶集风俗活动，让海外玩家体验到中国古代劳动人民市集贸易活动的趣味；在韩国版本中，植入赛龙舟等具有中国传统文化元素的活动；在泰国版本中则传播中国传统文化皮影戏的内容，将文化概念数字化，以活动形式较为长期地融入游戏中并向玩家介绍文化项目的特色，让海外玩家都能了解中国古代历史和传统文化的内涵，强化玩家对于中国文化的认同。不少游戏玩家在应用商店和社交网站上留言表示，通过这款游戏加深了对中国传统文化的认识。

2022 年，由广州市委宣传部牵头，在广州市文化馆等单位支持下，结合广州“千年商都”美誉，《叫我大掌柜》与广府文化进行深度的内容联动，除了形象联动，还将粤语特色文化通过配音进一步植入游戏中，视听结合之下，更为生动的广府文化就呈现在用户面前。游戏还通过玩家社群发起粤语趣谈、广府建筑、广府饮食文化等多个热点讨论话题，定期在用户社群中发布广府文化小知识、粤语小故事等，通过科普与讨论结合的形式，不仅向用户群体科普了粤语文化，并且在寓教于乐的同时实现了游戏内外的交互，配合《叫我大掌柜》推出的粤语表情包，玩法与传播素材结合的方式能够引发用户自发传播扩散相关内容，大大增加了内容破圈效力。

本次联动在新浪微博获得了超过 10 万网民的关注与好评，加深了网民对广府文化的形象认识，强化了海内外玩家对中国传统文化的兴趣。本次联动更在 2023 年 1 月 16 日被主流媒体平台“南方+”以《广府文化+游戏，下一个“爆款”?》为题进行了详细的正面报道，为传统文化数字化创新做出良好的示范，也成为海内外宣传广府文化的新型名片，加强了游戏背后的文化价值沉淀。

（四）中国风韵品牌化运营策略

1. 国产文化 IP 联动模式

海外市场渠道相比起国内更简单直接一点，同时海外用户相对更成熟一些，对游戏公司而言，在营销方面就需要性价比更高的产品以及亮点内容，在推广策略上，《叫我大掌柜》就是三七互娱长期运营的一个标杆案例。该产品已经上线两年有余，海外收益依然保持增长。在营运期间，其与各品牌、动漫影视进行 IP 联动多达 16 次，成功实现海内外、线上线下多渠道联动传播。

游戏与“三山五园”联动，让玩家感受圆明园、颐和园等中国传统园林的美丽。中国文化元素会让很多国外玩家产生探索欲和好奇心，这会促使他们去了解中国文化，唤醒玩家群体文化守护和传承的责任感，截止到 2022 年 12 月，腾格尔演唱的“《叫我大掌柜》×三山五园”主题曲播放量累计突破了 119 万，该数据表明娱乐与文化相结合的游戏方式更受新时代用户的喜爱，《叫我大掌柜》另辟蹊径用更年轻化的方式实现对传统文化的弘扬，同时也带动游戏整体的增长。

《叫我大掌柜》与国家4A景区杭州宋城合作，打造了一幅活灵活现的水墨风“清明上河图”。这些文化层面的内容联动，在增加游戏文化气韵的同时，也将传统文化以更年轻化的姿态传递给了玩家群体。

《叫我大掌柜》借助游戏所展现的古代场景风貌，尝试打破题材限制。《叫我大掌柜》曾先后与“厨神小当家”、“葫芦兄弟”、“斗罗大陆”和“仙剑奇侠传三”等动漫影视IP联动，将其中的厨师行当、皮影戏传统文化、古代学堂甚至修仙场景纳入游戏中。《叫我大掌柜》还相当重视内容的视听结合。联动品牌期间，游戏先后与黄龄、二手玫瑰、UP主祖娅纳惜、腾格尔等乐队或歌手合作共创曲目，曲目以或国风、或潮酷的歌曲风格，在B站最高获得了318万的播放量，累计播放量破500万。

2. 传统节日为“媒”的游戏庆典打造

中国传统节日，是中华民族悠久历史文化的重要组成部分，形式多样、内容丰富。传统节日的形成，是一个民族或国家的历史文化长期积淀凝聚的过程。①

三七互娱坚持以文化为根，利用数字技术创新化演绎传统文化，通过数字化交互为中国传统节日的数字化赋予更多表达新意、想象空间以及时代内涵，将春节、端午、中秋等中国传统节日融入全球各个版本的游戏中，为用户打造超越空间时间界限的文化节日盛典，以呈现中国传统节日的风俗习惯和文化含义。

为了让传统节日文化内容更具可玩性、趣味性，每逢佳节，在海外上线相应版本的节日特色活动，如春节与元宵节系列活动剪窗花、绘年画、元宵灯会，中秋系列活动赏月、制作月饼，端午系列活动赛龙舟、吃粽子等，向海外玩家展示中华文化魅力，让全球用户在互动中感受中国传统节日氛围。

---

① 《中国传统节日》，中国政府网，2006年6月6日，http：//www. gov. cn/govweb/test/2006-06/06/content_ 301399. htm。

三七互娱旗下游戏曾举办特色端午活动，与全球千万用户共同欢度端午佳节。活动分为两部分，第一部分使用图文结合的表现形式，向玩家简单通俗地介绍了龙舟文化和龙船饭、龙舟说唱、龙舟宗祠剧等龙舟文化相关习俗；第二部分要求玩家通过完成相应任务、收集龙舟材料打造“描金龙舟”。在任务过程中，玩家能详尽地了解“起龙”“采青”“赛龙”等习俗的详情。

2022年9月中秋佳节期间，三七互娱开放了全国首个“非遗+元宇宙+露营”概念的元宇宙场景“非遗广州红”元宇宙虚拟营地，通过元宇宙的方式来传承和传播中国优秀传统文化。三七互娱在元宇宙中打造集非遗展示、数字体验、互动打卡于一体的非遗元宇宙营地空间，邀请粤剧、洪拳、舞火龙等多个代表性非遗项目进驻，并逐一设置互动内容。玩家们只要通过手机或者VR眼镜“进入”虚拟空间，就能随时聆听别具特色的粤剧故事，近距离欣赏舞狮表演，沉浸式观看传统民俗文化活动舞火龙。这一非遗元宇宙营地空间也成功登陆中国网络文明大会、中国国际服务贸易交易会等国家级活动，引来数十家央媒、省媒的关注和广泛报道。

三七互娱通过对中国传统节日以及当中蕴含的风俗习惯进行趣味化模拟和赋能，将现实生活中的节日民俗在虚拟空间的庆典中再现，并且通过多元的形式让用户沉浸式体验参与，获得用户群体的关注与情感连接并使其产生文化情感共鸣，让全球用户在三七互娱构建的“文化空间”中感受中国优秀传统文化的魅力，感知真实、全面、立体的中国。

四　结语

作为中国游戏“走出去”的优秀代表，三七互娱不断提升自身研发实力，做精品内容的生产，并将企业和多家优秀的研发商深度绑定，参与到产品的研发过程中，以保证更多适宜全球化发行产品的落地，为中国游戏产业的国际化发展做出了重要贡献。

2022年，中国自主研发的数字游戏海外市场规模已超千亿元，中国游戏的影响力也辐射了数以亿计的海外玩家，成为数字内容“出海”传播最亮眼的风景之一。在三七互娱看来，传统文化所蕴含的宝贵且庞大的财富，将会为游戏带去新的升华，并使游戏在其赛道上走出差异化道路。自 2012 年开始，三七互娱就怀揣着将中国游戏带向全球、用游戏向全球玩家展示中华传统文化精髓的梦想，踏上出海的征程。三七互娱的产品已覆盖全球 200 多个国家和地区，推出的产品如《斗罗大陆：魂师对决》、*Puzzles & Survival*、《叫我大掌柜》、《云上城之歌》等已在全球多个地区取得了较大成功，让全球玩家对中国游戏有了更深了解，也让三七互娱跻身中国游戏厂商出海榜前三位。

在未来，三七互娱将继续做好文化资源的转化和文化产品的生产，将中国优秀文化与国产游戏进行深度融合，并推动中国游戏更好地走向国际市场，向世界讲好中国故事，对外传播中国的文化。

Abstract

In the context of the accelerated evolution of the world's unprecedented changes in a century, cultural trade, as an important element in the construction of a strong cultural country, is of great significance to improve the country's cultural soft power and enhance the effectiveness of international cultural communication. In recent years, China's foreign cultural trade development has been remarkable, which is closely related to the strong support of the government and other relevant departments. The report of the 20th Party Congress emphasized the need to "implement the national cultural digitalization strategy" and "promote cultural self-confidence and self-improvement, and forge a new brilliance of socialist culture", and with the strong support of policies, China's digital cultural trade has developed rapidly, opening up a new pattern of China's foreign cultural trade. In July 2022, the Ministry of Commerce and other 27 departments jointly promulgated the "Opinions on Promoting the High-Quality Development of Foreign Cultural Trade", which focuses on deepening reform and opening up in the cultural field, activating new dynamics of innovation and development, stimulating the development vitality of market players, expanding cooperation channels and networks, and strengthening organization and guarantee, and puts forward 28 specific tasks and initiatives, pointed out the direction for China's cultural trade with high quality innovative development. According to the statistics of the General Administration of Customs, the total import and export trade of China's foreign cultural products trade in 2022 is \$ 181. 22 billion, of which, the export trade is about \$ 163. 68 billion and the import trade is about \$ 16. 59 billion.

The China International Cultural Trade Development Report (2023) is divided into a general report, an industry chapter, a thematic chapter and a practical innovation chapter. Among them, the industry chapter provides in-depth analysis of nine key industry sectors, including performing arts, broadcasting, film and television, movies, book copyrights, animation, games, cultural tourism, artwork, creative design, etc. The deep integration of digital technology into the field of performing arts in 2022 has given rise to many new forms of performing arts and performance channels, and has also activated many new consumer demands for performing arts. The overall foreign trade of broadcasting film and television is stable and improving, and under the institutional environment of continuous policy initiatives, adjustment and optimization, China's domestic film and television works have increased the pace of "going out". 2022, the foreign trade of Chinese films has been hit by the epidemic, and the recovery trend of imported films is slow compared with domestic films. The box office and revenue of imported movies have declined. Book copyright transactions continued to develop steadily, the trade deficit continued to decrease, and the development momentum of digital publishing was relatively strong. In 2022, the foreign trade of China's animation industry has shown the development trend of "all-age" market, and digital technology has efficiently empowered the international development of domestic animation. The successful holding of the Beijing Winter Olympics has stimulated consumer demand for ice and snow tourism services, with in-depth experience-based tourism gradually emerging, while the digital transformation trend of cultural tourism enterprises is obvious with the support of digital technology. China's art market has further rebounded, and the economic environment has ushered in new opportunities. The number of galleries, art gallery exhibitions and auction events held further increased, and the volume of art trade remained stable. In addition, the scale of foreign trade of China's creative design industry has expanded rapidly, maintaining a long-term trade surplus, and the operating income of creative design services has generally shown growth, and the proportion of operating income in the cultural industry has increased. The special section mainly focuses on the field of cultural digitalization, and discusses "digital labor" - non-standard employment in digital creative industry, digital empowerment to promote the international development of

Beijing old brands, the development status of cloud exhibition model and the prospect of entering the post-epidemic era, cultural trade In addition, we also analyze, the current situation and development path of China's theme park internationalization, and the opportunities and challenges of cultural trade development in BRICS countries. The chapter on innovation in practice focuses on the important practical cases of China's cultural trade with foreign countries, with a focus on the practical characteristics and impact of China's digital cultural trade policy, the progress and effectiveness of China's cultural big data project, the response and future outlook of Chinese game enterprises in the face of international market challenges, and the "digital service export" strategy of China's excellent traditional culture. The book also presents a qualitative analysis of the "digital service export" strategy of Chinese traditional culture.

This book uses descriptive statistical analysis, case study analysis, literature analysis, survey research, and quantitative and qualitative analysis to discuss the current situation, problems, and future trends and prospects of China's cultural trade in various key industries, thematic areas, and the process of practical innovation. It also addresses the problems of low trade in cultural products with high quality and cultural connotation, insufficient international market demand for cultural products and services, and low digitalization level of cultural enterprises in the context of digital economy, and proposes corresponding countermeasures in terms of optimizing the structure of foreign cultural trade, continuously stimulating international cultural consumption potential, enhancing the application and integration of digital technology in cultural and related industries, and improving the digital transformation of cultural enterprises' resources. The corresponding countermeasures and suggestions are proposed to provide important references and references for the future high-quality development of China's foreign cultural trade.

Keywords: International Cultural Trade; High Quality Development; Digital Economy

Contents

I General Report

B.1 Developing High-Quality Cultural Trade to Make Chinese Culture More Effective in International Communication

—*Cultural Trade Development Report of China* (2023)

Li Xiaomu, *Li Jiashan and Liu Xia* / 001

Abstract: At a time when the world is undergoing profound changes unseen in a century, Culture has increasingly become an important source of national cohesion and creativity. The high-quality development of cultural trade has gradually become an important support to enhance a country's comprehensive competitiveness and promote social and economic development. With the government's strong support for the high-quality development of cultural trade, China's foreign cultural trade is currently showing a trend of increasing proportion in the global cultural trade, expanding the overall trade scale, increasing number of key enterprises and projects of national cultural export, and rapid development of digital cultural trade. At the same time, in the process of development, there are also problems such as low proportion of trade of cultural products with high quality and cultural connotation, insufficient international market demand for cultural products and services, and low level of digital development of cultural enterprises. To this end, this report will put forward corresponding countermeasures and suggestions from the aspects of optimizing the structure of foreign cultural trade, constantly stimulating the potential of international cultural consumption, enhancing the application and integration of digital technology in cultural and related industries, and improving the efficiency of digital transformation of cultural enterprise resources.

Keywords: Foreign Cultural Trade; High Quality Development; Digital Technology; Digital Cultural Trade

Ⅱ Industry Reports

B.2 Report on the Development of Chinese Foreign Trade in Performing Arts (2023)

Zhang Wei, *Liu Yingyi* / 017

Abstract: In 2022, the deep integration of digital technology into the performing arts field has spawned many new performing arts forms and channels, activated many new performing arts consumer demand, and the epidemic has also changed the development pattern of the performing arts market. This report summarizes the current situation of China's performing arts market in 2022, analyzes the characteristics of international cultural trade in China's performing arts based on the fluctuations of the global performing arts market under the epidemic, changes in global performing arts consumer demand, performing arts investment and financing, performing arts trade environment, online performing arts, and performing arts copyright development environment. While focusing on the development prospects of international cultural trade in performing arts in the post-epidemic era, this report is trying to find solutions to optimize the international cultural trade in performing arts from the perspectives of guiding the application and transformation of new technologies to the field of performing arts, improving the digitization of offline performing arts, innovating online performing arts repertoire, building high-quality performing arts brands, and cultivating a unified national performing arts market, so as to provide reference for the rapid development of China's international cultural trade in performing arts in the post-epidemic era to seize global opportunities.

Keywords: Digitization; Market of Performing Arts; Foreign Trade

B.3 Report on the Development of China's Foreign Trade in Radio, Film and Television (2023)

Fu Zhen, *Li Jidong* / 042

Abstract: The successful convening of the 20th National Congress of the Communist Party of China has put forward new requirements for foreign trade in radio, film, and television in the new era. In 2022, China's foreign trade in radio, film, and television remain stable and positive. With policy measures continuously introduced, adjusted, and optimized, high quality development measures helped domestic film and television works increase their pace of "going global". Overseas promotion efforts were increased. A series of supportive policies promoted the innovative development of excellent audiovisual works. "Audiovisual China" activities focused on the core issues of social development and major country diplomacy strategies. Brand effect continuously unleashed. At the same time, focusing on major themes, a batch of high-quality audiovisual works were promoted overseas to promote China's plans. Diversified performance platforms promoted the continuous improvement of the global influence of domestic radio, film and television works. Technology empowered the development of digitized radio, film, and television foreign trade. The role of industrial clusters and the construction of national film and television export bases were accelerating. Faced with many new challenges, China's foreign trade in radio, film and television in the future should adhere to the spirit of the 20th National Congress of the Communist Party of China, take root in the road of Chinese path to modernization, and innovate and explore new models of foreign trade in radio, film and television in the digital era, deeply cultivate content quality and continue to launch high-quality domestic radio, film, and television export works, improve the construction of copyright trading platform and increase the protection of digital rights management, strengthen the main market entities and enhance the competitiveness of international brands, strengthen talent support, cultivate innovative and applied international communication talents, and promote new breakthroughs in the development of China's foreign trade in radio, film, and television.

Keywords: Radio, Film and Television; Foreign Trade; Digitalization

B.4 Report on the Development of Chinese Foreign Trade in Film (2023)

Luo Libin, Wang Yuchen and Liu Bowen / 058

Abstract: In 2022, China's film trade was greatly impacted by the COVID-19, and some new features have emerged in imported films: the recovery trend of imported films was still not as good as that of domestic films, the proportion of imported films at the box office declined, and the box office revenue of imported film declined significantly; The variety of import source countries has decreased, and North American films still maintain absolute advantage; The recovery of Chinese film box office was weak, but it continues to maintain international influence: various film festivals and exhibitions are held domestically, and Chinese film box office is surpassed by North American film box office; Multiple Chinese films have been nominated or won international film awards, and Chinese films have been remade by other countries; Multiple Chinese films have been released internationally through international streaming platforms. In the post pandemic era, China should pay more attention to the role of film trade in enhancing market confidence, and should attract audiences with more open markets and diversified films. At the same time, China has unique national advantages, which are conducive to achieving a double returns of cultural dissemination and cultural trade in the export process of the main theme film.

Keywords: China Film; Culture Trade; Film Trade

B.5 Report on the Development of Chinese Foreign Trade in Book Copyright (2023) *Sun Junxin*, *Qin Yuqiu* / 079

Abstract: By analyzing the latest data from 2011－2022, the development status, current issues, and countermeasures of China's book copyright foreign trade in the recovery and development stage after the peak of the epidemic was studied in this report. In the past year, the book copyright trade has continued to develop steadily, the deficit has continued to decrease, and the development momentum of digital publishing is obvious. The dissemination of Chinese books continues to make efforts in overseas platform exhibitions, and the copyright protection system is also in line with international standards. However, there are still some problems in China's publishing industry, such as the digital publishing system need to be completed, the quality of translation of published content needs to be improved, in-depth communication between international organizations was insufficient, and new challenges facing copyright protection in the context of the new era. The publishing industry needs to continue to promote its development by deepening internal system construction, strengthening copyright protection, finding the right direction for book publishing, and promoting international cooperation.

Keywords: Book Copyright Trade; Digital Publishing; Service Trade

B.6 Report on the Development of Chinese Foreign Trade in Animation Industry (2023)

Lin Jianyong, *Tu Ziwei and Zhuo Yaoying* / 093

Abstract: In 2022, the development of foreign trade of China's animation industry presents the characteristics of "all-age" market development trend gradually appearing, national comics still being the main body of domestic market, all parties helping to meet the burst of going overseas, digital empowerment of animation development, etc. In 2022, the flourishing development of digital new industries such as meta-universe has given new opportunities to China's foreign trade in animation industry. However, at the same time, the foreign trade development of China's animation industry also faces challenges such as age barriers in audience groups, insufficient supply of high-quality original IP, international marketing and operation system to be improved, and the immaturity of meta-universe industry. Based on this, this paper finally puts forward relevant countermeasures to the above challenges. Such as establish and improve the animation grading system, improve the animation talent training system, strengthen international cooperation, market supervision and gradual opening up at the same time, etc.

Keywords: Comics; Animation; Culture Trade; Original IP

B.7 Report on the Development of Chinese Foreign Trade in Cultural Tourism Service (2023)

Wang Haiwen, *Wang Tingao* / 104

Abstract: Even under the repeated severe impact of the epidemic, China's cultural tourism service trade still presents many highlights and characteristics. The successful holding of the Beijing Winter Olympics has stimulated the demand of consumers for ice and snow tourism services, and the rise of in-depth experience-based tourism. At the same time, with the support of digital technology, the trend of digital transformation of cultural tourism enterprises is obvious, and the national cultural export base has played a positive role in promoting the prosperity of cultural tourism. In general, China's cultural tourism service trade needs to be strengthened in such aspects as strengthening innovation, enhancing consumption willingness, promoting all-round and deep integration, and enhancing the ability to cope with emergencies. Therefore, we should adhere to the strategic guidance of the new development concept, accelerate the construction of cultural tourism service system, stimulate the new demand of cultural tourism service consumption, strengthen the ecological construction of cultural tourism industry in an all-round way, and vigorously promote the high-quality development of China's cultural tourism service trade.

Keywords: Cultural Tourism; Trade in Services; Scientific and Technological Innovation

B.8 Report on the Development of Chinese Foreign Trade in Art (2023)

Cheng Xiangbin, Lu Moxuan and He Jingqian / 115

Abstract: In 2022, with the steady implementation of the epidemic prevention and control policy, the epidemic was further controlled, the art market rebounded further, and the economic environment ushered in new opportunities. The number of galleries, art gallery exhibitions and auction events held further increased, and art sales continued to rise steadily on the previous year's growth trend. In terms of art trade, the volume of China's art trade remained stable in 2022, and China also played a greater potential and major role in the art market, thanks in large part to the economic recovery after the epidemic was effectively controlled and the implementation and support of national macroeconomic policies. Overall, the art market is still plagued by the following problems: the art market's own valuation is flawed, the art trade risk is high art taxes need to be adjusted, and the art industry is facing great impact from information technoloy. In response, this report proposes the establishment of a complete and comprehensive art valuation system, the appropriate adjustment of art import and export tax rates and the creation of a new art e-commerce platform.

Keywords: Art Market; Auction Market; Import and Export Artwork

B.9 Report on the Development of China's Foreign Trade in Creative Design (2023) *Liu Xia, Li Rui and Li Yawei* / 131

Abstract: As a strategic emerging industry in China, creative design industry is becoming an important driving force for national economic growth. It is of great significance to develop creative design industry actively for promoting cultural revitalization and realizing the goal of building a cultural power. In recent years, the foreign trade scale of our creative design industry has been increasing continuously, and it is in the state of trade surplus for a long time. In addition, the operating income of creative design services has shown an overall growth trend, and its proportion in the operating income of cultural industry has also increased. At the same time, China's creative design industry still faces a series of challenges such as intellectual property protection under the digital background, the shortage of creative design professionals, the imperfect creative industry chain, and the insufficient integration with financial capital. Based on the above problems, this paper believes that efforts can be made from the following aspects, such as perfecting the legal system, improving the way of talent training, optimizing the industrial chain of creative design, improving the investment and financing mechanism of creative design foreign trade.

Keywords: Creative Design; Foreign Trade; Digitization

Ⅲ Special Research Reports

B.10 "Digital labor": Non-Standard Employment Under the Digital Creative Industry *Li Jiashan, Zhang Xiaoling* / 144

Abstract: Digital creative industry, as an industry integrating digital technology and cultural creativity in the digital age, is gradually improving its position in the economic development of various countries. However, in every technological progress and development, there will be new problems, causing a certain degree of impact on the job market, digital creative industry is no exception. Digital creative industry not only creates "invisible" jobs for the society, but also brings impact to traditional industry jobs, resulting in a new form of non-standard employment of "digital labor" from the perspective of digital economy. At the same time, non-standard employment will have a more far-reaching and extensive impact on practitioners, labor market and society in the digital creative industry. The scale of employment in the digital creative industry will gradually expand, the employment structure will continue to optimize, the employment model will be more flexible, and the employment quality will continue to improve. Therefore, it is necessary to further optimize and create a favorable policy environment and market environment, promote industrial transformation and upgrading, increase support and regulation efforts, and promote high-quality employment development of digital creative industry.

Keywords: Digital Creative Industry; Digital Labor; Non-standard Employment

B.11 Digital Empowerment Promotes the Internationalization of Beijing Time-Honored Brands *Li Hongbo* / 158

Abstract: Beijing's time-honored brand resources are extremely rich, with a wide range of industries, closely related to people's lives and carrying rich historical and cultural connotations. Beijing's time-honored brands have been actively expanding their internationalization development path, and representative enterprises such as Tongrentang and Quanjude have achieved remarkable results in their internationalization process. Other time-honored brands have also expanded their international influence by actively participating in national foreign diplomatic activities, serving international political, economic, and cultural events, and enhancing their internationalization level through deep integration with the tourism industry. However, Beijing's time-honored brands still have a low level of internationalization overall, and exhibit imbalanced development. Different types of enterprises have significant differences in internationalization, and further internationalization faces development bottlenecks. After entering the digital era, consumption has shown new prominent characteristics such as personalization and experiential experience. It is necessary to empower the development of time-honored brands with digitization, use information technologies such as mobile internet and big data to revitalize their brands, provide new impetus for their internationalization, and explore new paths.

Keywords: China's Time-Honored Brand; Internationalization; Digital Empowerment

B.12 The Development Status and Prospect of Cloud Exhibition Mode *Ren Yizhuo*, *Wang Zimin* / 170

Abstract: China's convention and exhibition industry has been severely affected by the continuous impact of the Covid-19, which makes it difficult to hold international exhibitions. Many museums and art galleries are facing closure. The development of online cloud exhibitions has become an important way for exhibition enterprises to maintain their survival, and the cloud exhibition mode has developed rapidly. This report compares the two categories of cloud exhibition: online and offline integration exhibition and online independent cloud exhibition, as well as the different development situations of online audiovisual exhibition, real three-dimensional exhibition and three-dimensional virtual exhibition, and draws the basic conclusion that it cannot replace the role of offline exhibition at present but has great development potential. In addition, it analyzes the change of the trading value of the exhibits under cloud exhibition. Through the case analysis of Mio International Exhibition and Google Art and culture platform, the practical experience of cloud exhibition is summarized. Based on this, the problems of cloud exhibition technology and application, such as mismatch between technology and exhibition format, lack of visiting experience, insufficient platform application of system and high technical threshold leading to talent scarcity, are proposed to change the traditional exhibition thinking. Strengthen the characteristic advantage of digital online exhibition; Strengthen the interactive attributes of cloud exhibition and reconstruct the interactive mode of virtual space; Adapt to the digital age, training cloud exhibition professionals development countermeasures and prospects.

Keywords: Cloud Exhibition; Exhibition Industry; Digitizing

B.13 Motivations, Bottlenecks and Strategies for the Digital Transformation of Cultural Trade Enterprises

Li Ping, *Zhang Zixian* / 183

Abstract: This paper aims to fully consider the characteristics of cultural trade enterprises compared with other enterprises, explore the driving force of digital transformation of cultural trade enterprises in combination with the digital transformation analysis framework of cultural trade enterprises, analyze the bottlenecks in the transformation process, and finally propose targeted optimization strategies based on the actual digital transformation of enterprises. It is found that cultural trade enterprises urgently need digital transformation due to the catalyst of the epidemic, the change of industry competition pattern, the update and iteration of data tools, the change of demand structure, the improvement of organizational management and efficiency, and the enhancement of value, but in the process of transformation, they have encountered bottlenecks such as high risks, financing difficulties, technology development difficulties, and chaotic organizational structure, inconsistent digital thinking, lack of talents, and difficulty in copyright protection. School-enterprise cooperation and other ways to improve it.

Keywords: Cultural Trading; Enterprises; Digital Transformation; High-Quality Development

B.14 Research on Promoting the Development of Chinese Digital Publishing Industry with Digital Reading Devices

Tian Song, Yang Zongxuan, Sun Haotong and Zhang Fangfang / 199

Abstract: As an important development field of digital culture trade, digital publishing is not only the digital extension of the traditional publishing industry, but also the convenience and innovation brought by the development of digital technology, which enables the digital publishing industry to achieve a wider range of industrial extension. Like the development of printing technology, the development of digital publishing industry also depends on the support of hardware equipment that can present digital content. The integration of human-computer interface, multimedia and Internet makes digital publishing different from the traditional paper publishing industry. Our digital publishing industry is faced with problems such as lack of international standards, lack of core technologies and lack of application of innovation. It is urgent to increase investment in technology research and development, standard construction and the docking of digital payment system in order to enhance the international competitiveness of our digital publishing industry.

Keywords: Digital Reading; Digital Reading Equipment; Digital Culture Trade; Ink Screen

B.15 The Status and Development Path of Chinese Theme Park Internationalization *Liu Chang*, *Liu Niannian* / 225

Abstract: With the continuous expansion of the theme park market, international theme park operators such as Disney and Universal Studios have entered the Chinese market one after another, while local theme park operators such as Happy Valley, Fonte and Chimelong have performed strongly and continuously improved their national layout. In this process, the influence of China's local theme parks is constantly improving. However, in terms of internationalization strategy, China's local theme parks still face problems such as lack of international IP image and international marketing concept, so they need to constantly strengthen their own strength and competitiveness. Taking the IP image of Lina Bell successfully created by Disney as an example, this report analyzes its product strategy, marketing strategy and communication strategy, and puts forward some development suggestions for the international development of Chinese theme parks, such as creating unique IP images, introducing advanced management concepts, making good use of social platforms and broadening profit channels.

Keywords: Theme Park; Internationalization; IP Images

B. 16 Opportunities and Challenges of Cultural Trade Development in BRICS Countries *Li Jiashan*, *Li Jiechenxi* / 238

Abstract: Cultural industry is a strategic industry that every country strives to develop. Its development plays a driving role in promoting national export growth, improving and enhancing national "soft power". The overall pattern and economic order of the world are constantly adjusting and rebuilding. In recent years, emerging economies, especially the "BRICS" consisting of China, Brazil, India, Russia and South Africa, have developed rapidly and played an increasingly prominent role in international trade. Cultural trade has made great progress. However, compared with developed countries, there is still much room for improvement in international competitiveness. This report first analyzes the scale and competitiveness of trade in cultural products and services of BRICS countries from 2017 to 2021, and then analyzes opportunities and challenges for the development of cultural trade of BRICS countries based on this. At present, the growth rate and trend of cultural trade among BRICS countries vary, but overall, cultural products and services remain in surplus, and the international competitiveness of cultural trade has improved. The cultural and trade development of BRICS countries has ushered in opportunities: cultural and trade policies provide support for their development, cultural resources and cultural deposits have their own characteristics, economic globalization continues to promote close cooperation among BRICS countries, and the development environment is increasingly optimized. A "BRICS Plus" model of strengthening regional cooperation has been formed. However, at the same time, it also faces such challenges as the slowdown of the overall economic growth rate, geographical constraints, the construction of digital infrastructure to be improved, the internal cohesion to be further strengthened, and the lack of innovation of cultural products and services. The governments of BRICS countries encourage the cultivation of professionals in the cultural industry, the expansion of industrial value chains, the strengthening of BRICS cooperation, the establishment of cultural business cards with "BRICS characteristics", the coordinated development of industries related to the cultural industry, and the strengthening of the international competitiveness of cultural enterprises.

Keywords: Cultural Trade; BRICS Countries; Trade Competitiveness

Ⅳ Practice and Innovation Reports

B.17 The Practical Characteristics and Realistic Impact of China's Digital Culture Trade Policy *Jia Ruizhe*, *Wang Yiru* / 254

Abstract: In the context of digital economic globalization and cultural globalization, the digital cultural industry has become a new growth point for the economic development of various countries, and the development of digital cultural trade cannot be separated from policy support and promotion. Therefore, this article systematically summarizes China's digital cultural trade policies from six levels: macro deployment, industrial development, cultural and tourism integration, financial support, export promotion, and regional practice. Based on these levels, this article concludes the practical characteristics which are cooperated by multi-departments, focusing on platforms and enterprises, and actively supported by central landing provinces and cities. The formation of policies depends on multiple internal and external factors. China needs to further focus on improving its policy system domestically, promoting high-level open cooperation externally, promoting high-quality development and industrial integration, building a comprehensive platform for digital culture trade, and also focusing on cultivating composite high-quality talents in the field of digital culture, in order to help China's cultural trade achieve the strategic goal of high-quality digital development.

Keywords: Digital Culture Trade; Digital Culture Trade Policy; High-Quality Development

B.18 Research on the Development and Results of China's National Cultural Data Project *Chen Zhiheng* / 271

Abstract: At the new starting point, China is in the transition stage of upgrading from cultural digitalization to cultural data. The structural reform of cultural industry continues to deepen, the new form of cultural digitalization develops vigorously, the service capability of cultural digitalization constantly improves, the construction of cultural big data system makes progress, the value of cultural big data is gradually released, and the Chinese culture database takes initial shape. The system and mechanism for the development of culture and science have been gradually improved. However, the construction of cultural big data project is slow, and big data collection and association need to be solved urgently. Absence of funds for national project construction and lack of motivation for institutional construction; The shortage of engineering construction talent reserve and other problems are more prominent, but also facing the pressure of international competition. It is suggested to establish a unified coordination mechanism to accelerate the construction of industrial standards; Start-up capital support and guarantee to speed up industrial restructuring; To strengthen the construction of the "Digital Silk Road" and release the value of cultural big data; Participate in the formulation of international cultural big data rules, promote the development of China's cultural big data trade and accelerate the improvement of the national cultural big data system. Promoting the construction of national cultural big data project is of great significance to the process of Chinese modernization

Keywords: Cultural Data Project; High Quality Development; The Digital Silk Road

B.19 Strategies for Chinese Game Enterprises to Cope with Challenges in the International Market Future Prospects
—*Take Wooduan Games as an Example*

Zheng Ming, *Sun Qianyue* / 287

Abstract: At present, the competition in the domestic game market is intensifying and the regulation is strict. The foreign market has great development potential. The export prospect of Chinese games is promising. In the face of the new environment and new challenges in the international market, the shooting games represented by the "Life and Death Sniper" series of Wooduan Technology also gave their own solutions: to create high-quality original games, linkage cross-border IP integration development, strengthening the integration with Chinese traditional culture and the establishment of network marketing channel. Wooduan Technology has also taken itself as an example, inspiring more Chinese game enterprises to continuously deepen their own research field, improve their comprehensive operation ability, and enhance the international competitiveness of their products in export. Meanwhile, they should also strengthen the protection of overseas intellectual property rights, continue to explore the new mode of "game +", and strengthen the introduction and training of talents. In this process, more attention should be paid to the positive value guidance of games to society.

Keywords: Shooting Game; Digital Culture; Game Industry; Cross-Border Integration

B.20 Research on the Strategy of "Digital Service Export" of Chinese Excellent Traditional Culture
—*Taking* 37 *Games as an Example*

Li Yifei, *Yang Jun and Cheng Lin* / 300

Abstract: Under the trend of the country to promote the high-quality development of foreign cultural trade, the domestic game enterprises' export of excellent Chinese traditional cultural digital services is blooming, and their competitiveness is constantly improving. As a cultural product in the Internet era, online games are becoming one of the mainstream channels for the world to accept Chinese culture. As one of the world's TOP20 listed game enterprises and a typical representative of China's cultural digital service export enterprises, Sanqi Interactive Entertainment has made outstanding achievements in more than 200 countries and regions around the world. This report takes the excellent Chinese traditional culture "digital service export" strategy of 37Games as the research object, in-depth analysis of the market environment of 37Games "digital service export" strategy of Chinese excellent traditional culture "digital service export". Under the current situation of digital service export in which the domestic market is saturated, the dividends and opportunities coexist in the overseas market, and the export of Chinese game is blooming in a thousand flowers and the competitiveness is constantly improving, 37Games brings more products with Chinese characteristics to the world by adopting the strategy of diversified high-quality products, the strategy of scientific and technological self-reliance, the strategy of deep integration of cultural connotation and the operation strategy of Chinese style brand. To tell China's stories well to the world, and make new contributions and excellent examples to promote the prosperity and development of China's cultural and entertainment industries and enhance cultural confidence.

Keywords: Digital Services Export; Traditional Culture; Game Industry

权威报告·连续出版·独家资源

皮书数据库

ANNUAL REPORT(YEARBOOK) DATABASE

分析解读当下中国发展变迁的高端智库平台

所获荣誉

- 2020年，入选全国新闻出版深度融合发展创新案例
- 2019年，入选国家新闻出版署数字出版精品遴选推荐计划
- 2016年，入选“十三五”国家重点电子出版物出版规划骨干工程
- 2013年，荣获“中国出版政府奖·网络出版物奖”提名奖
- 连续多年荣获中国数字出版博览会“数字出版·优秀品牌”奖

皮书数据库

“社科数托邦”
微信公众号

成为用户

登录网址www.pishu.com.cn访问皮书数据库网站或下载皮书数据库APP，通过手机号码验证或邮箱验证即可成为皮书数据库用户。

用户福利

- 已注册用户购书后可免费获赠100元皮书数据库充值卡。刮开充值卡涂层获取充值密码，登录并进入“会员中心”—“在线充值”—“充值卡充值”，充值成功即可购买和查看数据库内容。
- 用户福利最终解释权归社会科学文献出版社所有。

数据库服务热线：400-008-6695
数据库服务QQ：2475522410
数据库服务邮箱：database@ssap.cn
图书销售热线：010-59367070/7028
图书服务QQ：1265056568
图书服务邮箱：duzhe@ssap.cn

社会科学文献出版社 SOCIAL SCIENCES ACADEMIC PRESS (CHINA) 皮书系列
卡号：342323746565
密码：

中国社会发展数据库（下设 12 个专题子库）

紧扣人口、政治、外交、法律、教育、医疗卫生、资源环境等 12 个社会发展领域的前沿和热点，全面整合专业著作、智库报告、学术资讯、调研数据等类型资源，帮助用户追踪中国社会发展动态、研究社会发展战略与政策、了解社会热点问题、分析社会发展趋势。

中国经济发展数据库（下设 12 专题子库）

内容涵盖宏观经济、产业经济、工业经济、农业经济、财政金融、房地产经济、城市经济、商业贸易等12个重点经济领域，为把握经济运行态势、洞察经济发展规律、研判经济发展趋势、进行经济调控决策提供参考和依据。

中国行业发展数据库（下设 17 个专题子库）

以中国国民经济行业分类为依据，覆盖金融业、旅游业、交通运输业、能源矿产业、制造业等 100 多个行业，跟踪分析国民经济相关行业市场运行状况和政策导向，汇集行业发展前沿资讯，为投资、从业及各种经济决策提供理论支撑和实践指导。

中国区域发展数据库（下设 4 个专题子库）

对中国特定区域内的经济、社会、文化等领域现状与发展情况进行深度分析和预测，涉及省级行政区、城市群、城市、农村等不同维度，研究层级至县及县以下行政区，为学者研究地方经济社会宏观态势、经验模式、发展案例提供支撑，为地方政府决策提供参考。

中国文化传媒数据库（下设 18 个专题子库）

内容覆盖文化产业、新闻传播、电影娱乐、文学艺术、群众文化、图书情报等 18 个重点研究领域，聚焦文化传媒领域发展前沿、热点话题、行业实践，服务用户的教学科研、文化投资、企业规划等需要。

世界经济与国际关系数据库（下设 6 个专题子库）

整合世界经济、国际政治、世界文化与科技、全球性问题、国际组织与国际法、区域研究 6 大领域研究成果，对世界经济形势、国际形势进行连续性深度分析，对年度热点问题进行专题解读，为研判全球发展趋势提供事实和数据支持。

法律声明

“皮书系列”（含蓝皮书、绿皮书、黄皮书）之品牌由社会科学文献出版社最早使用并持续至今，现已被中国图书行业所熟知。“皮书系列”的相关商标已在国家商标管理部门商标局注册，包括但不限于LOGO（ ）、皮书、Pishu、经济蓝皮书、社会蓝皮书等。“皮书系列”图书的注册商标专用权及封面设计、版式设计的著作权均为社会科学文献出版社所有。未经社会科学文献出版社书面授权许可，任何使用与“皮书系列”图书注册商标、封面设计、版式设计相同或者近似的文字、图形或其组合的行为均系侵权行为。

经作者授权，本书的专有出版权及信息网络传播权等为社会科学文献出版社享有。未经社会科学文献出版社书面授权许可，任何就本书内容的复制、发行或以数字形式进行网络传播的行为均系侵权行为。

社会科学文献出版社将通过法律途径追究上述侵权行为的法律责任，维护自身合法权益。

欢迎社会各界人士对侵犯社会科学文献出版社上述权利的侵权行为进行举报。电话：010-59367121，电子邮箱：fawubu@ssap.cn。

社会科学文献出版社